La femme de chambre
du Titanic

« Voilà l'histoire d'un amour si étrange, dit l'auteur, que je n'étais pas sûr d'oser jamais l'écrire. Mais l'envie de raconter aura été plus forte que mes pudeurs.

Raconter la passion qui, durant l'année 1912 – l'année du Titanic –, a entraîné un docker de cinquante-deux ans, Horty, et Marie Diotret, une très jeune femme de chambre du transatlantique, dans un monde qui n'était pas fait pour eux. »

Dans le sillage d'Horty et de Marie, de la taverne de la Tête d'Écaille aux quais mouillés de Southampton, des terrains vagues de New York aux lacs rêvés de l'État du Maine, des lumières du Grand Théâtre à la nuit des docks où rôdent amants et assassins, cette « extrême histoire d'amour » met en images Zoé, la petite épouse rouquine et patiente qui attend qu'Horty rentre enfin à la maison ; Zeppe, le garçon de cirque qui croit pouvoir tirer fortune de l'amour d'Horty pour Marie ; la trop fragile Aïcha à qui le destin ne laissera même pas le temps d'apprendre à compter jusqu'à onze ; Sciarfoni, le lamaneur qui gîte comme une bête sauvage sous une grande barque renversée ; Maureen, la voleuse de bijoux qui opère dans les théâtres de Drury Lane ; et tout le peuple du port – dockers, soutiers, filles de joie, riches voyageurs, émigrants misérables... Le roman à la fois le plus imaginaire et le plus vrai de l'auteur d'*Abraham de Brooklyn* et de *John L'Enfer*.

Né à Neuilly-sur-Seine le 13 mars 1945, fils du cinéaste Henri Decoin, Didier Decoin a commencé sa carrière comme journaliste à France-Soir, puis au Figaro et à VSD.

Il est l'auteur de deux pièces de théâtre (Laurence *et* Une chambre pour enfant sage), *ainsi que de nombreux scénarii pour Marcel Carné, Henri Verneuil, Jean-Claude Brialy, Serge Leroy, Robert Enrico et Gilles Béhat. Didier Decoin a mis en scène son premier long métrage en 1980 :* La Dernière Nuit.

Lauréat du prix Goncourt en 1977 avec John l'Enfer. *Il est marié et père de trois enfants.*

Didier Decoin

La femme de chambre du Titanic

roman

Éditions du Seuil

TEXTE INTÉGRAL

EN COUVERTURE :
illustration Yvette Cathiard

ISBN 2-02-016482-5
(ISBN 2-02-012925-6, 1re publication)

© ÉDITIONS DU SEUIL, 1991

à Jean-Marc Roberts

Il avait suivi son extraordinaire destin jusqu'au bout. Peut-on suggérer que, pour le mieux suivre, il s'était lui-même floué ?

Yasunari Kawabata

Il court, un jeune veau en travers des épaules.

Avant de s'élancer, il a lui-même entravé les pattes de l'animal avec des cordes de chanvre. Si le ligotage est mal exécuté, le veau s'agite. Ses soubresauts déséquilibrent l'homme qui le porte Ils tombent, ils s'effondrent sur le quai dans les flaques d'eau stagnante. Ils roulent aux pieds des femmes qui rient en mettant la main devant la bouche.

Les femmes des armateurs ne sont pas particulièrement cruelles, mais la chute de l'homme et de son veau est la seule chose un peu amusante. Sinon, bien que le concours excède rarement une petite heure, préparatifs compris, elles trouvent le temps long. Il faut dire que c'est tous les ans pareil, et tous les ans bien trop tôt en saison. Fin mars, il fait encore froid sur le port. Il pleut quelquefois. Il n'y a rien pour se protéger. La pluie feutre les chapeaux, ramollit les voilettes, elle tache les longues robes grises ou mauves.

Horty sent contre sa nuque la chaleur brûlante du corps de l'animal. L'urine du veau coule dans le dos du docker, se mêle à sa sueur, inonde sa chemise blanche. Depuis qu'il participe au concours, Horty cherche un moyen

11

d'empêcher le veau de pisser. Le veau fait ça par terreur. Horty a essayé de lier la verge du veau, mais la douleur de la ligature excite la bête et la fait remuer encore plus. Horty a également tenté de faire pisser le veau juste avant de le charger sur ses épaules. Mais on a beau lui presser le bas-ventre, le veau est trop anxieux pour se soulager. Et, s'il consent à uriner, il ne se vide jamais complètement.

Il y a deux ou trois ans, Horty et les autres dockers ont demandé aux armateurs de remplacer le veau par une charge équivalente mais inerte, des sacs de sable par exemple. Les armateurs ont été corrects, ils se sont réunis en assemblée générale, ils ont étudié la proposition et, à dix-huit heures, ils ont réuni tout le monde sur le quai : il ne pouvait être question de supprimer le veau, ont-ils expliqué, parce que le fondateur du concours voulait que ce soit *absolument* un veau. On a relu son testament, la clause est formelle. De toute façon, le jeu est plus spectaculaire avec un veau. Les mugissements de la bête affolée font partie de la fête, au même titre que les applaudissements des femmes frappant leurs petites mains gantées, les cris des goélands, la musique, le vent, les cloches de la ville et les sirènes des navires qui saluent le vainqueur.

Quand Horty débouche près de l'estrade où joue la fanfare, il y a déjà huit minutes qu'il court.

L'urine du veau sur sa peau est devenue froide. Il ne sent plus son odeur ammoniaquée, il l'a perdue derrière lui, dans son sillage.

Horty n'a jamais couru aussi vite. Il n'a jamais non plus souffert autant. Il a l'impression de rouler du feu dans sa gorge, une sorte de crachat dévorant dont il ne parvient pas à se débarrasser. Les organes dans sa poitrine et dans son ventre ont pris des dimensions énormes. Ils ont enflé, ils poussent contre les côtes, cherchent à les écarter pour se frayer un passage et gicler à l'extérieur en crevant la peau. De temps en temps, le sang afflue au cerveau avec une telle violence qu'un brouillard rouge obscurcit la vue du docker. Une nuit brève, glacée, griffue lui tombe dessus. Il ne sent plus le pavement du quai sous ses pieds. Un instant, il court sur un nuage. Ça devrait être une trêve agréable, mais ça ne l'est pas parce que le nuage est creusé de trous ouverts sur le néant.

Horty voit les baguettes des tambours battre follement, mais il n'entend pas leur crépitement. Même les trompettes, il ne les entend pas. Ni les encouragements des armateurs qui agitent devant lui leurs chapeaux noirs en hurlant. Bien qu'officiellement interdits, les paris ont atteint cette année, paraît-il, une cote record. Horty court maintenant dans un monde silencieux où il n'y a plus rien que sa souffrance, et parfois l'écho de celle du veau.

Encore environ deux minutes de course, et il atteindra la phase la plus dangereuse du concours : celle où, comme tous les ans, il croit qu'il va mourir. Il meurt peut-être, d'ailleurs. Il court sans connaissance. Seules ses jambes continuent. Ce sont elles qui s'acharnent, qui vont lui faire traverser la mort. A condition que le docker ne trébuche pas. S'il tombe durant cette sorte de syncope debout, il ne se relèvera pas. Il y a trop de renoncement en lui.

D'habitude, il reprend conscience à une centaine de mètres de la passerelle étroite qui relie le quai au pont du cargo.

Il remercie ses jambes de l'avoir porté jusque-là. Il secoue la tête, il se débarrasse de la nuit, de la mort. Ses mèches trempées arrosent le quai d'une pluie de sueur. Il s'y mêle parfois un peu de sang qui coule de ses narines ou de ses oreilles. Mordant sa langue pour ne pas hurler, Horty reprend le contrôle de son corps et de ses sens pour l'approche finale.

La passerelle est étroite. Il a plu à l'aube, il n'y a pas eu assez de vent pour la sécher, elle est aussi glissante que si on l'avait passée au savon noir. Le moindre soubresaut du veau, le moindre faux pas, et Horty glissera entre le quai et le flanc du navire. La brusque immersion dans l'eau froide de son corps que la douleur a rendu incandescent provoquera un arrêt respiratoire. Il s'enfoncera, bouche ouverte. Le veau pèsera sur ses épaules, précipitant l'engloutissement. Horty sera aspiré sous la coque de fer du cargo. Ou bien sa chemise s'accrochera aux pales de l'hélice et l'y retiendra, crucifié.

Pour franchir la passerelle sans encombre, le docker doit l'attaquer du pied droit. Il maîtrise mieux son équilibre sur ce pied-là. Ensuite, il doit poser le pied gauche et laisser monter dans ses deux jambes légèrement pliées l'onde de balancement de la passerelle. S'il ne fait pas ça, la longue planche agira comme un tremplin et le précipitera dans l'eau. La difficulté consiste donc à savoir ralentir en abordant la passerelle. C'est naturellement le moment où n'importe qui aurait envie d'accélérer sa course, un peu pour le panache, beaucoup parce que le but est proche et que la torture va cesser.

Cette année, Horty n'est pas certain de pouvoir assez se dominer pour ralentir. Il préfère s'arrêter complètement.

Il entend alors la foule crier et siffler derrière lui. Les gens pensent probablement qu'il va renoncer. Le docker s'oblige à compter mentalement jusqu'à trois. La passe-relle cesse de vibrer. Horty enfonce ses ongles dans la chair du veau. Il repart.

Et puis tout va très vite. Horty n'a plus qu'à contourner le treuil à vapeur, passer entre les deux manches à air. Juste après, à l'aplomb du mât de charge, il y a un cercle rouge tracé sur le pont du cargo. Horty se déhanche, jette le veau au centre du cercle rouge. La bête braille. Horty lui a brisé quelque chose en s'en débarrassant. Horty n'aime pas faire souffrir les animaux. Mais le veau qu'il a charrié n'est pas un animal, il est juste une interminable agonie de douze minutes, il est l'humiliation d'un torse d'homme trempé de pisse, il est une charge de haine. Qu'il crève, pense Horty. Il le regarde encore une fois. Le veau essaye d'étirer ses pattes liées. Une sorte de sanie poisse ses longs cils. Il perd sa bouse, il se vide sur le pont en creusant ses flancs. Ensuite il s'apaise et meurt. Une puanteur tiède environne le docker, qui s'éloigne de quelques pas et contemple la rade. De minces filets de vapeur tremblante s'échappent des sirènes qui hurlent. Quelques bâtiments hissent le grand pavois. Horty s'accroche aux filières du cargo comme un boxeur aux cordes du ring. Il voit des hommes en gibus courir vers le cargo. Des femmes les suivent, relevant le bas de leurs robes. Sur les navires à l'ancre, les marins escaladent les superstructures et agitent leurs bonnets pour saluer Horty.

Sur le quai, les autres concurrents se sont arrêtés. Emportés par leur élan, quelques-uns ont encore couru une dizaine de mètres. Mais, à présent, tous sont immo-

biles. Ils déposent leurs veaux dont ils délient les pattes
d'un coup de lame. Le concours du meilleur docker des
ports du Nord ne connaît qu'un vainqueur. Il n'y a pas de
places d'honneur.

Alors les hommes montèrent à bord. Comme le voulait
la tradition, ils ôtaient leurs chapeaux noirs en franchissant
la coupée. Leurs femmes restaient au pied de la passerelle.
Elles poussaient de petits cris effarouchés quand une
vague déplacée par un navire faisant mouvement giclait
sur le bord du quai.

Horty aurait aimé qu'elles montent aussi le féliciter.
Parmi elles, il y en avait de jolies. Il aurait eu plaisir à les
regarder lécher leurs lèvres fraîches d'un air embarrassé, à
leur frôler la main. Mais le docker sentait maintenant si
mauvais qu'il valait peut-être mieux que les dames se
tiennent sagement sur le quai, loin de lui. Il les reverrait ce
soir, au cours du bal, après s'être lavé dans la mer et avoir
changé de vêtements. Les femmes aussi seraient plus
belles. Elles faisaient toujours des efforts pour le bal des
dockers. Elles prétendaient ne danser qu'avec leurs maris
ou ceux de leurs amies – enfin, ne danser qu'avec des
armateurs, des hommes de leur monde –, mais Horty avait
remarqué qu'il y en avait toujours une ou deux qui se
laissaient aller.

Même si le métier avait vieilli le docker, même si les
charges avaient curieusement ramené ses épaules vers le
devant de son corps, un peu comme des moignons d'ailes,
même s'il avait cinquante-deux ans et le visage labouré, il
était le gagnant du concours pour la cinquième année
consécutive. Ça méritait peut-être une danse avec une
femme parfumée, en plus du prix habituel – le veau qu'il

avait été le premier à jeter au milieu du cercle rouge et qu'on allait l'aider à rapporter chez lui, en cortège.

Horty avait eu mal aujourd'hui, beaucoup plus que les autres fois. Il ne savait pas que la douleur pouvait investir aussi profond la chair d'un homme.

Il avait beau être heureux maintenant, il gardait en lui un fond de souffrance lancinante. Ce n'était pas qu'un souvenir. Quelque chose de blessant continuait de le parcourir, l'explorait comme pour trouver le meilleur endroit où se nicher en lui et, une fois là, le dévorer. Il frissonna, pas seulement parce qu'il faisait froid sur le pont exposé au vent du large montant avec le flot et prenant la rade à rebours, en y levant un clapot sec et blanc. Horty tendit la main aux autres dockers qui grimpaient à leur tour sur le cargo :

– C'est la dernière fois. L'année prochaine, à vous de connaître le goût du veau. Encore que se crever pour ça… C'est blanc comme de la morue, en plus sec. Il faut faire juter. Ça vaut surtout par la graisse que ça suinte, et le vin qu'on met dedans.

La plupart des dockers habitaient dans la Ville-Basse une sorte de coron. Leurs maisons en briques s'étageaient de part et d'autre d'une rue en pente – anciennement sente de Patna, elle s'appelait désormais rue de La Villemarqué, du nom du jeune vicomte érudit, passionné de légendes, qui avait remis à la mode le mythe de la ville d'Ys engloutie.

Taillés et assemblés par des charpentiers de marine, portes et volets étaient assez robustes pour résister aux rafales de suroît remontant la rue, emportant quelquefois avec elles d'énormes quantités d'écume qui posaient sur les carreaux une neige triste et poisseuse.

Les volets étaient généralement peints en bleu. En été, les femmes y crochaient des supports en fer où elles plaçaient leurs pots de fleurs. Elles les abreuvaient au matin et les rentraient le soir comme des animaux familiers. Malgré tous leurs soins, les plantes crevaient avant l'automne, brûlées comme au désert par les coups de vent chargés de sel.

C'était un endroit tranquille où ça sentait le goémon qui sèche et le café clair, avec toujours beaucoup d'oiseaux à cause des dockers qui trimbalaient des grains de manioc sous leurs semelles, dans les plis de leurs vêtements.

Soudain il n'y avait plus de rue. On arrivait sur la grève. On l'appelait le port-aux-femmes parce que celles-ci s'y rendaient à l'étale de basse mer, voir si les vagues n'auraient pas laissé quelque chose. De loin, courbées sur le sable, leurs échines rondes et noires comme des coques bien calfatées, leurs châles gonflés de vent, les femmes figuraient assez bien une flottille de barques en pêche.

Seules les femmes et leurs enfants allaient à gravage. Tout en les y encourageant, les dockers méprisaient ce grappillage. Eux puisaient directement dans les cales des bateaux. La marchandise y était de meilleure qualité, elle n'avait pas été détrempée par un long flottage ni abîmée par le roulement des vagues.

La grève à marée basse dessinait une corne de lune. Et, sur la poussière de nacre des coquillages pulvérisés, la lumière se reflétait en blanc et gris comme sur la vraie lune.

A onze heures, Zoé Horty entendit carillonner les

cloches au beffroi de Saint-André. Elle se redressa. Mais ça ne la grandit pas beaucoup : à quinze ans, Zoé s'était arrêtée de pousser ; à bientôt quarante-cinq, elle avait gardé la fragilité cassante, les gestes courts et un peu brusques d'une adolescente. Elle avait le visage encadré d'un désordre de cheveux dont le blond avait roussi avec l'âge, des cheveux secs et fins qu'aucun brossage, aucun ruban, n'avait jamais pu faire tenir en place. A croire que Zoé aurait pu sortir du ventre de Bathilde Buren qui se tenait à côté d'elle, fille charpentée, massive, la bouche grosse et la chevelure épaisse, et qui pourtant n'avait pas dix-huit ans.

Bathilde tira son mouchoir de sa manche, l'offrit au vent pour qu'il le lui déplie. Bathilde était paresseuse. Dans le mouchoir, il y avait une petite boîte métallique. Bathilde fit tourner d'un cran le couvercle, inclina la boîte et répandit une fine poudre brune sur le dos de sa main qu'elle protégea à l'aide de son autre main. Elle prisa, visage baissé, lèvres serrées, concentrant tout son pouvoir d'aspiration dans ses narines. Zoé la regardait avec envie.

— Tu en veux ? demanda Bathilde en renvoyant sa tête en arrière. Tabac turc. Ça sent le miel et quelque chose d'autre que je ne connais pas.

Zoé se servit. Elles se mirent à éternuer toutes les deux, en riant. Elles se mouchaient dans leurs doigts, parce qu'il ne fallait pas salir le mouchoir de Bathilde qui devait servir à essuyer la chose précieuse, ou simplement bonne à manger, qu'on pourrait dénicher sur la grève.

— Les cloches, dit Zoé. Et voilà les sirènes, maintenant. Le concours est fini. Je vais rentrer, je dois me préparer si Horty rapporte le veau.

— Il y a des chances que ? demanda Bathilde.

— Des chances que, répéta Zoé.

— Tu as promis de me montrer, dit Bathilde.

En juillet, Bathilde épouserait Jean-Marie Steuze. L'an prochain, Steuze pourrait donc enfin participer au concours qui n'était ouvert qu'aux hommes mariés – le fondateur avait pensé à tout : qu'est-ce qu'un célibataire pourrait bien faire d'un veau ? Rue de La Villemarqué, tout le monde savait que Steuze serait le prochain vainqueur. Il était taillé pour ça. Sur les quais, il travaillait dans l'équipe d'Horty, pour qui la victoire de Steuze aurait des airs de passation de pouvoir, de succession légitime. Horty l'entraînerait comme si c'était son propre fils, il le ferait gagner.

Mais ce n'est pas le tout d'avoir un homme qui vous rapporte un veau, pensait Bathilde ; encore faut-il savoir apprêter la bête pour empêcher toute cette viande de pourrir plus vite qu'on ne peut la manger, et de finir comme appât pour les congres.

— Viens chez nous, dit Zoé, je vais m'y mettre, c'est pas si compliqué, tu n'auras qu'à regarder.

Elles quittèrent le port-aux-femmes, remontant par la cale, un pan incliné que les marées avaient délabré. Le flot n'y déposait que du varech, mais c'était là que les promeneuses des quartiers riches de la Ville-Haute s'aventuraient le dimanche pour voir la mer, et Zoé y avait déjà trouvé, miroitant dans les fucus, deux bijoux. Le premier, elle l'avait porté à la police. Mais les agents l'avaient retenue longtemps, l'assommant de questions comme s'ils la soupçonnaient de l'avoir volé. Le jour déclinait déjà quand elle avait pu enfin quitter le poste. Alors, elle avait gardé le second bijou, une petite broche en argent.

Bien que Zoé n'eût pas la réputation de se livrer

facilement, Bathilde tâchait quand même, au-delà de cette affaire de l'équarrissage du veau, de la questionner sur l'amour. Car Zoé avait le regard tranquille d'une femme aimée. Ses iris clairs y étaient pour quelque chose, mais pas seulement. Les voisines de Zoé disaient qu'on l'entendait chanter quelquefois. Pourtant, rares étaient les femmes de dockers qui chantaient après vingt-cinq ans de mariage.

— Horty est un homme facile, dit Zoé, parce qu'il aime vivre. Il est comme les bêtes, il ne sait pas qu'il va mourir. Quand ça arrivera, si je suis là, il ne me regardera pas avec de la terreur dans les yeux. Il aura l'air très étonné. C'est aussi comme ça qu'il me regarde quand il jouit.

— Ça l'étonne de jouir ? fit Bathilde.

— Oui, faut croire.

— Est-ce qu'il crie ? demanda Bathilde.

— Non, il ne crie pas. Il dit mon nom. Il dit Zoé, Zoé, c'est tout. C'est comme ça depuis la première fois. Plus tard, il me demande pardon parce que je n'ai pas joui, moi.

— Tu n'as pas joui, toi ? Pourquoi ?

— Je n'en sais rien, dit Zoé. Nous n'avons pas eu d'enfant, c'est peut-être que je ne suis pas faite comme les autres.

— Oh si, dit Bathilde. Je ne jouis pas non plus. Quand j'y pense, je n'ai jamais entendu une femme de la rue dire qu'elle avait du plaisir à faire ça.

— Eh bien, sans doute que nous en avons et que nous ne savons pas que c'est ça. C'est peut-être comme ce que je disais tout à l'heure – la mort pour Horty : il mourra et il ne saura pas qu'il meurt. Tu crois qu'il faut toujours tout savoir ? Tu marches dans une rue, la vie consiste à aller jusqu'au bout de la rue. Pour autant, tu ne vas pas entrer dans toutes les maisons pour voir comment elles sont arrangées à l'intérieur.

— Je me demande ce qu'il y a au bout de la rue, dit Bathilde.

— La mer. Une espèce de mer où on se noie.

— Ça fait peur, dit Bathilde.

— Tu as le temps, dit Zoé. Ne pense pas à ça.

La rue de La Villemarqué était déserte. Les autres avaient dû courir jusqu'aux quais voir qui avait gagné cette année.

— On ne devrait pas parler de ces choses, dit Bathilde.

— Non, dit Zoé.

— Mais on en parle, dit Bathilde.

— Le jour du concours, on n'est pas comme les autres jours, on est des folles. Il y a cette histoire de veau. Et il y a cette histoire de bal.

— J'aime le bal, dit Bathilde.

— Pas moi, dit Zoé.

Pour ne pas rabattre la joie enfantine de Bathilde qui s'était mise à virevolter dans la rue comme si elle portait déjà une jolie robe, Zoé dit qu'elle avait aimé danser elle aussi. Mais c'était il y a longtemps. Elle était si petite et les dockers si grands, elle n'avait jamais été une très bonne cavalière. Elle devait se tenir sur la pointe des pieds, ce n'était pas l'idéal pour danser la polka.

A présent, elle préférait rester chez elle avec Horty, faire la vaisselle sans se presser, en profitant de chaque objet qu'elle lavait, en essayant de se souvenir des circonstances dans lesquelles elle l'avait acheté.

La plupart du temps, elle se fournissait auprès du marchand d'épaves. Il visitait la Ville-Basse une fois par mois, dans une carriole dont un côté pouvait s'abaisser et, reposant sur des béquilles, faire office de présentoir. Sachant qu'il avait affaire à des femmes superstitieuses, le marchand d'épaves prétendait ne jamais rien vendre provenant d'un naufrage où des hommes étaient morts. Il pouvait tout aussi bien raconter n'importe quoi. Par exemple, il était difficile de croire que tous ses services en cristal venaient des salles à manger de paquebots de luxe. Ça aurait fait tout de même beaucoup de paquebots au fond de la mer. Mais quelle importance ? Bien que dépareillées et parfois ébréchées, les faïences de sa vaisselle étaient épaisses, souvent joliment décorées d'ancres, de cordages noués, d'oiseaux exotiques ou de vues de Valparaiso. Les couverts, par contre, ne valaient pas grand-chose. Ils étaient brillants quand on les achetait, mais ils ne tardaient pas à se ternir, et puis la rouille s'y mettait. Ils avaient dû séjourner trop longtemps dans la mer.

Zoé se demanda comment Bathilde allait s'y prendre pour monter son ménage à présent que le marchand d'épaves avait disparu.

Sa maison était la seule devant laquelle il y avait des enfants accroupis sur la terre battue. Engoncés dans leurs vareuses noires, ils bourdonnaient et se bousculaient. De loin, on aurait dit un essaim de mouches. Zoé n'avait pas besoin d'autre chose pour comprendre qu'Horty avait gagné. Elle savait pourquoi les enfants étaient là : c'était à cause du veau, des morceaux de carcasse dont Zoé n'aurait pas l'utilité et qu'elle leur jetterait par la fenêtre, s'amusant de les voir se les disputer comme des petits chiens.

Elle s'effaça pour laisser entrer Bathilde. Plutôt que de s'essuyer les pieds, Bathilde se déchaussa et laissa sur le seuil ses sabots pleins de vase. Elle regarda autour d'elle.

Elle dit que c'était beau, surtout le vaisselier avec les napperons dessus, et la suspension aussi.

— Ça, dit Zoé avec fierté, ce n'est pas n'importe quelle lampe-tempête, cette suspension ! Elle vient d'un trois-mâts polonais, elle était dans la chambre du capitaine, c'est sa femme qui la frottait, on sait même son nom, elle s'appelait Hendryka.

— Tu es sûre ? dit Bathilde, impressionnée.

— Tout ce qui est chez nous, ça a vécu. Des belles vies, quelquefois. Si je te racontais tout, il nous faudrait la nuit. Et, cette nuit, tu danses.

— Jusqu'à ce que je m'écroule, dit Bathilde en recommençant à tourbillonner toute seule. Mais je reviendrai un de ces soirs, on verra tes histoires.

La jeune fille s'approcha du fourneau trônant au milieu de la salle, souleva une plaque, renifla l'odeur piquante qui montait du foyer éteint :

— Et tu te chauffes au charbon ?

— Ce n'est pas ça qui manque sur le port, dit Zoé. C'est plus commode à sortir que du bois. Deux ou trois kilos tous les jours, ça ne prive pas la marine et on voit vite le tas monter.

Elle tendit un long torchon bleu à Bathilde :

— Mets ça pour te protéger, je n'ai qu'un tablier et je ne sais pas m'en passer. Je vais aiguiser les couteaux, toi tu fouilles et tu sors tous les récipients que tu peux trouver. Dans les uns tu mets du sel, et juste de l'eau dans les autres.

Zoé passa derrière Bathilde, glissa ses deux mains sous les lourds cheveux de la jeune fille, les releva et les noua en une sorte de chignon improvisé. Bathilde se vit dans un miroir au-dessus de l'évier, elle sourit :

– Oh Dieu ! Je resterai comme ça pour le bal. Tu aurais dû avoir une fille.

– Oui, dit Zoé, j'aurais bien aimé. Je sais comment ça marche, les filles, ajouta-t-elle en lui rendant son sourire.

Elle pensa que, si elle était la mère de Bathilde Buren, elle commencerait par la laver. Pour la punir d'être si sale, elle la condamnera tout à l'heure à sortir les viscères, à nettoyer les rognons. Mais, à force de s'engourdir les narines avec son tabac turc, Bathilde avait peut-être perdu l'odorat.

Zoé sortit sur le pas de sa porte. Les enfants étaient toujours là. Le vent de la marée effilochait les nuages, faisant apparaître de longues déchirures d'un bleu encore pâle. Mais il pleuvait là-bas, à moins d'un kilomètre, sur la Ville-Haute.

– Quand ça fait ça, dit un des enfants, c'est le diable qui bat sa femme.

– Le diable n'a plus de femme, dit Zoé, il l'a trop battue, justement. Mais il lui reste des enfants, et je crois que j'en connais quelques-uns.

Agenouillée devant la pierre de granit qui servait de marche au logis, elle repassa le fil de ses couteaux. Il était midi, elle était heureuse. Elle aurait voulu expliquer ça à Bathilde, mais elle se dit qu'une jeune fille toujours impatiente comme Bathilde ne savait peut-être même pas que le bonheur existait. Zoé elle-même avait mis des années avant de s'en faire une idée. A présent, elle savait où le trouver. Elle y allait droit, sans hésiter, comme lorsqu'elle était une petite fille et qu'elle suivait ses frères dans les arbres, à la chasse aux nids. Elle découvrait les nids la première. Mais, à cette époque, elle était encore très égoïste et elle s'asseyait sur les nids, elle les cachait sous sa robe et disait : « Non, non, cherchez ailleurs, il n'y a rien par là. » Elle sentait les ailes des oisillons griffer ses cuisses. C'était une impression étrange, à la fois exaspérante et douce. Au début de son mariage, elle avait essayé de persuader Horty de lui prodiguer une caresse à peu près ressemblante, par exemple en faisant courir ses ongles à l'intérieur de ses cuisses. Mais ça n'était pas très réussi. Il était trop pressé de se faire caresser à son tour. Alors, Zoé n'en avait plus parlé. Bathilde serait sûrement très étonnée d'apprendre que ça ne l'empêchait pas d'être heureuse. Bathilde attache beaucoup trop d'importance à son corps, se dit Zoé en crachant abondamment sur ses couteaux pour refroidir les feux de l'aiguisage. Et Zoé pensa encore, toujours à propos de Bathilde : Surtout qu'il n'est pas si magnifique que ça, son corps. Plus grand que le mien, mais ça lui sert à quoi ? A danser mieux que moi, mais par ici on ne danse qu'une fois par an. Et il y a tous les autres jours.

Elle rit toute seule. Une main pesa sur son épaule. Juste alors, il fit soleil. A son ombre qui s'étirait sur le granit, se brisait et montait sur la porte bleue, Zoé reconnut Horty. Elle se leva, se serra contre lui. Elle lâcha ses couteaux, de peur de le blesser.

— Je pue, ma petite, dit le docker.

— Bathilde Buren est chez nous, elle a mis de l'eau à chauffer, tu vas pouvoir te laver. Tu trouveras ton autre chemise blanche sur le lit, je l'ai repassée ce matin, tu vois j'avais confiance.

Avant d'entrer dans la maison, Zoé regarda vers le haut de la rue, du côté de Saint-André, surprise de ne pas entendre déjà les chants des camarades d'Horty et le roulement du chariot sur lequel, comme tous les ans, ils menaient le veau jusqu'au seuil du vainqueur.

– C'est une drôle d'affaire, dit Horty. Cette année, il n'y a pas de veau. Les armateurs l'ont envoyé à l'hospice.

– Pas de viande ? s'étonna Zoé. Ils t'ont donné de l'argent, alors ?

Horty s'assit devant la table. Il repoussa les récipients qui débordaient d'eau fumante.

– J'ai gagné un voyage, dit-il.

Bathilde se mit à rire, découvrant ses larges dents carrées, aux extrémités striées comme de petites scies. Zoé haussa les épaules, agacée :

– Si ce n'est pas aujourd'hui que tu apprendras à éplucher un veau, que je te montre au moins comment soigner un homme. Ôte-lui ses chaussures et ses bas. Approche la bassine d'eau salée. Lave-lui les pieds.

– Eh ! dit Bathilde. Eh ! doucement...

– Je n'oblige personne, dit Zoé. Si ça ne te plaît pas, tu sais où est la porte.

Bathilde s'agenouilla. Horty lui passa distraitement les doigts dans les cheveux, il dénoua sans le vouloir le faux chignon trop vite arrangé par Zoé tout à l'heure. Les mèches noires retombèrent sur les joues de Bathilde, et comme ça on ne voyait pas qu'elle rougissait. Elle effleura les pieds d'Horty avec timidité d'abord, puis s'enhardit. C'était elle qui chatouillait, et c'était elle qui riait. Elle avait les mains douces.

– Un voyage ? dit alors Zoé. Ça veut dire quoi, exactement, un voyage ?

– Ça veut dire que je vais m'en aller, ma petite. Je vais monter en train, traverser la mer et arriver à Southampton. C'est en Angleterre, ajouta-t-il après avoir laissé au nom de Southampton le temps de faire tout son effet.

– En quoi est-ce que l'Angleterre et Southampton nous regardent ? Depuis quand est-ce qu'on aime les Anglais ?

– Donne-moi du café, dit Horty.

Elle le servit sans le quitter des yeux, comme si elle guettait un signe qu'il avait bu, ou qu'il était devenu fou.

Il était déjà arrivé que des dockers arrachent des charges trop lourdes et se fassent éclater quelque chose dans la tête. Zoé ne savait pas très bien ce qui se rompait sous leur crâne, mais elle avait entendu raconter que certains de ces hommes restaient hébétés et qu'il fallait ensuite s'occuper d'eux comme de petits enfants.

– Southampton, dit Horty, c'est de là que va partir le *Titanic* en route pour New York. Le plus grand paquebot du monde. Si on ne l'a pas vu, on ne peut pas en parler. Et, quand on l'a vu, on ne peut pas en parler non plus parce qu'on ne trouve pas les mots. C'est ce que m'ont dit ces messieurs. Quelques-uns d'entre eux l'ont visité aux chantiers Harland et Wolff, à Belfast. A présent, le *Titanic* va faire son premier voyage et je suis invité à assister à l'appareillage. C'est pour le 10 avril, à midi.

Zoé dévisagea son mari avec pitié :

– De toute ta vie, tu n'as pas assez vu de bateaux ?

Horty ne répondit pas. Il n'y avait aucune comparaison entre le *Titanic* de Southampton et les cargos d'ici. Le premier avait été conçu pour faire honneur à tous ceux qui prendraient passage à son bord, même aux émigrants qui seraient des milliers à embarquer en rade de Queenstown, abandonnant leur Irlande aux moutons. Tandis que les cargos n'étaient que des caves sombres, sonores, humides et malaisées, qui se rangeaient et repartaient sans que les dockers aient toujours eu le temps de déchiffrer, sous la rouille, le nom peint sur leur poupe.

Bathilde avait fini de frotter les pieds de son hôte. Elle les garda un moment sur ses genoux, enveloppés dans un torchon. Puis elle se releva, se glissa sur le banc face à lui. Elle écouta, se mordant la lèvre comme une petite fille. Ce soir au bal, on ne parlerait que du voyage d'Horty. Si elle retenait bien ce que racontait le docker, Bathilde serait la mieux informée. Les hommes se presseraient autour d'elle pour en savoir davantage. Ils regarderaient sa bouche, et c'était justement ce que Bathilde avait de mieux.

— Je dormirai à l'hôtel, dit Horty à Zoé. Ces messieurs m'ont retenu une chambre dans un hôtel de Southampton, un hôtel pour de vrai, pas un asile d'ouvriers. Et, le soir avant le départ du *Titanic,* je dînerai dans la salle à manger de cet hôtel. On me demandera ce que je désire, et on me servira à table. Tu peux imaginer ça, ma petite ?

— Tu ne parles pas anglais, dit Zoé.

— Dans ces cas-là, intervint Bathilde, on pose son doigt sur le menu et on dit : « Ça, et puis ça, et encore ça ! » C'est forcément des choses qui se mangent. Je voudrais y être, ajouta-t-elle en fermant les yeux.

— Tout le monde voudrait y être, dit Horty. Et, d'une certaine façon, tout le monde y sera. Enfin, tout ce que le monde compte de personnes considérables.

— Te voilà donc une personne considérable ? dit Zoé avec humeur. Il y a vingt-cinq ans que je vis avec une personne considérable et je ne le savais pas. Et toi, Horty, avec quel genre de personne as-tu l'impression de vivre ?

— Arrête ça, dit Horty. Arrête, ma petite, je t'aime.

— Elle se fait du mal, dit Bathilde en allongeant la main

pour caresser Zoé et l'apaiser, elle a peur qu'il t'arrive malheur. C'est tellement loin, aussi, Southampton !

– Fous le camp, dit Zoé en attrapant la main de la jeune fille et en la tirant vers la porte. Sors de chez moi, cette histoire est entre Horty et moi, juste nous deux.

Dehors, pour ne pas perdre la face devant les enfants massés près de la maison, Bathilde leur cria de rentrer chez eux :

– De la part de Zoé, je vous dis ça. Cette année, elle n'aura pas de rebuts de veau pour vous. Mais le docker vous rapportera sûrement des bonbons d'Angleterre.

La marée établie, le vent tomba, laissant stagner les nuages au-dessus de la Ville-Basse. Il commença à pleuvoir. La rue de La Villemarqué allait tourner au bourbier. Bathilde s'éloigna, déjà vengée : Zoé ne pourrait pas éviter d'arriver au bal crottée jusqu'aux genoux, tandis que Bathilde se ferait porter à bras par son fiancé – Horty serait capable lui aussi de porter sa femme au-dessus de la boue, mais Zoé allait le mettre tellement en colère qu'il n'y penserait même pas.

Horty s'était levé. A travers le carreau, il suivit des yeux la jeune fille qui descendait la rue. Il avait oublié de la remercier de lui avoir si bien lavé les pieds. Ce devait être un peu humiliant pour elle, mais elle l'avait fait quand même, en s'appliquant. Elle espérait sûrement en apprendre davantage sur le *Titanic,* et sur la façon qu'on a de bien traiter les clients dans les hôtels de Southampton. Mais Zoé l'avait mise à la porte avant qu'Horty ait pu dire seulement la moitié de ce qu'il savait.

Les armateurs lui avaient décrit le grand port anglais, la rue proche des quais transatlantiques où se dressait son hôtel, le hall avec une porte tournante, l'escalier aux marches laquées de blanc, le couloir des chambres comme une coursive de paquebot. Il y avait des tapis partout, paraît-il, des plantes en pot dans tous les recoins, et un fumoir lambrissé, décoré de portraits de navires, où seuls les hommes étaient admis.

Horty ne se laissait pas éblouir facilement, pourtant. Son dernier sentiment d'admiration remontait au jour de son mariage avec Zoé. Il neigeait depuis la veille. Et la neige tenait, ce qui ne s'était jamais reproduit depuis parce que, dans les régions maritimes, les embruns salés la rongent au fur et à mesure qu'elle se pose sur le sol. C'était tellement inattendu que même les enfants évitaient de jouer avec la neige pour pouvoir la garder vierge et l'admirer plus longtemps. En la voyant tapisser la Ville-Basse, Horty s'était dit qu'il contemplait le blanc absolu. Et puis, Zoé et ses parents, ses amis, son cortège étaient apparus au bout de la rue, se dirigeant vers l'église Saint-André. Alors Horty avait bien dû reconnaître que la robe de Zoé était encore plus parfaitement blanche que la neige. Il en était resté frappé de stupeur.

Or stupeur était précisément le mot qu'avaient employé les armateurs à propos du *Titanic* : « Tu seras comme frappé de stupeur, Horty. » Est-ce que ça ne sonnait pas comme une parole biblique ? Est-ce qu'il n'y avait pas là, avant même que ça devienne une réalité, quelque chose d'immense ? Mais Zoé était peut-être trop petite pour percevoir l'immense, c'était là tout le problème.

Le docker voulut prendre sa femme dans ses bras, la consoler. Mais elle s'écarta de lui, en soufflant comme un chat. Elle nettoyait, essuyait et rangeait tout ce qu'elle avait mis en train pour dépecer le veau, avec l'air maussade et buté d'une personne déjà épuisée qu'on a forcée à faire un travail inutile.

— Tu sais, dit-il, je peux rendre mon voyage. Quelqu'un d'autre en profitera. Après tout, c'est vrai aussi que je n'ai pas de valise.

— Je t'en achèterai une, dit Zoé. J'irai dans la Ville-Haute. Je devrais bien trouver ça au bazar, non ? Je ne sais pas ce que ça peut coûter, mais voilà le moment de dépenser nos économies. Tu ne t'es pas cassé le dos pendant toutes ces années juste pour qu'on mette l'argent sur la table et qu'on le remue avec les doigts en soupirant. Peut-être aussi que je me prendrai quelque chose pour moi. Une robe. Ou un chapeau, pourquoi pas ? Bien sûr, je ne vois pas l'utilité que pourrait avoir un chapeau à voilette pour une femme comme moi. Mais je ne vois pas non plus l'utilité que peut avoir une nuit à Southampton pour un homme comme toi.

Et Zoé s'assit sur une chaise, étala son torchon sur ses genoux et se mit à le repasser machinalement du plat de la main, en silence.

— Ce soir, dit-elle, j'irai au bal des armateurs.

— Tu n'aimes pas danser, dit Horty.

Zoé secoua ses cheveux roux. Elle pleurait.

— Je n'aurais pas dû gagner, dit Horty. Si je n'avais pas remporté ce concours, nous serions heureux.

— Nous le sommes, dit Zoé en reniflant. A présent, il faut que tu ailles chez les Buren. Tu m'excuseras auprès de Bathilde de l'avoir foutue dehors. Tu lui demanderas si elle n'a pas quelque chose à me prêter pour m'habiller ce soir. Oui, Bathilde est grande, ça je sais. Mais il n'y a pas si longtemps, c'était encore une gamine et sa mère n'est pas du genre à jeter les choses.

Le bal se tenait dans la longue tente[1] en bois de la Compagnie des Épices. C'était une idée des femmes. Les effluves entêtants s'échappant des ballots de cannelle, de girofle, de safran ou de cari dominaient ainsi l'âcreté des corps en sueur, du vin renversé et de l'urine des hommes qui se soulageaient contre les planches entre deux tours de java. Pour pallier les risques d'incendie, on avait accroché les lampes à pétrole tout en haut, près de la charpente ; elles donnaient moins de lumière, mais ne seraient pas chahutées par les casquettes que les dockers excités jetaient en l'air pour saluer l'entrée dans la danse des jolies filles ou le renouvellement des cruchons.

Les armateurs restaient groupés près de la longue table recouverte d'une nappe blanche où étaient disposées les moques de vin. Ils ne dansaient pas. Ils parlaient à voix basse des mouvements de leurs navires, traitaient des affrètements, s'échangeaient des officiers. Au cours de cette froide nuit de mars, des commandements allaient être confiés et d'autres retirés à la suite de petits procès chuchotés. Des enfants se glissaient parmi les messieurs, chipant des bribes d'informations et s'élançant alors vers les bâtiments à quai pour annoncer les mutations.

De temps à autre, les armateurs se taisaient. Ils se tournaient alors vers le milieu de la tente, regardaient les femmes des dockers qui dansaient entre elles en attendant que leurs hommes aient assez bu pour avoir envie de venir se trémousser et sautiller avec elles.

Cette année, la musique était belle. En plus des trois accordéons, il y avait un violoniste. Zoé et Bathilde étaient

1. Tente : terminologie portuaire pour hangar.

redevenues les meilleures amies du monde. Elles valsaient dans les bras l'une de l'autre. Bathilde avait épinglé dans ses cheveux noirs une sorte de papillon découpé dans un morceau de tulle. Quand elle inclinait son visage sur le côté, les ailes du papillon se refermaient doucement. Zoé portait une robe rouge que Bathilde mettait à treize ans pour aller aux noces.

— Cet homme, dit Zoé en désignant Jules Siméon qui avait été réélu dans l'après-midi président de la Réunion des armateurs, cet homme je le hais. Il me doit un veau et il me le paiera. Je ne sais pas comment, mais ça se fera.

Elle avait parlé haut. Les autres femmes l'approuvèrent. Même si elles n'étaient pas directement concernées, elles n'avaient pas aimé cette affaire de voyage à Southampton. D'abord, elles avaient ri de la déception de Zoé obligée de ranger ses couteaux et de vider ses bassines. Puis elles avaient réfléchi. Qui sait si Jules Siméon et les siens ne préparaient pas habilement les esprits à la suppression prochaine du concours ?

Ce n'était pas tant le veau qui coûtait cher à la Réunion des armateurs que la journée chômée, et surtout l'organisation du bal. Mais plus de concours, plus de bal. Plus de frais de musique, de lampions ni de vin. « Nous entrons dans un monde grave », avait dit Siméon ce matin sur le pont du cargo, en criant dans le vent son discours de félicitations.

Devant la foule des dockers (certains arboraient des foulards rouges, mais ils les avaient enlevés et fourrés dans leurs poches au fur et à mesure que Siméon parlait), le président de la Réunion des armateurs avait rappelé que tous les émigrants d'Europe centrale n'allaient pas jusqu'en Amérique. Certains s'arrêtaient ici, face à la mer. Il suffisait à ces gens-là de quelques jours de repos pour retrouver toute leur vigueur. Ils acceptaient des bas salaires, presque des aumônes en fait, ils se montraient prêts à effectuer les travaux les plus durs et les plus rebutants en échange du seul droit de rester là, en France, encore un peu. Ce n'était pas eux qui allaient quémander des fêtes. Au contraire, ils prétendaient travailler la nuit, et même le dimanche. Ils avaient beau être des paysans, ils n'étaient pas longs à comprendre l'économie de la mer : pour être rentables, les navires de plus en plus grands exigeaient aussi des rotations plus rapides ; donc davantage de machines, ou des dockers plus efficaces − « des mécaniques ou des Hongrois », avait dit plaisamment le président avant de conclure : « Amusons-nous donc tous ensemble tant qu'il en est temps encore. »

Abandonnant alors Bathilde, Zoé se laissa dériver jusqu'à la longue table. Les femmes s'arrêtèrent de danser, se séparant pour lui livrer passage. La longue robe de Zoé s'évasait au-dessus de ses chevilles, comme un coquelicot qu'on ouvre et qu'on défroisse d'un coup d'ongle.

− Monsieur, dit Zoé en se plantant devant le président, je vous présente mes respects. Je suis Zoé Horty, monsieur.

Le président s'inclina. Il prit dans les siennes la petite main de Zoé et, lentement, la porta à ses lèvres.

− Monsieur, dit Zoé en récupérant vivement sa main et en l'essuyant ostensiblement à sa robe rouge, il faut que nous causions.

− Plus tard, dit le président.

− Oh non, dit Zoé, tout de suite, monsieur.

Les femmes riaient. Il n'y avait que Zoé Horty pour avoir cette audace, presque de l'insolence. Les petites femmes sont comme les petites herbes, pensa Bathilde avec envie, rien ne leur fait assez d'ombre au point de les empêcher d'être vertes et tranchantes. La piste de danse était vide à présent, les musiciens jouaient dans le désert. Les hommes eux-mêmes se rapprochèrent. Horty était au premier rang, les poings sur les hanches et la casquette basse, comme il l'avait vu faire aux meneurs les jours de grève. Il regarda sa femme et fronça les sourcils :

– Ça suffit. Tu n'es pas ici pour faire des histoires.

– Ce n'est pas moi qui ai commencé, dit Zoé en fixant le président droit dans les yeux.

– Je crois, dit celui-ci, que vous étiez en train de danser. Je vous observais et je pensais : J'aimerais beaucoup danser avec cette dame. Voulez-vous me permettre ?

Zoé hésita. Elle fit même un où deux pas en arrière. C'était la première fois qu'elle s'entendait traiter de dame. Elle ne savait pas si ça lui faisait vraiment plaisir.

Le président se pencha légèrement pour reprendre la main de Zoé. Cette fois, elle ne la lui déroba pas. Alors il l'attira vers le centre de la tente.

– Monsieur, dit Zoé, mon mari m'a cité tout à l'heure des chiffres à peine croyables. Il les tient de vous, monsieur. Il s'agit de tout ce qu'on va embarquer sur ce navire, monsieur, sur le *Titanic*. On parle de cent soixante tonnes de viande fraîche, monsieur.

– Cent soixante-six, précisa Siméon en souriant.

– Et Horty va voir le grand bateau engloutir tout ça, dit Zoé, et nous n'en aurons pas eu une toute petite part ? C'est de la viande anglaise, bien sûr, mais quand même !

– J'ai compris, dit Siméon.

– J'espère que oui, dit Zoé.

– Vous pouvez en être sûre, confirma Siméon. Voyons, que diriez-vous d'un cochon ?

– C'est plus *goûtu* que le veau, admit Zoé. Et puis, ça fait plus de profit.

– J'y joindrai quelques sacs de pommes de terre nouvelles.

– Merci, dit Zoé. Dieu vous le rendra, monsieur.

– Ça, je ne sais pas, dit le président. Je doute que Dieu opère ce genre de comptabilité, madame Horty. Pour être tout à fait sincère avec vous, je crois que Dieu n'existe pas.

Il avait dit ça pour montrer qu'il n'était pas si bourgeois ni si feutré qu'il en avait l'air. Il avait eu autrefois prestance et charme, mais maintenant il était voûté et ses os saillaient sous sa redingote noire. Il s'était aspergé d'eau de lavande mais il sentait par en dessous la flanelle humide, le cul de pipe, l'amidon et le bain de bouche, la terre et l'or, le vieillard en somme. Il ne lui restait plus qu'à se faire passer pour républicain de progrès, libre penseur – tout ce que devait être aussi, pensait-il, une femme de docker avec une robe vulgaire, une petite femme du Nord, mais qui dansait en faisant claquer ses talons comme une Espagnole

– Ah ! je crois comme vous, monsieur, s'écria Zoé.

Elle jeta un regard autour d'elle et ajouta en pouffant :

– C'est-à-dire que je crois que je ne crois pas.

– Madame Horty, chuchota le président, il faudra reprendre cette conversation. L'approfondir. Il s'agit de choses graves qui méritent qu'on leur consacre quelques heures de réflexion, de partage. Je vous apporterai donc tout cela moi-même – le cochon et les pommes de terre, n'est-ce pas ? Je serai seulement accompagné d'une bouteille de vin cacheté. Vous n'aurez qu'à poser deux verres sur la table.

— Oui monsieur, dit Zoé de sa voix docile, on passera un bon moment. Peut-être qu'il fera beau, monsieur, quand vous viendrez, alors on ira se promener sur la grève après boire.

Le président ne lui ferait pas grand-mal. Il la tripoterait sans doute un peu, mais il ne serait pas le premier, et puis ça n'avait jamais tué une femme honnête. S'il faisait mine de vouloir aller plus loin, Zoé appellerait. Rue de La Villemarqué, on entendait tout ce qui se passait d'une maison à l'autre.

Zoé sourit. Je tiens cet homme, j'en tirerai beaucoup plus qu'un cochon et des patates. Une promotion pour Horty, peut-être une affectation de grutier pour les dernières années qu'il lui reste à passer sur les quais. Qu'Horty me rapporte seulement de Southampton une paire de bottines jaunes à lacets, et la fête sera complète. Je n'ai rien à me mettre qui aille avec des bottines jaunes à lacets, mais qui s'en soucie ?

Zoé dansait maintenant de plus en plus vite, les yeux fermés. Elle inventait la musique dans sa tête et les pas dans ses jambes, l'orchestre et le président n'avaient qu'à se débrouiller pour la suivre. En cercle autour de la piste, les femmes frappaient dans leurs mains, elles scandaient Zoé, Zoé, Zoé, c'était comme si des oiseaux de mer étaient entrés en foule sous la tente de la Compagnie des Épices et planaient en braillant dans la fumée des lampes. Zoé Horty était tout simplement en train de ravir à Bathilde Buren et aux autres jeunesses toute la gloire du bal de 1912.

Pris de vertige, le président la libéra. Ramenant ses mains derrière le dos, il dut se contenter de suivre Zoé des yeux, désappointé de ne plus sentir la poitrine de la femme, pressée contre son plastron, se soulever au rythme haletant de sa respiration. Quand Zoé tourbillonnait, ses cheveux volaient et masquaient son visage, on ne voyait plus ses petites rides au coin de la bouche et des yeux, elle était si frêle et nerveuse qu'on lui aurait donné trente ans – Allons ! même pas, pensait le président.

Horty regardait sans rien dire. Cette nuit, Zoé lui faisait honneur. Elle n'était pas comme les autres fois, où elle restait tassée sur un banc, refusant de boire et de danser, sans cesse à demander l'heure aux couples qui passaient près d'elle, à chercher le regard de son mari, à lui faire signe qu'elle voulait rentrer. Alors il rejeta en arrière sa casquette de drap, d'une chiquenaude. Bousculant les femmes qui encourageaient Zoé, il la rejoignit.

– Laissez-la, dit le président, elle est partie, elle est dans un rêve.

– Je sais, dit Horty, on fait le même, on a toujours fait le même, Zoé et moi.

Il arrivait qu'ils se réveillent ensemble au milieu de la nuit, à cause d'une rafale de vent, d'un volet qui battait, d'un râle de sirène. Ils se souriaient dans l'obscurité : « Tu vas bien ? – Très bien, et toi ? – J'ai rêvé qu'on avait un vieux cheval de mine, un évadé qui s'était débrouillé je ne sais pas comment pour remonter à la surface, et il était venu se frotter contre notre porte. – Il était gris, c'est ça ? – Oui, comment tu le sais ? – Parce qu'il était aussi dans mon rêve. Il avait les flancs avec des boursouflures, c'était un cheval battu. – Oui. Est-ce qu'on garde le même rêve pour se rendormir ou on en change ? – On devrait garder le même, pour voir ce qu'on va faire de ce foutu vieux cheval. »

Zoé ouvrit les yeux. Sans cesser de danser, elle tendit les mains en avant. Horty y accrocha les siennes. Ils tournoyèrent ensemble.

Plus tard, deux hommes se ruèrent soudainement l'un sur l'autre, couteau au poing. Et, plus tard encore, une jeune fille, Marthe Gillard, perdit connaissance, elle s'affaissa si doucement que, sur le moment, personne ne s'aperçut de rien et que la foule des danseurs la piétina un peu. Elle eut le poignet gauche brisé. Elle resta assise à pleurer tout le reste de la soirée, regardant d'un air stupide son poignet gauche devenu énorme. Le violoniste s'essaya à jouer de l'accordéon, mais ça n'était pas très convaincant. Bathilde perdit son papillon de tulle blanc, on le retrouva noyé dans une moque de vin. Il y eut un orage, la pluie tambourina si fort contre les planches de la tente que tous les visages se levèrent comme si c'était l'ange de l'Apocalypse en personne qui frappait. Naturellement, on manqua de victuailles vers la fin, et quelqu'un dut courir jusqu'à la halle aux poissons chercher des barils de flétan.

Bien que les chants de bord ne soient en principe jamais entonnés à terre, des matelots du *Souvenir d'Armor* en chantèrent quand même un :

> *Vinaigre, moutarde, chapeau de cocu,*
> *Le nez et la barbe, mets le tout dans mon cul,*
> *Branle de zigue la faridondaine,*
> *Branle de zigue la faridondé...*

Ils chantaient pour consoler Marthe Gillard qui faisait pitié à tout le monde, et le fait est que la petite blessée finit par bien rire. Un chien errant entra, se promena sans mordre personne, il avait de grands yeux. L'aumônier des gens de mer fit une quête parmi les danseurs. Joseph Barthomé grimpa sur un banc pour annoncer ses fiançailles avec Coralie Dzuc, qui était extrêmement blonde et qui avait le cou très curieusement tiré vers l'avant comme quelqu'un qui va vomir. Peu avant minuit, tout le monde se tut pour écouter la sirène d'un navire qui gagnait le large. On essaya de deviner de quel bateau il s'agissait, on ouvrit des paris sur son nom. Un enfant fut dépêché jusqu'au musoir de la jetée, pour vérifier. Il ne revint pas. Il devait s'être endormi quelque part, recroquevillé. Si tard dans la nuit, les enfants ne sont plus bons à rien.

Et, à présent, Horty et Zoé redescendaient vers la Ville-Basse en suivant le quai du Commerce. A la coupée des trois cargos américains arrivés la veille, que leurs cales encore pleines maintenaient enfoncés dans l'eau jusque bien au-dessus de la ligne de flottaison, de grands Nègres montaient la garde. Ils fumaient des cigares souples et sombres comme eux. Ils ôtèrent leurs bonnets pour saluer le docker et sa femme. Ils étaient solennels, mais leurs yeux riaient. Les Nègres américains n'avaient encore rien vu de la France que la longue ligne grise des quais, quelques lumières glauques à travers la pluie, mais ils savaient déjà que ce serait leur plus beau voyage. La plupart venaient de l'enfer gras et puant des baleiniers de Nantucket. Ils avaient leurs sacs pleins de dents de cachalots gravées à la pointe du couteau, qu'ils faisaient danser dans le creux de leurs mains : « *Look, man, look. Pretty thing for your girl. Not expensive. Nice work.* »

Les autres navires semblaient abandonnés. Ils sentaient la ferraille, la houille froide et la soupe. Balancées par le flot, des épluchures jetées à la mer battaient contre le quai, se collant aux clins des chaloupes de service armées par les bateaux restés mouillés sur rade.

A mesure qu'on s'éloignait de la tente de la Compagnie

des Épices, les bouffées de musique se perdaient dans la nuit. On n'entendait plus par ici que des hommes qui ronflaient derrière les hublots entrouverts, et quelquefois le plongeon furtif d'un rat.

– C'était un bal très bien, dit Zoé. Peut-être le meilleur bal de tous ceux que j'ai connus.

Horty enlaça la taille de sa femme. Un geste qu'elle aimait, qui atténuerait le ton de léger reproche voilant la voix du docker :

– Et on dirait que tu as eu ton heure de gloire, ma petite. Danser avec le président, lui poser tes conditions – je garde mon voyage, et on va avoir quand même un cochon entier... ma petite Zoé complètement folle ! Mais je te donne raison : c'était ma nuit, si le gagnant a des droits, je suppose que son épouse aussi. C'est comme ça que tu as pensé les choses, hein Zoé ? Tu es forte.

Elle avait plutôt l'air d'une bestiole noyée, pourtant. Sa robe rouge était marbrée de taches de transpiration, ses cheveux collés, ses lèvres gonflées tellement elle les avait mordues, il manquait un talon à l'un de ses souliers.

Zoé leva les yeux vers les grues géantes écartelées sur leurs rails. C'était le point du jour. L'averse d'orage fuyait vers la mer, tirant très loin un rideau de poussière pâle sur l'horizon. Mais, de l'entrelacs des poutrelles, il continuait de tomber de grosses gouttes mêlées de rouille qui posaient comme des taches de rousseur éphémères en s'écrasant sur les joues de Zoé.

– Je vais t'obtenir de travailler là-haut, dit-elle à Horty en lui montrant la petite cabine de tôle dont les carreaux luisaient au cœur d'une grue, juste en arrière de la flèche. Quand tu reviendras de Southampton, ce sera chose faite.

– On se demande comment, dit Horty.

– Ben justement, dit Zoé en riant, ne me le demande pas.

Horty, en regardant les grues, vit les étoiles au-dessus. Elles lui parurent plus haut dans le ciel qu'à l'ordinaire. Elles brillaient d'un éclat de glace, sans halo. Le printemps sur l'Atlantique Nord serait calme et froid, pensa le docker.

Un homme qui n'avait jamais dépassé l'extrémité des quais et qui s'en allait tout d'un coup à Southampton, pour deux jours et une nuit, à cinquante-deux ans, avait sûrement besoin de tout un tas de choses. Zoé ne savait pas lesquelles.

Donnait-on à manger dans les trains ? Était-il vrai que le vent de la course vous enflammait la gorge, et alors quelqu'un remontait-il le train pour proposer à boire ? Si oui, comment s'y prenait donc le vendeur d'eau pour passer d'un wagon à l'autre tandis que le train roulait dans la campagne ? Le chemin de fer engageait peut-être des acrobates, se dit Zoé qui se demandait aussi comment on s'habillait le soir dans un hôtel anglais, et si la nuit Horty dormirait nu comme il en avait l'habitude ici chez lui ou bien s'il lui faudrait une chemise longue, et quelle espèce de costume il devrait revêtir au matin pour assister à l'appareillage du *Titanic* – il y avait des circonstances où une casquette sur une tête bien peignée ne suffisait probablement pas.

Alors un soir, le dernier, Bathilde et d'autres femmes apportèrent à Zoé les redingotes sombres que leurs pères, leurs maris, avaient endossées le jour de leur mariage. Elles

les étalèrent sur la table avec tous les accessoires qui allaient avec, les chemises blanches, les cravates, les boutons et les baleines de cols rangés dans des boîtes de spécialités pharmaceutiques avec du gros sel et du riz pour combattre l'humidité.

Toutes ces étoffes pesantes et noires donnaient à la table un air de catafalque. Les redingotes sentaient le salpêtre des caveaux. Pourtant, chacune des femmes avait employé une recette éprouvée pour leur conserver l'état du neuf tout en sachant très bien que ces vêtements ne devaient plus servir, sauf si elles mouraient avant leurs hommes, alors ceux-ci les porteraient en guise d'habits de deuil. Certaines femmes avaient farci les poches d'herbes sèches comme pour un embaumement. Les autres avaient enveloppé les redingotes de bandelettes de papier ciré. Maintenant, elles dépliaient les lourds vêtements devant Zoé, les agitaient en glissant leurs mains dedans pour montrer l'impression brillante qu'ils feraient sur quelqu'un de vivant.

Zoé choisit une redingote ayant appartenu à Jean Rissken. Ce n'était pas la plus fraîche, mais sur son revers était cousu le fin ruban d'une très ancienne décoration impériale.

Elle dit à Bathilde de faire du café pour tout le monde et de sortir la bouteille de goutte et des sucres blancs. Pendant ce temps, elle passa dans la chambre et examina la robe rouge que lui avait prêtée Bathilde pour le bal des armateurs.

Sur le lit, du côté où dormait Horty, il y avait sa valise encore ouverte. C'était une valise beaucoup trop grande pour ce que Zoé avait finalement trouvé à mettre dedans. Au moins, elle ne serait pas lourde à porter. Dehors, chassée par le vent de la mer, la grêle cavalait sur la terre battue. La nuit tombait d'une façon plus précipitée que d'habitude. Des chiens aboyaient avec nervosité. Mars était bien le plus enragé des mois. Horty rentrerait tard ce soir, il faisait des heures supplémentaires à cause des cargos allemands qui étaient sur rade depuis le Vendredi Saint, attendant d'être déchargés. Horty avait parfois des horaires de sage-femme. Zoé lui avait demandé de passer avec elle cette dernière soirée, mais il s'était renfrogné : « Quoi, dernière soirée ? Je pars mardi, je serai revenu jeudi matin, tu n'auras même pas le temps de t'apercevoir que je ne suis pas là. » Voilà, il n'avait pas l'air de penser qu'il s'en allait. Juste qu'il s'absentait, qu'il allait faire un tour au café – un café à Southampton, de l'autre côté de la mer, quand même.

– Bathilde, appela Zoé, j'ai ici ta robe.

Bathilde entra. Elle était pieds nus. Elle avait quelque chose d'un animal, Zoé ne savait pas lequel, mais c'était à coup sûr un animal chaud et sale.

– Je me demandais, dit Zoé, si je pourrais garder ta robe encore un peu.

Elle montra à Bathilde, dans le creux de sa main, la petite broche qu'elle avait trouvée parmi les algues du port-aux-femmes :

– Je te prêterai ça en échange. Mais pour porter chez toi, quand tu es seule. Mon Dieu, ne t'avise pas de faire la belle avec ce bijou, il n'est pas vraiment à moi !

– Tu n'as qu'à garder cette robe tant que tu voudras, dit Bathilde en lui subtilisant vivement la broche. Personne ne la met plus à la maison, toutes les filles sont trop grandes pour elle à présent.

– Bathilde, dit Zoé, demain matin, quand il s'en ira, je

voudrais embrasser Horty. Mais l'embrasser autrement.
Est-ce que tu connais ça, toi ?

– Oui, dit Bathilde. Elle rit, puis : dans la bouche,
jusqu'au fond de la gorge, c'est ça que tu veux dire ?

– Oui, dit Zoé. Explique voir un peu.

– Tu n'as jamais fait ça ? dit Bathilde.

– Non, dit Zoé.

– C'est pas croyable, dit Bathilde, vraiment pas croyable ce que vous pouvez être poltronnes, vous autres ! Tu
pensais que c'était mal ?

– Non, dit Zoé, mais ici on se sert de sa bouche pour
manger et pour causer.

– Oui, dit Bathilde en riant, on peut en faire bien autre
chose, crois-moi ! C'est drôle que tu aies attendu tout ce
temps. Et qu'Horty ait attendu, lui aussi. Un premier
baiser à soixante ans !

– Horty n'a que cinquante-deux, dit Zoé.

– Arrête les comptes, dit Bathilde. On joue à la
marchande ou je te montre à embrasser ? Je vais juste
fermer la porte. Arrive un peu, maintenant. Si tu veux
apprendre, Zoé, pourquoi tu te sauves ? Le mieux serait
que tu te mettes assise sur le lit, avec moi pareil à côté de
toi, parce que debout ça ne va pas être commode, tu as l'air
d'oublier que tu es toute petite et moi si grande.

Dans la pièce à côté, on entendait les femmes fourrager
dans le poêle. Elles ravivaient les charbons pour faire
chauffer la semelle du fer afin de repasser la chemise et la
redingote de Jean Rissken. Elles parlaient entre elles, à
voix basse, admirant ou critiquant les objets païens dont
Zoé avait meublé sa maison. Pourquoi sur le mur du fond
– celui qu'on voyait en premier en entrant dans la salle –,
pourquoi ces poissons-lunes empaillés qu'Horty n'avait

pas pêchés, à la place d'un crucifix ? Les femmes ne se rappelaient plus que le marchand d'épaves vendait autrefois des poissons-lunes et jamais de crucifix.

Bathilde se pencha, serra Zoé contre elle. De ses mains larges et moites, elle lissa les cheveux désordonnés de la petite femme, puis voulut lui immobiliser le visage. Alors Zoé se débattit un peu, parce que c'était nouveau pour elle d'être embrassée. Les femmes de la rue de La Villemarqué, sauf Bathilde qui était une délurée, avaient généralement peur de ce qu'elles ne connaissaient pas encore. Elles redoutaient davantage les rares automobiles qui dévalaient la Ville-Basse que d'accoucher ou de mourir.

— Reste donc tranquille, souffla Bathilde. Je ne vais pas te faire de mal. On ne se sert pas des dents, on ne mord pas.

La fille ouvrit sa bouche et l'appliqua sur les lèvres minces de Zoé. Zoé sentit la langue de Bathilde lui courir dessus et se faufiler entre ses dents. Bathilde avait un goût d'eau marine, tiède et un peu fade. Zoé laissa faire un instant, puis elle repoussa Bathilde. Elle attira à elle la robe rouge et s'en servit pour s'essuyer la figure – après tout, elle pouvait considérer que cette robe lui appartenait, à présent qu'elle l'avait louée contre sa broche.

— Ce n'est pas si bon que ça, dit Zoé.

— En tout cas, tu sais ce que c'est, dit Bathilde. Et, s'il te plaît, ne va pas raconter ça aux prêtres de Saint-André. Tu vois qu'ils ne veuillent plus nous marier, Steuze et moi ?

— Je ne dirai rien, promit Zoé.

Elle frottait toujours ses lèvres, sans réussir à en effacer l'étrange odeur aigrelette qu'y avait déposée la bouche de la grande fille.

Cette nuit-là, le canon du sémaphore tonna par deux fois pour appeler sur le rivage les douze volontaires qui armaient le canot de sauvetage. Zoé et Horty entendirent le roulement sourd du chariot tiré par deux mulets, emportant la longue chaloupe blanche vers la grève. La maison en fut tout ébranlée. Des hommes bottés marchaient autour de la chaloupe. D'habitude, Horty les accompagnait jusqu'à la grève pour aider à la mise à l'eau du canot. Les roues de fer du chariot s'enlisant dans le sable, il fallait mener le bateau à la mer en le faisant glisser sur des madriers recouverts de varech. Les hommes poussaient sur le tableau arrière et épaulaient les flancs du canot tandis que les femmes tiraient sur un fort cordage passé dans le brion d'étrave. Si la mer était basse, ils poussaient et tiraient comme ça sur des centaines de mètres.

Mais, cette fois, Horty resta couché : Zoé l'embrassait.

Il n'était pas six heures quand Horty se mit en route pour la gare. Le président Siméon avait parlé d'envoyer sa voiture le chercher ; mais le temps était toujours aussi maussade, or les capotes des automobiles craignent le grand vent et leurs moteurs s'étouffent dans l'humidité. Seuls quelques enfants s'étaient levés tôt pour accompagner Horty. Ils se disputaient pour porter sa valise. Ils rêvaient tous d'être comme lui, des dockers capables de courir vite avec un veau ligoté en travers des épaules, et de partir ensuite pour l'Angleterre, de monter dans un train et puis dans un bateau à aubes, de dormir dans un hôtel et d'être servis à la salle à manger. Zoé avait dit : « Fais bien attention à tout, Horty. » Elle l'avait embrassé encore une fois, maintenant qu'elle savait y faire et qu'Horty avait l'air d'aimer ça. Ses lèvres minces avaient enflé à force de s'écraser presque toute la nuit contre celles de l'homme. Elles étaient rouges, sans que Zoé ait eu besoin de les farder.

A la gare, les trois accordéonistes du bal jouaient sur le quai. On expliqua à Horty que le violoniste aurait dû être là lui aussi, mais il avait eu des ennuis. Au lever du jour, des agents étaient venus le chercher. On pensait qu'il était en prison, malheureusement.

Le grain éclata brusquement, flagellant la mer qui se mit aussitôt à blanchir. Les passagères se bousculèrent pour gagner l'abri du salon. Pour se protéger de l'averse en attendant de pouvoir se réfugier à l'intérieur, l'une d'elles commit l'imprudence d'ouvrir son ombrelle. Le vent la lui arracha des mains. En poussant de petits cris, la voyageuse courut à sa poursuite sur le pont du steamer. C'était une ombrelle fuchsia, et la femme était vêtue de vert amande très clair. On aurait dit une aquarelle dont le peintre ne se serait pas décidé à arrêter la composition, essayant successivement plusieurs positions relatives de la femme et de son ombrelle.

— Je parie qu'elle l'aura, dit un fumeur de pipe en donnant un coup de coude à Horty.

— Non, elle ne l'aura pas, dit Horty. Mais je ne vais pas parier avec vous, je n'ai pas d'argent pour ça.

L'ombrelle s'immobilisa, frissonnante, contre le guindeau à vapeur. On pouvait penser qu'elle n'irait pas plus loin, lorsqu'une embardée brutale du navire la précipita à la mer. Elle dériva un instant le long du flanc du bateau, perdant sa belle couleur fuchsia. Elle finit par s'engloutir dans le sillage du steamer.

– Vous aviez raison, dit le fumeur de pipe.

– J'ai déjà perdu des choses dans la mer, dit Horty. Je n'ai jamais rien retrouvé.

Après avoir quitté Cherbourg par la passe de l'Est, le vapeur de Southampton avait couru vers le large pour éviter les remous du raz de Barfleur dont les effets se font sentir jusqu'à plusieurs milles lorsque le vent souffle contre le courant.

Jusqu'au dernier moment, Horty regarda s'amenuiser et disparaître la nouvelle gare maritime de Cherbourg, à présent presque terminée mais dont l'inauguration officielle n'aurait lieu qu'en juillet.

Demain soir, les transbordeurs de la White Star, le *Nomadic* et le *Traffic*, feraient un va-et-vient incessant entre le train-paquebot venant de Paris et le *Titanic* arrivant de Southampton et mouillant quelques heures sur rade avant d'appareiller pour Queenstown et New York.

La femme à l'ombrelle perdue était maintenant assise près d'Horty, sur le banc protégé des embruns par les tambours des roues. Elle n'avait pas vingt-cinq ans. Elle regardait fixement en direction de l'endroit où s'était noyée son ombrelle. Elle avait un air déprimé qui lui allait bien et son parfum sentait la vanille. Il ne pleuvait plus, mais le vent continuait de souffler, rabattant sur Horty et sa voisine des volutes de fumée noire.

– Votre ombrelle n'est pas toute seule au fond, dit Horty pour consoler la jeune femme. Sans compter les poissons, c'est plein d'épaves par ici. Il y a même un bateau de la guerre de Sécession. Un Sudiste. Il est juste en dessous de nous. Pas loin, en tout cas.

La femme esquissa un mouvement pour se pencher par-dessus le bastingage et entrevoir peut-être la silhouette trouble du bateau sudiste sous les vagues. Horty la retint en enlaçant sa taille. C'était la première fois que ses doigts crochaient dans une étoffe aussi douce. Il lui resterait peut-être assez d'argent pour rapporter à Zoé une robe de ce genre, si tant est qu'on en trouvât à Southampton.

– Oh, on ne voit rien du tout, dit la femme.

Avant qu'elle se redresse, Horty sentit sa taille frémir sous ses mains. La femme frissonnait, peut-être à cause du vent, peut-être à cause du bateau sudiste ; peut-être aussi à cause des mains d'Horty, mais le docker préférait ne pas penser à ça. C'était de toute façon une sensation plutôt agréable pour lui, comme s'il tenait serrée une bête lisse, une mouette, qui aurait peur. Alors un air de piano monta de l'intérieur du navire.

– Vous seriez mieux au salon, dit Horty. Ils ne vont pas tarder à servir le thé.

– Est-ce qu'il est gratuit ? Je n'ai pas de quoi le payer. Tout est si cher sur les bateaux.

– Venez, dit-il. Si, venez, je vous l'offre, insista-t-il en la voyant hésiter d'une façon charmante qui signifiait qu'elle mourait d'envie de boire ce thé.

Il n'avait pas l'impression de faire quelque chose qui aurait pu déplaire à Zoé. Zoé aussi était généreuse.

Horty et la jeune femme eurent du mal à pénétrer à l'intérieur du navire. Des personnes qui ne supportaient ni l'atmosphère confinée du salon ni le pont balayé par le vent encombraient la descente. Elles restaient là, se retenant maladroitement les unes aux autres en poussant des cris effarouchés quand le bateau abattait sur un bord. Horty se demanda si certains de ces pauvres gens si pâles se rendaient à Southampton pour embarquer sur le *Titanic*. Ils allaient certainement regretter leur décision et renoncer à traverser l'océan. Horty se demanda encore combien ils allaient essayer de revendre leurs cabines. Un bon moyen de gagner facilement de l'argent serait peut-être de leur proposer de se charger de ça à leur place et d'empocher la commission. Mais la jeune femme en vert amande avait de plus en plus envie de son thé et elle pressait Horty de leur frayer un passage à travers la petite foule peureuse.

Situé au centre de gravité du vapeur, le salon était épargné par le roulis. Au-delà des fenêtres décorées de rideaux à franges rouges, on voyait s'élever et plonger les roues à aubes. Elles sortaient de la mer et passaient devant les vitres en les éclaboussant. Les murs étaient lambrissés, chaque table avait son vase où trempait une tulipe coupée court, une jeune fille au piano interprétait une romance en regardant fixement un petit métronome courageux.

– Un poème de Wordsworth, chuchota la compagne du docker, je crois que c'est *Description du paysage des lacs*.

On aurait pu se croire dans un moulin en Angleterre.

Horty demanda du thé pour la femme en vert, et pour lui de l'eau-de-vie. Le steward déposa sur la nappe une théière en argent, bosselée et entourée d'un linge empesé pour la garder au chaud. Le thé s'accompagnait de longues tartines de pain grillé où fondaient des copeaux de beurre. Horty regretta un peu d'avoir pris de l'eau-de-vie, laquelle était servie sans rien à manger avec. Mais peut-être la femme ne ferait-elle que grignoter le bout d'une tartine et le laisserait-elle finir son pain grillé. Horty ne perdait rien à attendre de voir ce qu'elle déciderait : plus ça allait, plus le beurre devenait fluide et pénétrait le pain ; ce n'en serait que meilleur si le docker pouvait y mordre à un moment ou l'autre.

Mais la femme en vert ne fit rien, elle ne toucha pas à ses tartines, elle ne but même pas son thé. Elle était devenue presque aussi pâle que les gens agglutinés dans la descente, ses mains étaient agitées. Peut-être est-elle malade, pensa Horty. Alors il se pencha vers elle et lui demanda si quelque chose n'allait pas.

— Ils font payer le thé, finalement, dit-elle à Horty. Et j'ai l'impression que vous n'avez pas beaucoup d'argent.

Le docker dit qu'il n'avait pas beaucoup d'argent, en effet, mais tout de même assez pour payer le thé.

— L'argent, dit la femme, nous en manquons tous. C'est dans l'air du temps, je suppose. Malgré tout, il doit bien y en avoir quelque part. En Amérique, probablement. C'est là que nous allons, Duncan et moi.

Elle précisa alors que Duncan n'était autre que le fumeur de pipe qui avait tenté d'arracher un pari au docker.

— Votre mari ? fit Horty.

C'était à peine une question : une jeune femme qui sentait aussi bon la vanille ne pouvait évidemment pas traverser toute seule la Manche sur un steamer. Il aurait dû y penser avant de l'inviter à prendre le thé. Horty se prit à espérer que Duncan gisait dans un coin, malade comme un chien ; il était assez coriace pour envoyer le fumeur de pipe valser d'un bout à l'autre du navire, mais il n'y tenait pas plus que ça.

— Duncan est juste un baron, dit la femme.

Un baron, expliqua-t-elle, était une sorte de complice. Dans les salles d'attente des gares maritimes, la femme en vert amande proposait aux passagères de les initier aux jeux de cartes qu'on pratiquait en Angleterre et aux États-Unis. Elle disait que ça leur serait utile sur le paquebot pour combattre l'ennui de la traversée. La plupart du temps, les voyageuses avaient du mal à comprendre les règles du whist. Alors, la femme en vert amande brouillait les cartes qu'elle avait étalées sur les banquettes de la gare maritime, et elle disait : « Bon, je vois ce que c'est. Trop compliqué pour vous. Et pas le temps de vous faire tout un cours, le paquebot va siffler et on va partir. On a juste le temps de faire un petit poker, ma chère. Ça, c'est facile. Ce n'est pas un jeu pour dames, mais c'est tellement amusant ! » C'est là que Duncan intervenait – il ne s'appelait d'ailleurs pas toujours Duncan, quelquefois c'était Edmond, Helmut ou Gemmo. Il venait se planter près des banquettes, affichant l'air enjoué d'un homme amusé de voir deux femmes convenables se livrer à une partie de poker. En clignant des yeux, en tordant les lobes de ses oreilles d'une certaine façon, en se passant la main dans les cheveux, il indiquait à la femme en vert amande quelles cartes la voyageuse en face d'elle avait dans sa main.

Les passagères sur le point d'embarquer étaient nerveuses, elles avaient peur que leurs bagages s'égarent, que la mer soit mauvaise ou qu'il y ait à bord une autre femme qui porte la même toilette. Elles prêtaient rarement au jeu l'attention qu'elles auraient dû. Elles perdaient.

– Des tricheurs, dit Horty, vous êtes des tricheurs.

Il se demandait maintenant si la femme n'avait pas fait exprès de laisser échapper son ombrelle pour permettre à

Duncan de donner un coup de coude à Horty : « Je parie qu'elle l'aura... » Bien entendu, la petite était prête à rattraper son ombrelle pour permettre à Duncan de gagner le pari. Elle devait posséder beaucoup d'ombrelles et tenter le même coup à chaque fois qu'elle prenait passage sur la malle de Southampton et qu'il soufflait assez de vent pour que ça ait l'air crédible.

— Oui, dit la femme en vert, on triche. Mais on gagne peu. Les voyageuses n'ont jamais tellement d'argent sur elles. Juste de quoi donner des pourboires au porteur, au garçon de cabine qui les installe à bord. Nous allons laisser tomber les gares maritimes. Quand nous serons à New York, nous ferons les grands hôtels. Peut-être aussi les trains. Ça prend des jours pour rouler d'une côte à l'autre, on a le temps de plumer pas mal de gens. Mais je me demande si j'ai encore envie d'aller en Amérique. Ils sont sévères, là-bas. Qu'arrivera-t-il si la police nous pince ?

— Ça, dit Horty, je préfère ne pas penser à ça.

— S'ils m'arrêtent dans un État où il neige, je vais crever de froid dans ma cellule. Et, si c'est dans un État où il y a un désert, je mourrai de chaud.

Elle était réellement navrée.

— Ils ont des États tempérés, aussi, dit Horty.

— Oui, dit la femme, mais on ne choisit pas la pierre sur laquelle on bute, n'est-ce pas ? Southampton a l'air d'être une grande ville. Je pourrais échapper à Duncan. Donnez-moi seulement de quoi prendre un omnibus, et je m'en tirerai.

Horty n'avait aucune idée de ce que pouvait coûter une place d'impériale sur un omnibus de Southampton. Il sortit des pièces qu'il aligna devant lui. La femme en vert amande les prenait au fur et à mesure, les faisait couler dans une petite bourse au fermoir d'écaille blonde. Elle avait un joli sourire.

– C'est tout, dit enfin Horty. Je dois garder le reste.

Elle dit qu'elle comprenait. Elle se leva. Elle tendit ses deux mains à Horty, à la façon des dames du monde qui prennent congé d'un ami. Le docker pensa qu'elle les tendrait probablement de la même façon élégante au flic américain qui, un jour ou l'autre, l'arrêterait pour lui passer les menottes. Mais c'était un événement qui interviendrait sans qu'Horty en sache jamais rien. Sa vie continuerait et il se dirait juste de temps en temps : est-ce qu'ils ont fini par capturer la femme en vert amande, ou bien court-elle toujours ? Et puis, il l'oublierait tout à fait. Juste une fois peut-être, et ce serait la dernière, en voyant une amande tendre et pelucheuse chez un marchand de fruits, il penserait encore à elle.

Il la regarda s'éloigner, frôlant les autres tables pour happer des bribes de conversation qui pourraient leur être utiles, à Duncan et à elle. Finalement, elle s'assit près d'un vieux monsieur, sous les miroirs au bout du salon. Elle reprit son air déprimé. Elle va encore gagner de quoi s'acheter une place sur l'impériale, se dit Horty.

Quand le steamer laissa l'île de Wight sur bâbord pour remonter l'embouchure de la rivière Test jusqu'aux quais de Southampton, les passagers se rassemblèrent le long du bastingage dans l'espoir d'entrevoir au moins la silhouette du *Titanic*. La femme en vert et Duncan étaient parmi eux, ils adressèrent un petit signe amical à Horty.

Il y avait au-dessus de la ville quelque chose d'humide et gris qui voulait être de la pluie et qui n'y parvenait pas.

Lorsque vient le printemps à Southampton, le ciel

remonte poussivement comme un vieil ascenseur, on apprend qu'on n'est plus en hiver parce qu'il faut lever le nez plus haut, voilà tout, sinon ce sont les mêmes nuées livides, étirées, qui s'amalgament aux fumées des usines, la ville ruisselle doucement, les façades de brique sont dégoulinantes et les rues luisent, et pourtant il ne pleut pas, les étrangers sortent sans leurs manteaux de pluie et se retrouvent trempés et très étonnés de l'être.

Cette moiteur en suspension formait une brume plus trompeuse qu'il n'y paraissait, et ceux qui prétendaient reconnaître le *Titanic* parmi les grands spectres sombres qui se détachaient le long de la rivière et en avant des installations portuaires disaient en fait n'importe quoi.

Mais, si l'on ne voyait pas le transatlantique, sa présence à Southampton était attestée par l'animation insolite qui régnait sur les eaux de la rivière, sans cesse brassées par le passage rapide des bateaux de service ; des quais encore lointains, malgré le capiton du brouillard, montaient des cliquetis et des halètements de machines, des bruits de roulement, et la rumeur lancinante, entrecoupée parfois d'un cri rauque, d'une foule d'hommes et de chevaux allant et venant.

Pour saluer le paquebot invisible, la malle de Southampton fit donner sa sirène et arbora son grand pavois. Les passagères applaudirent lorsque les pavillons multicolores se déployèrent dans le vent. En comparaison, beaucoup de robes parurent alors bien fades. Mais la toilette vert amande de la complice de Duncan restait ravissante.

L'étroitesse du wagon, puis celle du steamer étaient apparues à Horty comme une sorte de prolongation de la rue de La Villemarqué. Cette continuité rassurante se brisa lorsque le navire se rangea contre le quai et que les marins commencèrent d'encadrer les voyageurs avec une soudaine impatience de chiens de troupeau, les poussant vers la passerelle un peu chancelante au bas de laquelle les grooms des grands hôtels attendaient les clients – mais, bien sûr, l'établissement pour lequel Horty possédait un bon de logement était trop modeste pour s'assurer les services d'un groom.

L'arrêt des trépidations et du balancement du navire déconcerta davantage le docker que tout ce qu'il avait vécu depuis le matin. Il était arrivé. Il en éprouva un étrange sentiment de vertige et de vacuité. Il vit qu'on descendait sa valise et qu'on l'empilait sur le quai, avec des centaines d'autres que leurs propriétaires cherchaient à reconnaître, et puis emportaient. Le train ne pouvait manquer sa destination, le steamer avait suivi une route balisée, mais à présent il n'y avait plus rien pour garder Horty dans une direction plutôt qu'une autre.

Partant des docks, des rues s'enfonçaient dans la ville, entre des entrepôts d'abord, puis sinuaient à travers un réseau de maisons en briques aux fenêtres crevées ou aveuglées par des planches clouées en croix. Horty pouvait tout aussi bien emprunter cette rue-ci ou celle-là.

Alors il considéra le front de cette ville étrangère, noircie par les fumées des navires et des locomotives portuaires, et pour la première fois depuis son départ il prit conscience de la distance qui le séparait de Zoé. Il était loin de chez lui. Au lieu d'en ressentir l'exaltation qu'il avait espérée, il éprouva une impression de malaise. Le projet d'assister à l'appareillage du *Titanic* pour sa traversée inaugurale ne lui paraissait plus mériter autant d'intérêt. D'ailleurs, si cette fausse brume persistait, on ne verrait peut-être rien du tout.

Accrochée à un grillage, une ardoise annonçait que la malle de Southampton repartait pour Cherbourg le soir même, avec la marée. Horty fut tenté de remonter à bord. Mais il se rappela que le prix de sa victoire consistait aussi en une nuit et un souper dans un hôtel convenable. C'était surtout cette perspective qui l'avait incité à faire le voyage. Une telle occasion ne se représenterait sans doute plus. Il se persuada que sa soirée à Southampton serait finalement un bon souvenir. Empoignant sa valise, il s'éloigna.

Alors qu'il traversait la zone désordonnée séparant le port de la ville proprement dite, un omnibus tiré par deux chevaux gris le dépassa. Duncan et la femme en vert étaient assis sur l'impériale. Le docker sourit à la jeune femme, mais elle ne le remarqua pas. Elle était très occupée à empêcher son joli chapeau de s'envoler.

Horty erra longtemps avant de tomber, presque par hasard, sur l'hôtel de la Rade de Spithead. Le jour déclinait. Le long des trottoirs détrempés, les cochers arrêtaient leurs fiacres et descendaient allumer leurs lanternes.

Le Spithead, blanc avec des gouttières et des descentes de tuyauteries laquées de noir, était pris entre deux hautes fabriques hérissées d'escaliers de fer. Il y avait bien une porte tournante mais, pour une raison ou pour une autre, elle paraissait coincée. Quelqu'un frappa du doigt contre un carreau et fit signe à Horty de passer par une porte plus petite, à l'angle de la rue.

Avant d'entrer, Horty examina la façade de l'hôtel. Toutes les fenêtres brillaient d'une lumière chaude, doucement tramée par de fins rideaux blancs. Il se demanda laquelle de ces fenêtres allait être la sienne. Malgré la pluie qui commençait à tomber, il l'ouvrirait et s'accouderait au balcon pour regarder la nuit descendre sur cette ville plate et vaste.

L'hôtel de la Rade de Spithead était tenu par une femme blonde, Mrs. Chancellor. Elle était presque aussi grande que Bathilde Buren. Comme Horty s'étonnait qu'elle parle si bien le français, elle dit qu'elle se prénommait Yvonne, qu'elle était née en France, à Hazebrouck, près de l'ancien couvent des Augustins.

Elle ajouta qu'on ferait plus ample connaissance au dîner qui serait servi à dix-neuf heures précises. A présent, elle avait juste le temps de conduire Horty à sa chambre. A cause du départ du grand paquebot, tous les hôtels de Southampton avaient été pris d'assaut et Mrs. Chancellor ne savait plus où donner de la tête :

– Nous avons beaucoup d'Américains ce soir, passagers de deuxième classe principalement. Certains sont arrivés tout exprès de New York pour repartir demain sur le *Titanic*. Ils ne verront pas grand-chose de Southampton, mais évidemment ils ne sont pas là pour ça.

Le couloir était en effet encombré de gros hommes heureux qui déambulaient en chaussettes rayées, des pintes de bière à la main. Mrs. Chancellor les houspilla : s'ils désiraient boire, le règlement exigeait qu'ils restent au bar. La police de Southampton, insista-t-elle, veillait à ce que personne, pas même un citoyen américain, ne consomme d'alcool en dehors des enceintes réservées à cette forme de distraction – qu'elle appréciait en tant que tenancière d'hôtel, mais désapprouvait comme femme. Elle s'en prit surtout à un certain Mr. Cheapman, de Thedford (Nebraska), particulièrement indiscipliné et turbulent. Il était le seul des passagers américains logés au Spithead à ne pas être marié :

– Il prétend qu'après avoir traversé l'océan il va se mettre au service de Dieu, fonder une église ou je ne sais quoi. Bien entendu, je n'en crois pas un mot. Vous qui êtes raisonnable, monsieur Horty, accepteriez-vous que je le place à votre table pour le dîner ?

– Non, dit le docker.

– Non ? répéta Mrs. Chancellor, incrédule.

– Eh bien, dit Horty, ce dîner est important pour moi. Je voudrais l'avoir pour moi tout seul.

– Oh ! dit Mrs. Chancellor. Je vous assure que ce Cheapman ne vous prendra rien dans votre assiette.

– C'est pas seulement l'assiette et ce qu'il y a dedans, dit le docker. Ça représente quelque chose pour moi, d'être ici. Il me semble que j'en profiterai mieux si je suis seul.

Mrs. Chancellor n'insista pas. Elle ouvrit la porte de la chambre 28 et s'effaça pour laisser entrer Horty.

– Ce n'est pas ma meilleure chambre, dit-elle. Mais elle est tranquille.

Des centaines et des centaines de clients avaient sans doute occupé la chambre 28 depuis la construction de l'hôtel de la Rade de Spithead, et on avait pourtant l'impression que personne n'avait jamais dormi entre ses murs.

Il y faisait froid. La fenêtre donnait sur le flanc gris d'une des fabriques. Il y avait une cheminée, mais il était évident qu'on ne s'en servait pas. Le seul témoignage un peu chaleureux était la table devant la fenêtre, dont l'étroit plateau, tel un pupitre d'écolier, était maculé de taches d'encre et de graffitis gravés du bout de la plume.

Quelqu'un s'était donc tout de même assis là, face à l'interminable mur gris, pour écrire des lettres. Horty se demanda quelles pensées pouvait bien inspirer cette paroi haute et lisse de l'autre côté de la vitre. Mais il n'avait pour ainsi dire jamais écrit de lettres à qui que ce soit, alors il était plutôt mal placé pour se former une opinion. Il décida d'essayer tout à l'heure d'écrire à Zoé pour lui dire qu'il l'aimait et qu'il n'était pas aussi heureux d'être à Southampton qu'il l'aurait pensé. S'il réussissait sa lettre à Zoé, il écrirait aussi aux armateurs ; mais, à eux, il dirait que tout était magnifique et qu'il regrettait déjà sa décision de ne pas participer l'année prochaine au concours du meilleur docker.

Il passa son doigt sur la table et, quand il le retira, son doigt était noir.

– C'est de la poussière ? demanda-t-il.

Il n'osait rien affirmer, il ne connaissait pas les usages en cours dans les hôtels anglais, il craignait de contrarier Mrs. Chancellor.

Celle-ci promena à son tour son doigt sur la table. Ensuite, elle le flaira en prenant un air recueilli :

– Poussière si vous voulez. Mais poussière de houille.

– Ce n'est pas pareil, convint le docker.

– Certainement non, dit Mrs. Chancellor. Ça vient des navires. Le port est tout à côté. On ne le voit pas, mais on entend parfaitement les sirènes. Les bateaux fument, et ça se faufile sous la fenêtre.

Elle renifla à nouveau son doigt :

– Avec les compliments du *Prinz von Erlangen*, un allemand de trente-deux mille tonnes.

Puis, passant l'index sur le manteau de la cheminée et l'approchant de ses narines :

– Et ça, c'est l'*Empress of China*. Chacun son charbon, sa manière de chauffer, ses scories. Avec un peu d'habitude, on reconnaît les paquebots à l'odeur de leur vapeur. Comme les grands vins.

Quand Mrs. Chancellor fut partie, Horty ouvrit la fenêtre. Il avait espéré que cela chasserait l'odeur de vieux chats qui régnait dans la chambre 28. L'air moite qui s'engouffra ne fit en réalité que repousser cette odeur entre l'armoire et le lit, où elle se concentra d'une manière étonnante – et un peu écœurante aussi, pensa Horty ; mais il ne pouvait probablement rien faire de plus, et il désirait maintenant se concentrer sur sa lettre.

Le docker voyait clairement dans sa tête ce qu'il voulait dire à Zoé. Avant de lui exprimer sa tendresse et le regret qu'il éprouvait sincèrement de la savoir si loin, il souhaitait lui faire partager ses premières impressions sur Southampton. En marchant dans la ville à la recherche de l'hôtel de la Rade de Spithead, il avait remarqué que le ciel prenait une bizarre coloration glauque. Il savait que c'était dû au reflet des becs de gaz sur le dessous des nuées. Il essaya plusieurs moyens de faire percevoir à Zoé cette couleur verte. Mais aucun n'était satisfaisant. Finalement, il écrivit simplement la vérité : *A Southampton en avril, quand la nuit tombe le ciel est vert.*

En lisant ça, se dit-il, Zoé penserait probablement qu'il cherchait à l'impressionner en lui décrivant une ville extraordinaire, exotique et absurde. Il se demanda comment s'y prenaient les écrivains pour communiquer leurs impressions. Peut-être écrivaient-ils la vérité, eux aussi, et c'était précisément pourquoi on trouvait que leurs livres étaient beaux. Quelque chose dans leurs livres, les mots justes, les verbes simples, disaient aux gens : « Vous avez du mal à le croire, et pourtant tout se passe comme c'est écrit – le ciel est vert au-dessus de Southampton, et voilà tout. »

Horty songeait qu'il pourrait peut-être, sur le chemin

du retour, acheter un roman et tenter de le lire pour voir comment c'était fait, lorsqu'on frappa à sa porte.

Mrs. Chancellor avait l'air désemparé. Horty imagina que Mr. Cheapman venait de lui jouer un tour pendable, et il se dit qu'il allait poursuivre sa lettre à Zoé en essayant de lui raconter la nouvelle farce de l'infernal Mr. Cheapman.

– Il pleut, commença Mrs. Chancellor, il paraît que ça ne va pas durer, que c'est juste des giboulées, mais enfin pour l'instant il pleut des chats et des chiens – *it rains cats and dogs :* dans son désarroi, Mrs. Chancellor traduisait littéralement l'équivalent anglais de *il tombe des cordes.*

Horty jeta un coup d'œil vers la fenêtre. La pluie dégringolait peut-être, mais elle était du même gris fade que le mur de la fabrique et on la distinguait à peine dans l'obscurité de l'impasse entre les deux bâtisses.

– Il n'y a plus un seul lit disponible dans tout Southampton, poursuivit Mrs. Chancellor. Ce fichu *Titanic,* naturellement. L'Armée du Salut, l'Académie de billard, les hôpitaux, et même les calèches qui ont une capote, les gens ont tout pris d'assaut. Alors je vous le demande, monsieur Horty, où puis-je envoyer dormir cette pauvre petite ?

– Quelle pauvre petite ? fit Horty, méfiant.

– C'est une Française comme nous, dit Mrs. Chancellor. C'est pourquoi j'ai tout de suite pensé à vous.

Elle eut un regard éloquent en direction du lit sur lequel le docker avait posé sa valise.

– Je pourrais vous installer un couchage sur une des banquettes de la salle à manger, reprit Mrs. Chancellor. Je les ai fait recouvrir de peluche rouge, ce sera certainement d'un confort acceptable pour juste une nuit. Quant au

service, rassurez-vous, il ne s'éternisera pas : les pensionnaires ont tous hâte d'aller se coucher pour être en forme
de bonne heure demain matin.

— Non, dit Horty (et il s'assit vivement sur le lit, et il se
dépêcha d'ouvrir sa valise, et il étala sur la couverture tout
ce qu'il y avait dedans), je n'ai pas fait ce voyage pour
dormir sur une banquette. J'ai gagné un concours, et il ne
s'agissait pas de deviner le nombre de haricots secs dans un
bocal, vous pouvez me croire ! C'était dur, madame, si dur
que je ne recommencerai jamais ça. Ça ne serait pas juste
que je me sois crevé pour rien.

Mrs. Chancellor observa un instant de silence. Maintenant, à défaut de voir la pluie se détacher distinctement
contre le haut mur de la fabrique, on l'entendait crépiter
dans la ruelle.

— J'ai une idée, dit Horty. Donnez-lui la banquette, à
cette petite.

— C'est une assez jolie jeune fille, figurez-vous, soupira
Mrs. Chancellor. Avec tous ces Américains, je suppose
qu'elle a besoin d'une chambre qui ferme à clef.

— Bon, dit le docker, mais pas la mienne.

— Pas la vôtre, répéta Mrs. Chancellor.

— Non, dit Horty.

— Je vais descendre lui dire que vous ne voulez pas, fit
Mrs. Chancellor. Après quoi, il ne me restera plus qu'à la
flanquer dehors.

— C'est ça, dit Horty. Southampton m'a l'air d'être une
sacrée grande ville et la pluie finira bien par s'arrêter.

Il se demandait si Zoé aurait approuvé la fermeté de son
attitude, il avait tendance à penser que oui.

— Le mieux, conclut Mrs. Chancellor en ouvrant la
porte, serait que vous le lui disiez vous-même, à cette

enfant. Que vous lui expliquiez votre position, si vous voyez ce que je veux dire.

– Ça peut se faire, admit le docker. Je me sens dans mon droit, voyez-vous.

En descendant l'escalier, Mrs. Chancellor dit à Horty que la jeune fille s'appelait Marie Diotret et qu'elle devait embarquer le lendemain sur le *Titanic* comme femme de chambre des premières classes.

Le docker n'avait jamais vu quelqu'un d'apparence aussi lamentable que Marie Diotret. Elle se tenait immobile près du comptoir et, à force d'attendre que quelqu'un voulût bien décider de son sort, ses souliers s'étaient vidés de toute l'eau dont ils s'étaient gorgés en pataugeant dans les caniveaux, son long manteau bleu avait dégouliné, et une flaque s'était formée à ses pieds. Elle portait un petit chapeau rond, le genre de chapeau qu'affectionnent les dames de charité, et auquel la moindre averse donne tout de suite un air d'oiseau mort dans un fossé. Recroquevillé sur sa tête, le chapeau avait laissé ses cheveux exposés à la pluie ; alors ceux-ci avaient pris une teinte si indéterminée qu'il était impossible de décider si cette jeune fille était blonde ou châtain.

Elle ressemblait à ces noyés que les hommes du canot de sauvetage ramenaient parfois sur la cale gluante du port-aux-femmes.

Juste comme Horty et Mrs. Chancellor arrivaient en bas de l'escalier, Marie Diotret se mit à éternuer. Le docker vit un nuage de fines gouttelettes sortir de sa bouche et briller un instant dans le halo des lampes.

La jeune fille avait fermé les yeux pour éternuer, mais elle les rouvrit tout de suite. Ils étaient d'un gris léger.

– Je suis vraiment désolée, dit-elle sans qu'on pût

clairement savoir de quoi elle était désolée – d'éternuer ou simplement d'être là, embarrassée et embarrassante.

– M. Horty ne peut pas vous céder la chambre 28, dit Mrs. Chancellor. J'ai peur que vous ne deviez chercher ailleurs. N'est-ce pas, monsieur Horty? ajouta-t-elle en considérant avec réprobation la flaque d'eau aux pieds de Marie Diotret.

– Oui, confirma le docker, c'est malheureusement comme ça.

Marie éternua une deuxième fois, et Horty vit à nouveau un petit nuage lumineux s'échapper de sa bouche. Alors il pensa : si elle éternue encore un coup, je lui dis de rester. C'était irrationnel, mais pas beaucoup plus que de parier qu'une femme en vert amande rattraperait ou non une ombrelle fuyant sur le pont d'un bateau.

Marie éternua aussitôt pour la troisième fois.

– Je ne savais pas que vous étiez malade, dit Horty.

– Oh, je ne suis pas du tout malade, dit Marie. C'est juste une réaction. Il fait froid dehors, et si chaud ici.

– Vous êtes mal en point, insista Horty (c'était ce qu'il avait trouvé de mieux pour ne pas perdre complètement la face devant Mrs. Chancellor). On va se débrouiller, ajouta-t-il en s'avançant vers Marie.

– Tout va s'arranger, claironna Mrs. Chancellor avec enthousiasme.

– Je suis confuse, dit Marie, terriblement confuse.

– Écoutez, dit Horty, donnez-moi votre valise et venez voir la chambre.

Dans l'escalier, Marie marchait devant lui. Elle ne sentait malheureusement pas aussi bon que la femme en vert amande. Mais la chambre 28 ne sentait pas bon non plus. Avant d'atteindre le palier, Marie ôta l'écharpe détrempée qu'elle avait nouée sur ses épaules. Horty remarqua qu'elle avait un cou long et blanc. Dans le cou de Marie, ses cheveux n'étaient pas trop humides. Horty vit qu'ils étaient plutôt blonds.

Marie ne fit aucune réflexion à propos de la chambre. Elle regarda, sans rien dire non plus, Horty qui déposait sa valise sur le lit et repoussait ses propres affaires.

— Voilà, dit le docker, c'est ici que ça se passe. Je n'aurais peut-être pas dû ouvrir la fenêtre, mais ça sentait le chat. Et puis, je ne pouvais pas deviner que vous alliez dormir ici.

— Vous allez vraiment me laisser votre lit ? demanda la jeune fille.

— Toute la chambre, dit Horty. Et le plus beau, c'est que ça ne vous coûtera rien : je l'ai gagnée à un concours.

— Un concours de journal ?

— Non, le concours du meilleur docker des ports du Nord.

— Et c'est vous ?

— Oui. J'étais déjà le plus fort l'année dernière. Et l'année d'avant. Ça fait cinq fois.

— Bravo, dit Marie. C'est impressionnant.

Elle s'était assise sur le bord du lit, continuant de perdre son humidité comme un torchon qu'on aurait mis à égoutter.

— Je voudrais à mon tour faire quelque chose pour vous, dit-elle.

— Pas la peine, dit Horty. Ne vous inquiétez pas pour moi. Je dormirai très bien, en bas sur la banquette. Et, si je ne dors pas, je me rattraperai sur le bateau.

— Vous prenez aussi le *Titanic* ?

– Juste le vapeur pour la France. Demain, je rentre à la maison.

– C'était votre seule nuit ici. Et je vous la vole un peu.

– Il me reste le dîner, dit le docker. Le dîner à la salle à manger, ça faisait aussi partie des choses que je voulais connaître. Il va être l'heure d'y aller, d'ailleurs.

Il entassait ses affaires dans sa valise pour libérer le lit. Marie examina la lourde redingote noire qui avait appartenu à Jean Rissken :

– C'est pour ce soir, ça ? Je n'ai rien d'aussi élégant à me mettre. Je ferais peut-être mieux d'aller dîner dans un endroit plus populaire que cet hôtel. Ça doit exister quelque part sur le port, non ?

– Le port, dit Horty, ça me plairait aussi. Je n'ai pas vraiment envie d'enfiler cette redingote.

– On pourrait y aller ensemble, dit Marie. Si vous voulez, je vous invite pour vous remercier de la chambre.

– Comme ça, apprécia Horty, j'échapperai à ce Cheapman qui arrive du Nebraska. J'ai dit à Mrs. Chancellor que je ne voulais pas de lui à ma table, mais j'ai l'impression que cette femme ne fait que ce qu'elle veut.

Marie le dévisagea sans comprendre. Horty pensa que les frasques de Mr. Cheapman fourniraient un bon aliment pour entretenir la conversation si la femme de chambre et lui s'apercevaient qu'ils n'avaient rien à se dire. Il ignorait à peu près tout ce qu'avait pu faire Mr. Cheapman, mais au besoin il inventerait. Il devait être agréable de voir une femme rire à cause des bêtises qu'on imaginait pour l'amuser. Il chercha depuis combien de temps il n'avait pas fait rire Zoé. Ça remontait trop loin pour qu'il pût compter les années.

Une sirène déchira la nuit, grave et longue. Elle fit

vibrer les carreaux de la fenêtre et le verre à dents sur la tablette au-dessus du lavabo.

— Est-ce que c'est le *Titanic* qui fait ça ? demanda Horty.

Marie n'en savait rien. Elle ne connaissait le *Titanic* que par les gravures illustrant les avis d'appareillage dans les journaux et les affichettes apposées un peu partout dans Southampton, sur les arbres et même sur les ruines médiévales du front de mer. Et, comme la pluie les décollait, il y en avait aussi par terre sur les trottoirs. Des enfants se baissaient pour les ramasser, mais généralement la foule les piétinait.

Elle marchait près de lui comme une enfant qui n'a plus l'âge de donner la main mais qui continue d'avoir peur qu'on la perde. Elle ne parlait pas. Sans doute enrhumée, elle respirait par la bouche, bruyamment. L'air du large lui fera du bien, pensa Horty, elle sera guérie en arrivant à New York.

De temps en temps, elle le regardait et lui souriait. Le docker lui souriait aussi.

Comme tous ceux qui habitaient la rue de La Villemarqué, Horty avait, en se mariant, perdu l'habitude d'être seul. Les rares soirs où il ne rentrait pas tout de suite à la maison retrouver Zoé, il accompagnait les autres dockers et passait un moment avec eux au café. De toute façon, aussi loin qu'il remontât dans sa mémoire, même en se rappelant ses années d'enfance, Horty ne se souvenait pas d'avoir jamais pris un repas solitaire. Personne à sa connaissance ne mangeait, ne buvait, ni même ne dormait, sans quelqu'un en face ou près de lui. Quand un docker ou un matelot entrait dans une des tavernes de l'arrière-port, on le dirigeait vers une table où étaient déjà assis d'autres ouvriers, d'autres marins. Seuls des officiers parfois s'isolaient, en mettant le front dans leurs mains ou en fixant sans raison la flamme mouvante d'une lampe. On n'osait rien leur dire, mais personne n'aimait ça. Les hommes sans compagnie n'ont rien à faire que regarder les autres, ou se regarder eux-mêmes dans les miroirs de la taverne. Alors ils ruminent des pensées lugubres, on voit leurs lèvres bouger de plus en plus vite, quelquefois ils se redressent brusquement, brisent une bouteille sur un rebord de table et déclenchent des rixes plus sanglantes que celles d'individus simplement pris de boisson.

Depuis le matin, n'ayant eu personne à qui parler sauf la femme en vert amande sur le petit vapeur, Horty avait eu largement le temps de penser à ce qu'avait été son existence et au tournant qu'elle prendrait maintenant. Zoé allait vieillir. Elle deviendrait taciturne et molle, sa peau se plisserait en se marbrant de taches brunes. Elle perdrait ses dents, ou bien il faudrait se résoudre à les lui arracher ; alors ses lèvres, déjà fines, s'aminciraient encore jusqu'à n'être plus qu'une longue fente étroite, ce qui, avec sa face ronde aux pommettes arquées, lui donnerait un air de grenouille – il l'imaginait posée comme sur des nymphéas au milieu des entéromorphes et des ulves qui tapissaient la cale du port-aux-femmes (il détestait ces visions, mais il ne pouvait rien faire pour les empêcher de s'imposer à lui).

Horty aimait d'autant plus Zoé qu'elle n'allait pas tellement tarder, maintenant, à se métamorphoser en grenouille. Il restait peu de temps au docker pour lui dire qu'elle était encore belle, et la désirer sincèrement.

C'est pourquoi, dans sa lettre interrompue soudain par l'apparition affolée de la logeuse, Horty, après avoir tenté de raconter le soir tombant sur la ville anglaise, avait commencé à décrire à Zoé tout ce qu'il lui ferait si elle se trouvait là. Lui si brusque en amour, peut-être même brutal, il avait pris le temps (près de deux longues pages, et il n'écrivait pas vite) de lui expliquer comment il la déshabillerait, comment il porterait chaque pièce de son vêtement à son visage pour en respirer le parfum, même sa lingerie que par pudeur elle refusait qu'il touche et se dépêchait d'enfouir sous ses autres habits jetés en désordre, et comment ensuite il lècherait son corps avec une patience infinie, poussant sa langue entre des plis de chair dont il ne connaissait même pas toujours le nom exact.

Au début de leur mariage, Horty et Zoé éprouvaient un besoin si violent l'un de l'autre qu'ils ne prenaient même pas le temps de se caresser. A présent que les fatigues du jour et l'habitude rendaient leur attirance beaucoup plus fugitive, ils mettaient la même hâte à se donner de peur que le désir ne les quitte avant d'avoir été satisfait – mais l'était-il seulement ? Car, en s'endormant, chacun revoyait ce qu'il avait omis de murmurer ou de faire à l'autre.

La présence de Marie empêchait Horty de penser à tout cela, et aussi au fait qu'il n'avait pas fini la première lettre qu'il eût jamais entrepris d'écrire à Zoé, et qu'il ne la terminerait sans doute pas – alors était-ce vraiment par pitié pour les éternuements de Marie qu'il avait sacrifié sa chambre, ou par pitié pour lui-même ? Il se demanda si Mr. Cheapman éprouverait le même désarroi à se retrouver seul avec son existence et ses pensées dans la salle à manger de l'hôtel de la Rade de Spithead. Probablement non, car ce Mr. Cheapman était un farceur et ne voyait de la vie que le meilleur moyen de la tourner en dérision.

Dans le quartier des docks, ils s'arrêtèrent devant une gargote qui s'appelait Calcutta. Elle n'avait d'indien que le nom. A l'intérieur s'alignaient, comme dans un réfectoire, de longues tables en bois boursouflé à force d'être frotté, équipées de tabourets de bar dont on avait scié les pieds pour les raccourcir. Accrochées haut sur les murs et protégées par des grilles, d'anciennes lanternes de navires dispensaient une lumière grasse. L'odeur du pétrole se mêlait à celle des poissons ternes, rangés tête-bêche sur un plateau pour être proposés à la convoitise des dîneurs. La salle était décorée de portraits de bateaux marchands démodés, aux passerelles ouvertes défendues par de simples toiles. Ces cargos étaient représentés naviguant sur des mers détestables, le plus souvent la nuit – mais l'artiste n'avait pas manqué de faire figurer, toujours en haut et à droite, une lune énorme dont la lueur livide mettait en valeur le creux des vagues et la fumée qui s'échappait des cheminées. Quelques cadres étaient barrés d'une bande de crêpe noir signifiant que le bâtiment avait naufragé.

Sauf qu'on y servait de la bière à la place du vin, ce lieu ne différait pas tellement des bouges que fréquentaient les dockers de la Ville-Basse, après le travail. Le voyage à Southampton ressemblait de moins en moins aux prévisions d'Horty. Il fut tenté de dire à Marie qu'ils pourraient chercher plus loin et trouver un endroit qui eût davantage l'air d'un vrai restaurant, mais il se rappela qu'elle avait parlé de l'inviter pour le remercier de lui abandonner sa chambre ; la jeune fille devait penser que le Calcutta ne serait pas trop cher.

– Nous serons très bien ici, dit-il alors en essayant de se montrer chaleureux.

Marie n'avait fait aucune remarque désobligeante à propos de la poussière de houille dans la chambre 28, des graffitis sur la table et de l'odeur de chat, aussi Horty eût-il été bien insolent de critiquer cette auberge où la jeune fille semblait contente d'être entrée.

– Oui, disait-elle, il n'y a personne ici, j'ai envie d'être tranquille ce soir, demain je serai au milieu de je ne sais combien de milliers de gens. J'espère – je suis sûre – que vous me comprenez.

Un transatlantique était amarré de l'autre côté d'une étendue d'eau inerte et noire. Il était illuminé. Un reste de brume barbouillait les lumières des hublots, des fenêtres des salons, comme sur une photo bougée, et ce halo doré mangeait la masse obscure de la coque, réduisant celle-ci, pourtant considérable, à un ruissellement de lumière floue qui débordait sur l'eau, en dansant. Le paquebot commençait de pousser ses feux, des escarbilles enflammées s'échappaient des cheminées et retombaient vers la mer comme pour se fondre dans le reflet des autres lueurs, mais elles s'éteignaient bien avant, en plein ciel.

– Vous croyez que c'est le *Titanic* ? questionna Horty.

– C'est possible, dit Marie d'un ton détaché.

Tournant le dos au spectacle du transatlantique, elle fit signe à Horty de s'asseoir face aux vitres mouchetées de pluie.

– Je comprends qu'il vous fascine, reprit-elle comme pour justifier son indifférence à l'égard du paquebot qui brillait dans la nuit, mais pour moi ce n'est que l'endroit où je vais travailler, après tout.

– Vous avez déjà été employée sur un bateau ?

– Non, dit-elle brièvement.

– Ne croyez pas que je pense à récupérer ma chambre, fit Horty, mais, d'après Mrs. Chancellor, le dernier jour d'embauche était samedi. Tout l'équipage est au complet, maintenant. Alors je me demande pourquoi vous ne dormez pas à bord, avec les autres.

Elle parut troublée. Elle avait donc erré sous la pluie, se dit Horty, faute d'avoir songé à une solution aussi simple. Les autres femmes de chambre étaient cruelles de n'avoir pas rappelé à Marie qu'une couchette l'attendait sur le *Titanic*. Mais peut-être cela correspondait-il à une sorte d'épreuve initiatique.

— Eh bien, répondit-elle enfin, il n'était pas réellement prévu que j'embarque. Je remplace une amie, une jeune femme anglaise, Maureen, elle ne peut plus partir, une affaire de famille, elle m'a cédé sa place, un peu comme vous votre chambre. Mais, cette nuit, elle est encore sur le bateau, elle va travailler tard avec les autres femmes pour mettre les cabines en état. C'était trop compliqué pour elle de quitter le *Titanic* au milieu de la nuit et de courir partout dans Southampton pour essayer de trouver un lit. Êtes-vous satisfait ? ajouta-t-elle avec une pointe d'anxiété.

— Mais oui, dit Horty. Je vous demande pardon, je ne sais pas pourquoi je vous pose toutes ces questions.

Ils étaient à peine installés que d'autres personnes poussèrent à leur tour les portes du Calcutta – deux femmes habillées en religieuses qui vendaient un journal plein de prières, un sourd-muet et sa corbeille d'horoscopes étroitement roulés dans de petits tubes en carton, une fillette avec des roses. Ces pauvres gens devaient guetter dans la pénombre les clients qui entraient dans la gargote, ils les laissaient s'asseoir, et puis ils venaient gémir à leur table en proposant leurs colifichets sans intérêt.

— Allez-vous-en, dit Marie en anglais, nous ne voulons rien.

Horty acheta pourtant une rose à la fillette. La rose avait

des pétales mous et déjà tavelés, mais la fillette était jolie et Horty prit la rose rien que pour le plaisir de toucher la main de cette petite en y déposant quelques pence. Il prit aussi le journal des sœurs, par superstition, au cas où elles auraient été de vraies religieuses. Et, tant qu'il y était, dans la corbeille du sourd-muet il choisit un horoscope pour Marie qui était si jeune et qui commençait sa vie. Ils le déplièrent et le lurent ensemble. C'était un bon horoscope. Il prédisait un voyage, une rentrée d'argent, l'amélioration d'un état de santé, un amour, il conseillait la couleur jaune, le chiffre neuf, l'améthyste.

— Rien que ça ! s'exclama Marie (tout en riant, elle brûlait l'horoscope à la flamme d'une bougie qu'on venait de leur apporter).

— Pour le voyage, dit Horty, j'ai l'impression qu'il y a du vrai. Pour le jaune aussi.

Elle le dévisagea avec surprise, elle ne portait rien de jaune sur elle.

— Les cheminées du *Titanic* sont jaunes, dit Horty.

Ils n'eurent pas à se creuser la tête pour savoir ce qu'ils allaient commander. Ils auraient aimé goûter aux poissons mais, le soir, le Calcutta servait un menu unique composé d'oxtail, de tourte aux abats avec des petits pois, d'une part de fromage de Chester et de tarte aux pommes.

Ils se regardaient et se souriaient souvent. Ils se parlaient peu, n'échangeant que de brèves paroles polies. Dans une heure ou deux, ils se sépareraient et ne se reverraient jamais, c'était trop peu de temps pour essayer seulement de lier connaissance. Mais, au moment du fromage de Chester, Marie dit brusquement qu'Horty se trompait s'il ne voyait en elle qu'une servante. Elle assumerait convenablement son office de femme de chambre, mais elle n'avait pas l'intention de passer sa vie sur le *Titanic*. C'était d'ailleurs une chose impossible si l'on s'en tenait à la simple arithmétique : comme les animaux, les paquebots vieillissaient plus vite que les êtres humains – ils vivaient à peu près autant que les chevaux, vingt ou trente ans. Marie serait peut-être encore une femme désirable quand le *Titanic* partirait à la ferraille.

Marie aiderait donc les passagères à s'habiller (à bord, précisa-t-elle, les femmes changeaient de toilette trois à quatre fois par jour), elle dégourdirait leurs jolies blouses fripées par de longues pénitences dans les malles-cabines, elle changerait les peignoirs, poserait le soir sur les oreillers des télégrammes, des fleurs ou des chocolats ; mais, bien qu'étant au service des dames, elle partait dans l'espoir d'être remarquée par un homme fortuné.

Elle fouilla dans son sac taché de pluie, en sortit un étui de rouge à lèvres. Il était gravé d'initiales qui n'étaient pas les siennes. Elle avait dû le trouver par terre, sur un trottoir. Une foule fébrile allait et venait dans la ville, sans cesse des gens montaient et descendaient des fiacres pour se faire conduire aux bureaux des compagnies maritimes ou vers leurs hôtels, les fiacres ralentissaient sans s'arrêter complètement, les cochers se penchaient pour saisir les bras des femmes, ils les hissaient au vol sur le marchepied, les femmes riaient et parfois leurs sacs s'ouvraient, de menus objets roulaient dans le caniveau, à cause du martèlement des sabots on ne les entendait pas tomber. Marie maquilla sa bouche. Plus elle mettait de rouge, plus sa langue paraissait rose. Horty lui en fit la remarque, et elle dit en riant :

– Eh bien oui, naturellement, c'est aussi fait pour ça.

Elle humecta un petit pinceau, mit du noir sur ses cils, mais à l'inverse de sa langue ses yeux gris ne parurent pas plus pâles pour autant. Ils semblaient même s'être durcis.

— Suis-je assez belle pour un Guggenheim, pour le vieux Straus ou le fils Ismay ? Demain, ils seront à bord. Savez-vous ce que pèse Guggenheim ? Je ne parle pas de kilos, bien sûr.

Le docker n'en avait pas la moindre idée. Marie dit d'un ton subitement altéré, comme si c'était elle qui possédait cette terrible fortune et qu'elle craignît de la perdre, que Benjamin Guggenheim affichait quelque chose comme quatre-vingt-quinze millions de dollars.

Finalement, expliquait Marie, ces navires étaient plutôt des banques flottantes que des palaces, et c'est pourquoi les traversées transatlantiques attiraient à chaque fois une foule de rats d'hôtels, d'escrocs, de joueurs professionnels.

— J'en ai rencontré un, dit Horty (il n'était pas fâché de montrer à Marie que le monde des paquebots ne lui était pas inconnu, à lui non plus), il s'appelle Duncan. Il voyage en compagnie d'une femme assez jolie – mais elle, par exemple, je ne sais pas son nom.

— Elle n'en a pas, dit Marie. Elle a juste un visage, un corps, et surtout les dents longues.

— Est-ce que vous n'êtes pas comme ça ? demanda-t-il.

Elle soupira, comme soulagée qu'il se fût enfin décidé à poser cette question :

— Oh, je ne suis pas une aventurière – si c'est ce que vous avez voulu dire.

— Non, s'empressa-t-il de répondre, ce n'est pas du tout ce que je pensais. Mon Dieu, non ! vous êtes visiblement une jeune fille tout à fait convenable.

Elle sourit : elle ne cherchait pas seulement à séduire un

homme, elle espérait se faire aimer, épouser, et vivre en Amérique. Elle souhaitait par-dessus tout habiter dans le Maine. Elle avait entendu dire qu'il y avait là-bas de grandes demeures blanches avec des hangars à bateaux qu'on pouvait aménager pour y recevoir des amis, donner des fêtes, tout cela niché parmi les roses et les acacias, on y accédait par de longues routes droites avec la mer de part et d'autre, ou des lacs. Les habitants du Maine étaient à la fois sociables et raffinés comme des gens de la ville, mais ils se donnaient du bon temps comme à la campagne. C'était un des derniers États d'Amérique où l'on vous vendait une maison avec la garantie qu'il y avait un rossignol dans le parc. Marie admettait que les probabilités de croiser dans les coursives du *Titanic* un homme riche possédant une propriété dans le Maine, et de se faire aimer de lui, fussent assez faibles. Sans doute n'était-ce qu'un rêve. Mais il prouvait à Horty – clairement, n'est-ce pas ? – que la jeune fille n'était pas du tout ce qu'il avait pu s'imaginer un instant.

Le docker trempa un coin de sa serviette dans la carafe d'eau :

– Je vous en prie, dit-il, je vous aimais mieux tout à l'heure.

Elle comprit. Docile, elle passa la serviette sur son visage, ôtant le maquillage. De nouveau sa bouche fut fraîche et ses cils mouillés comme la première fois, lorsque le docker l'avait vue en train d'éternuer dans le hall de l'hôtel de la Rade de Spithead. Une goutte d'eau glissa sur ses lèvres qu'elle entrouvrit pour la gober.

Maintenant, Horty et elle pouvaient parler sans aucune arrière-pensée – il n'était pas cet homme riche, fréquentant les rossignols du Maine, que Marie cherchait. Il ne risquait plus d'y avoir entre eux quoi que ce soit d'ambigu, il ne leur restait qu'à profiter de leur soirée. Ils se dévisagèrent en riant, et Horty commanda un carafon de gin.

Comme si le sentiment de délivrance qu'ils éprouvaient l'un vis-à-vis de l'autre eût été partagé, le Calcutta s'emplit brusquement d'une compagnie joyeuse et bruyante.

C'étaient des mineurs gallois, leurs épouses et leurs enfants. Ils venaient se remplir le ventre et faire provision de bons souvenirs avant de s'engouffrer demain dans les entreponts du *Titanic*. A Cardiff, des agents recruteurs entretenus par les compagnies d'armement leur avaient fait miroiter une existence moins chiche de l'autre côté de l'océan. Ils avaient voyagé toute la nuit précédente en chemin de fer, et passé la journée à rôder dans Southampton en quête d'un ouvrage de dernière minute pour gagner quelque argent. Les hommes trouvaient des bagages à porter, les femmes étaient requises pour marquer de grandes caisses – on leur donnait de la peinture rouge pour inscrire dessus *caution, handle with care*, d'où le bruit courant à travers la ville que le *Titanic* emporterait une cargaison de choses fragiles et précieuses achetées par les milliardaires américains ; on parlait d'immenses lustres en verre de Murano, de puzzles de mosaïques siciliennes, de vaisselles de Saxe.

Les mineurs étaient coiffés de casquettes grises qu'ils lançaient en l'air au moindre prétexte, ils possédaient tous des souliers assez forts pour leur permettre, une fois en Amérique, de rattraper à la course les trains de marchandises. Les dames avaient des chapeaux noirs profondément enfoncés sur leurs figures fripées. Comme des salades montées en graines, des petites filles pâles surgis-

saient de robes serrées aux hanches et s'achevant en
courtes traînes. Ces toilettes avaient sans doute appartenu
à des grandes personnes qui n'en voulaient plus, les mères
les avaient rachetées à bas prix et raccourcies à partir de la
ceinture afin de conserver, sur les chevilles, la cloche ou
les volants empesés qui faisaient endimanché. Elles pensaient probablement que les officiers des services américains de l'immigration, à Ellis Island, ne pourraient pas
renvoyer des petites filles élégantes, même si elles avaient
les yeux qui suintaient un peu.

Ainsi entravées, ces enfants ne pouvaient pas s'amuser
beaucoup. Alors elles collaient le museau contre les vitres
du Calcutta et, regardant le grand bateau amarré de l'autre
côté de l'eau sombre, demandaient si c'était celui-là, le
Titanic sur lequel elles allaient partir, mais apparemment
personne n'en savait rien.

– J'ai vingt-deux ans, disait Marie, je suis née à Dieppe.
C'est là-bas que j'ai connu Maureen. Nous avions ouvert
une petite boutique près de la mer, je faisais des beignets
et des gaufres, Maureen parcourait la plage pour les
vendre. Vous auriez vu les pieds de Maureen, après toute
une journée de plage ! Le sable avait poli ses ongles,
comme il fait avec les galets. Ils étaient devenus presque
transparents. Ça aurait pu être assez joli, mais ils sai-
gnaient aussi.

« Un jour, elle s'est enfoncé je ne sais quoi dans l'orteil,
un coquillage pourri, je suppose. Son pied s'est mis à
enfler et à dégager une odeur affreuse. Je l'ai conduite à
l'hôpital. Comme elle ne pouvait pas marcher, j'ai dû louer
un fiacre. Toute la recette de la semaine y est passée, parce
que le cocher croyait que nous étions ce genre de filles,
vous voyez, qui vont à l'hôpital parce qu'elles ont attrapé

des maladies avec des types. Il a voulu nous le faire payer cher. A l'hôpital, ils n'ont fait ni une ni deux, ils ont coupé l'orteil. Après ça, Maureen ne pouvait plus faire la plage. Et moi, je ne parlais pas encore assez bien l'anglais, or c'étaient surtout les baigneurs anglais qui achetaient notre cuisine. On a revendu la boutique – juste une baraque, vous savez. Maureen a dit qu'elle voulait rentrer en Angleterre.

« Je l'ai suivie. Je l'adorais, cette fille. Nous avons pris un logement à Londres. Maureen a été engagée pour tenir le vestiaire dans un théâtre de Drury Lane. Les premiers temps, plutôt que de rester seule, j'assistais au spectacle en attendant que Maureen ait achevé son travail. Mais j'ai fini par connaître la pièce par cœur. Du coup, je m'endormais. Ça faisait mauvais effet. Le directeur n'a plus voulu que je vienne. Mais j'avais peur, la nuit, dans le logis. On entend tellement d'histoires à propos de tout ce qui peut arriver à une jeune fille à Londres. Alors Maureen a été très chic, elle a laissé tomber le vestiaire pour rester avec moi. Elle disait qu'elle finirait bien par trouver un autre travail, et ça a été cet emploi de femme de chambre sur le *Titanic*. C'est drôle, elle n'avait pas l'air de penser qu'en partant sur le *Titanic* elle me laisserait encore plus seule qu'en s'occupant du vestiaire de Drury Lane.

« Mais maintenant son père est mort, ou sa mère, je ne sais plus, quand Maureen est en larmes j'ai souvent du mal à comprendre ce qu'elle raconte. Toujours est-il qu'elle ne peut plus partir.

– Vous en avez fait des choses, apprécia Horty.

– Oh oui, dit Marie, et je ne vous raconte pas tout ! J'ai cousu des voilettes sur des chapeaux, figurez-vous, et j'ai eu aussi la responsabilité de m'occuper des vases de fleurs dans une église – anglicane, bien sûr, les prêtres catholiques se méfient des femmes.

Les Gallois avaient entraîné avec eux un homme qui venait d'Europe centrale. Il ne parlait que le hongrois et ne pouvait se mêler à la conversation. Alors il fit marcher le piano mécanique du Calcutta. Les Gallois se mirent à chanter.

– On ferait aussi bien de rentrer, non ? hurla Marie en se penchant vers Horty.

Dehors, le vent s'était levé. Les nuages couraient devant la lune. Ils s'effilochaient, de plus en plus légers. Il ne pleuvait plus du tout. Tournant le dos au docker, Marie s'immobilisa pour considérer le paquebot éclairé.

– Vous aimez beaucoup votre femme, n'est-ce pas ?

– Oui, dit Horty, beaucoup.

– Vous l'aimez, répéta-t-elle. Et vous ne l'avez jamais trompée.

– Si, mais ça ne comptait pas.

Elle rit. Elle se retourna vers lui, faisant voler ses cheveux. A présent qu'ils étaient tout à fait secs, on voyait bien qu'ils étaient blonds.

– Tous les hommes disent ça. Le pasteur de l'église dont j'arrangeais les fleurs le disait aussi.

– Vraiment, insista Horty, ça ne comptait pas.

– Et à présent ?

– A présent, je suis un vieil homme.

– Qui sent le gin.

Il rit à son tour :

– Qui sent le gin. Mais vous aussi.

Marie réfléchit un instant, la tête légèrement inclinée sur le côté.

– Je pense, dit-elle enfin, que ce n'est pas la peine que vous couchiez sur une banquette. Vous y seriez très mal. Le lit est assez grand pour deux. Mais il ne faudra pas me toucher. Comme il n'y a pas de paravent, on ne se déshabillera pas. Ainsi, il n'arrivera rien. Moi, ça m'est égal de dormir avec ma robe. Et vous ?

Elle n'attendit pas sa réponse. Elle se mit en marche, avançant curieusement, un peu comme si elle jouait à la marelle, ou comme si elle patinait, les mains derrière le dos.

Il la suivit.

Malgré l'heure tardive, deux petits tenders au museau camus battirent l'eau et vinrent se ranger contre le paquebot. Une porte s'ouvrit au flanc de celui-ci. Un officier apparut dans l'encadrement. Il fumait une pipe dont il chassa la fumée en agitant sa casquette, puis il engagea la conversation avec les hommes des tenders. A cause de la distance et du halètement des machines, on n'entendait pas ce que disait l'officier. C'était dommage, pensa Horty, parce qu'on aurait peut-être pu savoir enfin si ce transatlantique était ou non le *Titanic*.

Des gens désœuvrés traînaient encore dans Southampton. Mais, quand le docker et sa compagne se présentèrent à la porte de l'hôtel de la Rade de Spithead, elle était verrouillée. Une pancarte annonçait *closed, no vacancies*.

Marie tapa du pied :

– *Closed*, tu parles ! Ça ne peut pas être fermé tant que nous n'y sommes pas !

– Mme Chancellor a peut-être loué la chambre à quelqu'un d'autre en ne nous voyant pas rentrer, suggéra le docker.

Ça ne l'ennuyait pas trop pour lui-même, mais il se demandait ce qu'il allait faire de Marie. Il se sentait une vague responsabilité envers elle. Et probablement voyait-elle aussi les choses sous cet angle, car elle demanda :

– Comment va-t-on s'y prendre pour entrer là-dedans ?

– On va frapper.

Marie haussa les épaules :

– Mme Chancellor roupille. Si on la réveille, elle n'aura rien de plus pressé que d'appeler la police. C'est ce que je faisais à Londres quand j'attendais Maureen et qu'on cognait à ma porte. C'est ce que tout le monde fait toujours en Angleterre.

91

Marie avait subitement attrapé une voix rauque et vulgaire. Horty se demanda si cette nouvelle voix était sa voix normale, ou bien si elle parlait comme ça à cause de la fraîcheur humide de la nuit, ou peut-être tout simplement parce qu'il lui avait fait boire trop de gin.

— Je n'ai pas peur de la police, dit-il. Ils doivent laisser les gens s'expliquer, non ?

— D'accord, dit Marie avec nervosité, ils laissent les gens s'expliquer, mais seulement quand il fait jour. La nuit, ils commencent par vous emmener et vous enfermer. Je n'ai pas le temps d'être enfermée. Tout le personnel du bord doit être à son poste demain matin à huit heures pour un exercice de sauvetage. Oh ! je vous en prie, ajouta-t-elle, essayez d'avoir une autre idée...

Elle jetait des regards furtifs vers le haut de la rue. Elle avait l'air de penser que, même si Mrs. Chancellor ne s'en mêlait pas, la police allait arriver. Elle cachait ses mains dans les plis de sa robe comme si elle voyait déjà les policiers s'avancer vers elle avec leurs menottes. Mais la rue restait déserte, sauf un fiacre qui traversa lentement le carrefour, tiré par un cheval fatigué.

Horty se rappela qu'il avait laissé ouverte la fenêtre de la chambre 28. C'était tout en haut, au dernier étage, mais juste en face il y avait le mur de la fabrique avec ses escaliers de fer.

Sans savoir ce qu'ils feraient une fois là-haut, ils se demandèrent d'abord lequel monterait le premier, l'escalier étant trop étroit pour laisser deux personnes passer de front. Horty préférait rester en arrière pour recevoir Marie au cas où elle manquerait une marche. Mais Marie détestait sentir la présence d'un homme juste derrière elle.

Ça lui rappelait, disait-elle, certains soirs à Dieppe, à Londres aussi, où des hommes leur avaient emboîté le pas, à Maureen et à elle. Elle entendait encore leurs grosses voix pressantes : « On a de quoi payer. » Et ils froissaient des billets au fond de leurs poches. Elles couraient. Ils couraient aussi.

— Je passe le premier, décida le docker. Mais tenez-vous bien à la rampe.

Ils commencèrent l'escalade. Sur la muraille s'étalait la raison sociale de la fabrique, peinte en immenses lettres noires – une manufacture de cotonnades, Harston & Harston. Horty avait l'impression d'être une mouche progressant le long d'un livre ouvert, posé debout sur sa tranche.

L'escalier bougeait quelquefois. Il frémissait du haut en bas, et s'écartait légèrement du mur en grinçant. Il fallait alors s'immobiliser, attendre que le balancement s'arrête. Puis l'escalier reprenait sa position initiale, revenant contre le mur de briques et le heurtant avec un bruit de cloche fêlée. Des éclats de rouille tombaient vers le sol, comme des feuilles mortes incroyablement lourdes.

En s'élevant, on découvrait, par-delà l'impasse, le paysage du port. Horty et la jeune fille revirent ce grand paquebot dont ils ne pouvaient pas lire le nom, et qui était peut-être le *Titanic*. Ses feux de mâts, d'une scintillante blancheur d'étoile, s'éclipsaient parfois derrière les torsades de fumée que vomissaient trois de ses quatre cheminées.

A la hauteur correspondant au deuxième étage de l'hôtel de la Rade de Spithead (on se trouvait alors au niveau de la barre du premier H géant de Harston & Harston), Horty cessa d'entendre sonner l'escalier sous les souliers de Marie.

Il s'arrêta, se retourna. La jeune fille était assise sur une marche, dans une attitude recroquevillée. Elle pleurait.

Horty redescendit vers elle.

– Ça ne va pas ?

– Je reste là, dit-elle.

– C'est le vertige. Ne regardez ni en haut ni en bas. Fermez juste les yeux et donnez-moi la main.

Elle secoua la tête :

– Je reste là, répéta-t-elle.

Il aurait voulu s'asseoir tout contre elle, lui passer gentiment un bras autour des épaules. L'exiguïté de l'escalier ne le permettait pas. Il dut se contenter d'allonger la main et de lui caresser la nuque. Une sueur glacée mouillait les cheveux de Marie.

– Laissez-moi faire, dit-il avec douceur. Je connais ça. C'est déjà arrivé à des camarades qui allaient faire les singes sur les grues, et qui restaient là-haut coincés comme vous.

Il ôta le foulard rouge qu'il portait autour du cou et le noua sur le visage de la jeune fille, le serrant fermement sur ses yeux et bouchant aussi ses oreilles. Elle ne protesta pas. Sa poitrine se soulevait par saccades irrégulières, comme si elle cherchait à vomir.

– Ça va aller, dit Horty en la prenant sous les épaules et en l'obligeant à se redresser.

Il l'attira à lui, la soulevant presque à la force des poignets. Elle avait cette légèreté molle des bêtes malades. Quand elle fut à sa hauteur, il s'effaça pour la faire passer devant lui. L'escalier émit un craquement sourd. Marie cria. Horty lui comprima la taille entre ses mains, à lui faire mal.

– Montez, maintenant. Levez les genoux. Une jambe après l'autre. Ne pensez à rien.

Au niveau du troisième étage de l'hôtel, deux hommes jouaient aux cartes dans une chambre faiblement éclairée. Ils n'avaient gardé sur eux que leur caleçon et leur maillot de corps. A même des cruchons de terre, ils buvaient une bière sombre et s'essuyaient la bouche d'un revers du bras. Ne disposant pas d'une table assez grande, ils jouaient sur le lit, et il y avait une assez jolie petite montagne de billets de banque au milieu de ce lit. De toute sa vie, Horty n'avait jamais vu autant d'argent réuni.

Les joueurs aperçurent le docker et la jeune fille sur leur escalier. Ils refermèrent les éventails de leurs jeux de cartes et s'approchèrent de la fenêtre. Ils faisaient semblant d'avoir des fusils et de mettre en joue Marie et Horty comme s'ils avaient été des canards en tôle dans un tir de foire. Puis l'un des hommes baissa son caleçon et exhiba sa verge. Il l'agita en direction de l'escalier. Son compagnon riait.

Horty était content, finalement, que Marie ait le vertige, et d'avoir dû lui bander les yeux. L'un des deux hommes, celui qui s'exhibait, lui sembla être l'intolérable Mr. Cheapman. Il songea avec un sentiment de dégoût que, si ce Mr. Cheapman, qui devait être plutôt riche à en juger par tous les dollars qu'il jouait cette nuit, avait été originaire du Maine au lieu de venir de Thedford dans le Nebraska, Marie se serait peut-être montrée gentille, trop gentille avec lui. Horty se dit qu'il ferait aussi bien d'expliquer à Marie deux ou trois choses concernant la veulerie des hommes – des choses que lui savait, et que la jeune fille avait l'air d'ignorer.

Ils atteignirent enfin une sorte de palier – simple plaque de fer ajourée qui faisait directement face à la fenêtre ouverte de la chambre 28.

L'intention d'Horty était de sauter du palier jusque dans la chambre. Une fois à l'intérieur, il explorerait l'hôtel en quête d'une échelle qui, lancée à l'horizontale comme une passerelle, lui servirait à faire passer Marie. Cela supposait que la jeune fille reste à l'attendre sur la plaque de fer, sans esquisser le moindre mouvement.

Il dénoua le foulard rouge en lui recommandant de ne pas ouvrir les yeux. Elle obéit. Très vite, il lui saisit les poignets, les croisa l'un sur l'autre et, à l'aide du foulard rouge, les lia à la barre de fer qui faisait office de rambarde.

– Je m'excuse, dit-il en finissant de l'attacher, je suis obligé de faire ça.

Marie se mordait les lèvres. Mais elle gardait les paupières bien serrées, et surtout elle ne pleurait presque plus.

Horty sauta. Réussi du premier coup ! pensa-t-il avec satisfaction, en se recevant sur le parquet de la chambre 28. C'était une réflexion particulièrement absurde car, si Horty avait raté son saut, il n'y aurait pas eu de seconde tentative.

Il regarda Marie. Le vent faisait voler ses cheveux et soulevait légèrement l'ourlet de sa robe bleue. Le docker se demanda s'il raconterait à Zoé qu'il avait ligoté une femme de chambre du *Titanic* tout en haut de l'escalier de secours d'une manufacture de cotonnades. Finalement, il ne dirait rien du tout. Mais même quand il serait usé jusqu'à la trame, rongé par la sueur, déchiré peut-être, il garderait ce foulard rouge en souvenir de Marie et de sa nuit avec elle à l'hôtel de la Rade de Spithead.

Avant de partir à la recherche d'une échelle, Horty entendit les joueurs de cartes soulever leur fenêtre. Le nez en l'air, eux aussi regardaient Marie et se demandaient ce qu'elle faisait là, attachée, toute seule. Mr. Cheapman risqua quelques astuces déplacées à propos des chèvres que les maharadjah font enchaîner aux arbres de la jungle pour attirer les tigres.

Plus tard, quand Marie fut enfin en sécurité dans la chambre, Horty pensa qu'il ne se serait certainement pas livré à ces acrobaties s'il n'avait pas ingurgité autant de gin.

Il n'était pas loin de deux heures du matin.

Marie était assise sur le bord du lit, elle frottait ses poignets endoloris.

— Vous êtes bon pour entrer dans un cirque, dit-elle.

Elle avait retrouvé sa voix du début, émouvante et douce.

— C'est sûr, dit Horty avec sérieux. Sauf qu'ils ne prennent pas de vieux bonshommes comme moi dans les cirques. Et je ne veux pas changer, j'aime mon métier.

— Vous aimez votre métier, vous aimez votre femme. Est-ce qu'il y a quelque chose ou quelqu'un que vous n'aimiez pas ?

— Je n'aime pas *mister* Cheapman, dit-il.

— Cheapman ?... Oh, l'espèce de cochon à l'étage du dessous, qui se moquait de moi ?

— Méfiez-vous de Cheapman.

Elle rit :

— Vous n'écoutez donc pas ce qu'on vous dit ? Je suis femme de chambre des premières classes. Cheapman ne voyage pas en première classe, sinon il ne logerait pas dans un hôtel aussi miteux.

– Il y a sans doute pas mal d'autres Cheapman sur un grand bateau comme le *Titanic*, fit remarquer Horty. Méfiez-vous des Cheapman en général, c'est ce que je voulais dire.

Elle allongea les jambes et fit remuer ses pieds, comme pour montrer qu'elle attendait qu'il lui délace ses bottines noires. Tout en la déchaussant, il se rappela Bathilde Buren qui lui avait fait la même chose. En plus, elle lui avait lavé les pieds. Il avait conservé de ce moment-là un sentiment de tendresse. Il espéra que Marie se souviendrait pareillement de lui. C'était réconfortant de penser que cette très jeune fille allait découvrir la vie exaltante d'un transatlantique, approcher certains des hommes les plus riches du monde, voir New York, et que rien de tout cela ne l'empêcherait, parfois peut-être, d'esquisser un sourire silencieux en pensant à un docker qui l'avait déchaussée, une nuit à Southampton.

Quand elle eut les pieds nus, Marie s'étendit sur le lit, mit un bras en travers de son visage et s'endormit aussitôt.

Ses bottines encore tièdes à la main, Horty la contempla. Elle était belle. Il se coucha près d'elle. Il souhaita qu'elle se tourne vers lui dans son sommeil, afin de respirer son souffle. Ça lui donnerait une idée du goût que pouvait avoir sa bouche quand on l'embrassait.

Il pensa que Zoé ne verrait aucun mal à ce qu'il se mette à caresser cette fille et tente de lui faire l'amour. Zoé s'était toujours démenée pour servir à Horty les choses qu'il aimait boire et manger. Alors, quelle différence y avait-il ? Ce qu'il buvait et mangeait disparaissait aussitôt avalé, il n'en restait plus aucune trace, sinon une saveur qui avait été forte et délicieuse, mais qui s'éloignait à peine éprouvée. S'il touchait Marie, il ne la garderait pas plus longtemps qu'une de ces saveurs, elle aussi s'éloignerait, c'était à présent l'affaire de quelques heures à peine.

A qui cela ferait-il du mal ? A Marie ? Épuisée par son vertige, elle dormait profondément. Elle ne s'éveillerait pas s'il relevait doucement sa robe. Elle croirait à un rêve, dans lequel Horty figurerait cet homme riche, vivant près d'un lac de l'État du Maine, qu'elle souhaitait si fort rencontrer sur le *Titanic*.

Elle ne se tourna pas vers lui, mais elle murmura soudain :

— Ils ont mis du tapis dans la salle à manger.

Bien qu'il ne vît pas du tout à quoi elle pouvait faire allusion, c'était une phrase assez cohérente pour qu'Horty pense que Marie ne dormait plus, ou d'un sommeil devenu superficiel. Il écarta légèrement les cheveux de la jeune fille, constata que ses yeux étaient fermés. Il lui demanda tout de même de quoi elle voulait parler. Elle répéta, en s'agitant un peu :

— Un tapis sur le *Titanic*, il y a du tapis, du vrai tapis dans la salle à manger. C'est la première fois qu'on en met. Les autres bateaux, avant, il n'y avait que du linoléum.

Pour lui faire plaisir, il dit d'un ton pénétré :

— Eh ! c'est le genre de détail qui a son importance.

— Oui, dit Marie, une sacrée importance.

Il se pencha sur elle. Les yeux de la jeune fille roulaient sous ses paupières closes, comme si elle voyait déjà ce tapis, sans doute immense, et le parcourait d'un long regard admiratif. Mais ce n'était tout de même qu'un tapis, et Horty se demanda pourquoi c'était ce tapis qui obsédait Marie dans son demi-sommeil, et pas l'une ou l'autre des situations autrement impressionnantes qu'elle avait vécues au cours de la soirée.

Peut-être Marie rêvait-elle du tapis parce qu'elle avait froid à ses pieds nus. Son subconscient imaginait quelque chose qui puisse les réchauffer – et c'était ce tapis de la salle à manger des premières classes qui lui venait à l'esprit.

Horty allongea le bras, tira le couvre-lit et l'arrangea sur les jambes de Marie.

Alors il n'eut plus du tout envie de lui faire l'amour, car il venait de la couvrir comme on borde un enfant. C'était un geste simple, mais qui lui faisait perdre tout désir.

Un soir, il avait suivi une prostituée, une Asiatique au visage large dont les autres dockers lui avaient vanté la douceur, l'expérience et la propreté. C'était en novembre, à six heures du soir, il faisait déjà nuit et extrêmement froid. En tournant le coin de la rue Solidor où s'alignaient les hôtels de passe, la fille avait frissonné et dit : « Je me les gèle, pas toi ? » Horty s'était aussitôt dépouillé de sa vareuse et l'avait jetée sur les épaules de la fille. Elle avait dit merci et continué à marcher vers l'hôtel, sans même s'apercevoir qu'il ne la suivait plus, qu'il s'était immobilisé au milieu de la rue Solidor. Elle avait franchi le porche de l'hôtel en murmurant machinalement : « En payant la chambre, n'oublie pas de demander une serviette, il n'y en a pas là-haut. » Elle avait commencé à monter l'escalier, toujours sans se retourner, sans voir Horty qui filait dans la nuit. Il était peut-être le seul homme au monde à perdre toute envie de coucher avec une fille qu'il venait d'aider à avoir un peu moins froid, mais c'était comme ça.

Bien entendu, il n'avait jamais osé retrouver cette

Asiatique et la prier de lui rendre son vêtement. En rentrant, il avait dit à Zoé que sa vareuse s'était affreusement déchirée en se prenant dans les rouages d'un treuil à vapeur. Zoé avait frémi : « Un peu plus, et c'était ton bras qui y passait. » Zoé n'imaginait pas qu'Horty puisse la tromper, mais elle vivait dans la hantise qu'il perde un membre – une main surtout, car elle aimait ses mains qui, bien qu'abîmées par le maniement des charges, étaient restées des mains puissantes.

Horty se dit qu'il pourrait essayer de rester éveillé. Marie allait peut-être recommencer à parler dans son sommeil. Ce serait amusant, pensait-il, si elle lui racontait le *Titanic* tout en dormant, si elle le guidait comme une somnambule à travers ses grands ponts.

Mais il eut froid à son tour, il remonta le couvre-lit sur son corps, et la chaleur naissante l'endormit.

Quand il s'éveilla, Marie était debout près du lit.

Il ne la reconnut pas tout de suite. Elle portait une robe noire assez longue, protégée par un tablier blanc dont la bavette était bordée de dentelle et dont les brides faisaient dans son dos un gros nœud épanoui. Serrés en chignon, ses cheveux étaient surmontés d'une coiffe légère qui tenait par deux épingles à tête de nacre.

Elle souriait. Ses lèvres peintes, mais d'un rouge moins vif que la veille au Calcutta, la faisaient ressembler à l'angelot boudeur ornant la descente de l'escalier des premières classes dont la photographie était dans tous les journaux d'Angleterre.

Elle déposa sur le bord du lit un plateau chargé de tartines, de beurre du Devon, de marmelade d'Édimbourg, de porridge, de toutes petites saucisses de Cambridge, d'un œuf à la coque et d'un pot de harengs.

– J'ai eu du mal à vous l'obtenir, dit-elle. On ne sert pas le petit déjeuner dans les chambres, ici. Mais j'ai expliqué à Mme Chancellor que je devais m'entraîner encore un peu.

Elle déplia une serviette, l'étala sur le ventre d'Horty :

– Surveillez-moi, reprit-elle. Dites-moi tout ce qui ne

103

va pas. Mettons que vous soyez un passager. Vous avez payé deux mille cinq cents dollars pour aller de Southampton à New York. A ce prix-là, l'exigence n'est plus un droit, c'est un devoir. On n'épargne personne, surtout pas la femme de chambre.

Horty la dévisageait, aussi déconcerté par son discours que par les victuailles qui montaient et descendaient sur son ventre au rythme de sa respiration – il n'osait encore toucher à rien, le porridge surtout l'intriguait, ça sentait bon le sac de meunier mais c'était d'un gris fade peu engageant.

Marie s'assit sur le rebord du lit, près de lui :

– Eh bien, je suppose que commettre une ou deux bourdes est aussi un excellent moyen de lier connaissance. Si je renversais le thé sur vous, vous n'auriez pas envie de me punir ? Certainement oui. Voyons, avez-vous une idée de la façon dont un homme riche peut punir une fille comme moi ?

– Non, dit vivement Horty, et ça ne me viendrait pas à l'idée de vous faire du mal.

Elle rit :

– Oh, du mal... vous pourriez défaire le nœud de mon tablier, ajouta-t-elle en y portant elle-même ses mains et en jouant avec comme elle l'eût fait d'une fleur.

Mais elle ne le dénoua pas, elle se contenta de signifier que c'était une chose possible, que le tablier pourrait tomber à ses pieds et qu'elle apparaîtrait alors étrangement vulnérable dans sa seule robe noire – une femme de chambre inachevée, en somme.

– Je sais pourquoi vous n'y êtes pas, dit-elle. Cette chambre ne ressemble pas assez à une cabine de première. Mangez vos saucisses pendant qu'elles sont chaudes, après

104

c'est écœurant. Pendant ce temps, je vais vous raconter, parce que moi j'ai vu des photos. De chaque côté du lit, il y a des rideaux avec des pompons. De la soie sur les murs. Là-bas, une table ronde, en acajou ou quelque chose comme ça, et dessus une jolie lampe en bronze doré avec un abat-jour plissé. Il y a aussi un divan avec des coussins de velours.

– Pour quoi faire un divan ? s'étonna Horty. Puisqu'il y a déjà un lit.

– Bien sûr. Mais ça ne sert pas à la même chose. Par exemple, vous êtes dans le lit et vous me dites : « Voyons, ma fille, allez donc vous asseoir sur ce divan là-bas, et parlons un peu de vous – et, oh ! je vous en prie, non, ne croisez pas les jambes… »

– Marie, dit Horty, je n'aime pas ça. Dans cette histoire, le type cherche à abuser de vous.

– C'est peut-être moi qui le cherche, dit-elle en se détournant (et le mouvement de sa tête fut si brusque que quelques mèches blondes s'échappèrent de son chignon et retombèrent en dansant dans son cou). Mais oubliez ça, ajouta-t-elle en souriant, ça ne fait pas vraiment partie de mes exercices. A présent, je vais décapiter votre œuf. Je dois y parvenir du premier coup de lame, sans laisser le moindre petit morceau de coquille tomber dedans.

En riant, il applaudit à sa dextérité. Il n'avait jamais mangé les œufs dans leur coquille, Zoé préférait les casser dans un bol où elle les battait légèrement avant de les cuire au bain-marie. Ils étaient bons aussi, mais ça ne donnait pas cette impression amusante d'être un renard chapardeur dans un poulailler.

Ensuite, Marie changea de couteau – celui avec lequel elle venait d'ouvrir l'œuf portait des traces de jaune – et se mit en devoir de tailler de longues lanières dans le pain grillé. Elle les barbouilla de beurre et dit à Horty qu'il devait les plonger dans son œuf.

Elle l'observait avec la fierté placide d'une jeune mère surveillant son enfant qui finit un biberon.

— *Well now, do you feel comfortable* ? Oh, je ne dis pas ça pour vous épater, mais à bord je vais devoir parler anglais. Que pensez-vous de mon accent ?

— Pas mal du tout, apprécia Horty, la bouche pleine.

Il trouvait tout ce qu'elle faisait surprenant et admirable. Elle virevoltait maintenant dans cette chambre crasseuse, faisait mine d'ouvrir en grand des rideaux invisibles, époussetait les meubles avec un plumeau imaginaire, simulait l'ouverture d'une penderie pour en extraire un costume qui n'existait pas mais qu'elle lissait néanmoins du plat de la main, avec application, et annonçait le nombre de milles parcourus par le transatlantique durant la nuit — le chiffre exact de cette distance, expliqua-t-elle, donnerait lieu à un concours de pronostics entre les passagers.

Puis, à la façon des enfants soudain lassés d'un jeu qui semblait pourtant les enthousiasmer, ses bras retombèrent le long de son corps et elle s'immobilisa, à court d'idées, le regard vague. Elle haussa les épaules comme si tout cela n'était que bêtises et temps perdu, s'approcha du lavabo. Face au miroir, elle arrangea ses mèches rebelles, les forçant du bout des ongles à réintégrer le nid doré et soyeux de son chignon.

— Si je ne devais pas embarquer ce matin, demanda-t-elle au bout d'un moment, aurions-nous passé la journée ensemble ?

Horty dit que oui. Il s'était posé la même question. Marie se retourna vers lui :

— Qu'aurions-nous fait de cette journée ?

— A midi, on serait allés voir partir le *Titanic*. Je suis là pour ça. Chez moi, on s'attend à ce que je raconte comment ça c'est passé.

— Et après ? Est-ce que nous aurions continué à nous promener sur les quais en regardant les bateaux ? Ou bien serions-nous rentrés à l'hôtel ?

Il devina ce qu'elle cherchait à lui faire avouer. Elle était étonnée d'avoir dormi toute une nuit près d'un homme sans que rien fût arrivé. Elle devait penser que, si un simple docker n'avait pas voulu d'elle alors qu'elle était endormie sans défense près de lui, il lui serait bien difficile de séduire un des hommes immensément riches qu'elle s'en allait chasser sur l'Atlantique Nord. Il eut pitié d'elle, comme lorsqu'il s'était aperçu qu'elle avait le vertige et qu'il avait dû lui bander les yeux, et plus tard lui attacher les mains à la rambarde de l'escalier de peur qu'elle ne s'affole et tombe dans le vide.

— Nous serions rentrés à l'hôtel, dit-il.

— Pour lancer des fléchettes ?

— J'aurais essayé de coucher avec vous. Vous n'auriez pas voulu, bien sûr, mais j'aurais tenté ma chance.

Elle détourna son regard et dit doucement :

— Et qu'est-ce qui vous fait croire que je n'aurais pas voulu ?

— Pour une fille comme vous, je suis trop vieux. Mon corps n'est pas beau à voir. Des blessures attrapées sur les docks. Quand c'est mal soigné, ça laisse des bourrelets ou des taches blanches. Et, surtout, vous ne m'avez jamais demandé comment je m'appelais.

– Horty, dit-elle, vous êtes monsieur Horty. Le vieux monsieur Horty, ajouta-t-elle en se moquant gentiment.

– Mais vous ne m'avez pas demandé mon prénom. Est-ce qu'on fait l'amour avec quelqu'un dont on ne connaît pas le prénom ? C'est la première chose que font les filles de la rue Solidor : « Ton petit nom, c'est quoi ? » Vous le leur dites, et elles vous disent le leur. Enfin, celui qu'elles se sont choisi. Ça ne peut pas commencer autrement, entre un type et une fille.

Il repoussa le plateau et se leva. Il n'avait pas goûté au porridge qui, de toute façon, s'était maintenant figé au fond du bol d'une façon peu engageante.

Marie revint vers lui. Elle n'avait pas encore brossé ses dents – peut-être d'ailleurs, comme Zoé, ne se lavait-elle que le dimanche – et son souffle avait gardé une odeur de sommeil, quelque chose de doux et fade :

– Eh bien, quel est votre prénom ?

– Je ne vous le dirai pas. Comme ça, nous sommes sûrs tous les deux que rien ne pouvait arriver, n'est-ce pas ?

Elle baissa le visage. Elle pleurait. C'était émouvant, pensa Horty, mais un peu moins que de recouvrir ses pieds nus et froids.

D'un geste vif, elle s'empara d'une serviette qui pendait au lavabo et y enfouit sa figure.

Dans le couloir, un employé passait en sonnant de la trompette pour annoncer que l'heure était venue de quitter les chambres et de rassembler les bagages dans le hall. Omnibus et fiacres de louage étaient rangés devant l'hôtel de la Rade de Spithead, attendant d'emmener les gens vers le bassin de l'Océan. Entre deux sonneries de trompette, l'employé annonçait d'une voix joyeuse qu'il ne pleuvait pas.

– Allons, dit Horty, c'est fini.

Lui-même ne savait pas très bien à quoi il mettait ainsi un terme – aux larmes de Marie, ou à l'amour qu'ils auraient peut-être fait ce matin s'ils n'avaient pas joué à la femme de chambre et au passager millionnaire ?

Il s'approcha d'elle. Sans retirer la serviette qu'elle tenait plaquée contre son visage, il lui saisit le nez entre ses doigts et le pressa légèrement :

– Mouchez-vous. Vous ne pouvez pas vous présenter comme ça. Tout le monde est très excité à l'idée de voyager sur ce bateau, les femmes de chambre doivent avoir l'air d'être heureuses elles aussi.

Elle obéit ; et il sentit sous ses doigts, à travers la serviette, perler la chaleur humide de son souffle.

Entourée de son personnel, Mrs. Chancellor se tenait sur le seuil de l'hôtel, distribuant de petits souvenirs à ses clients – une rose pour les dames, une mignonnette de gin ou un cigare pour les messieurs. Même Mr. Cheapman eut droit à quelque chose, bien que Mrs. Chancellor eût tenu à dire devant tout le monde que Mr. Cheapman et son compagnon de chambre avaient fait des trous de cigarettes dans leur couvre-lit et tenté de camoufler leur faute en le fourrant dans l'armoire : « Des gamins, disait Mrs. Chancellor, vous autres, Américains, n'êtes que des gamins turbulents ! Quelques jours sur un paquebot anglais vont vous apprendre les règles d'une réelle vie sociale. » A quoi Mr. Cheapman répondit qu'il ferait tout son possible pour convertir l'équipage et les passagers du *Titanic* à la vision qu'il se forgeait, lui, Mr. Cheapman, de la vie sociale. Il voulut embrasser Mrs. Chancellor et, au moment de grimper sur l'impériale de l'omnibus, il se vanta d'avoir assisté à un spectacle aussi étrange qu'excitant qui s'était déroulé tard dans la nuit sur l'escalier de fer grimpant le long des murs de la manufacture de cotonnades Harston & Harston. Mais personne ne le crut vraiment, et Mrs. Chancellor répéta en riant qu'il n'était décidément qu'un sacripant.

Le ciel était gris, sans vent. Des curieux s'étaient rassemblés sur le trottoir d'en face pour admirer les voyageurs en partance pour l'Amérique, les omnibus s'ébranlaient sous les vivats, des gamins couraient en lançant des pétards sous les roues des fiacres qui dansaient sur les pavés, si frêles et légers malgré les malles-cabines dont on les avait chargés.

N'étant pas à proprement parler des passagers du *Titanic*, le docker et la femme de chambre ne pouvaient compter sur une place en voiture. Mais, en sortant de l'hôtel, ils eurent droit aux présents de Mrs. Chancellor – au lieu d'une seule fleur, Marie reçut même tout ce qui restait de roses car elle était la dernière femme à quitter l'hôtel – et aux applaudissements de la petite foule. Ayant remarqué que les autres voyageurs saluaient les badauds qui les acclamaient, Horty souleva lui aussi son chapeau.

Ils partirent à pied, Horty portant leurs deux valises. Il se sentait engoncé dans la redingote de Jean Rissken, mais Zoé avait eu raison de l'obliger à la prendre : c'était bien le costume convenable pour assister à l'appareillage du *Titanic* qui, avec toutes ces fleurs et ces voitures pleines de gens enchantés, se présentait vraiment comme un mariage.

« Eh ! vous n'êtes pas mal du tout non plus », lui avait dit Marie en l'aidant à nouer sa cravate. Son haleine avait toujours cet étrange parfum ensommeillé, mais il finissait par trouver cela plutôt agréable. Bientôt ils seraient dehors et, même si Marie marchait à son bras, il ne pourrait plus respirer ses lèvres. Et après qu'elle l'aurait quitté pour monter à bord du paquebot, le souvenir de son souffle imparfait serait la seule chose qu'il pourrait retrouver d'elle assez facilement, en allant par exemple voir tôt le matin les filles de la rue Solidor. Les prostituées n'aimaient pas être importunées avant midi mais, quand elles sauraient de quoi il retournait, elles voudraient toutes tenir le docker dans leurs bras et lui offrir leur respiration – ces filles s'ennuyaient à force d'hommes qui ne s'intéressaient qu'à leurs seins et à leurs fesses.

Au fur et à mesure qu'ils approchaient du port, la foule se faisait plus dense et plus embarrassée. On vit apparaître les premiers uniformes – ceux de stewards dépêchés à la rencontre de quelques automobiles amenant des passagers importants et empêchées d'avancer par le flot des curieux.

Marie arrêta l'un des stewards et lui demanda si l'exercice de sauvetage prévu pour huit heures avait déjà eu lieu. Le garçon dit que oui, mais qu'elle n'avait pas manqué grand-chose car ça n'avait pris que quelques minutes et on avait utilisé seulement les canots n°s 11 et 15. Le steward dévisagea Marie avec plus d'attention :

– Vous venez avec nous, miss ?

– Oui. Je remplace une amie. Elle s'appelle Maureen, vous l'avez peut-être rencontrée ?

– Pas encore pu savoir qui est qui, dit le steward. On fera tous connaissance en mer, après l'escale de Queenstown. On aura le temps parce que, finalement, il paraît qu'on ne prend pas autant de monde que prévu : malgré la grève des mineurs de charbon qui oblige pas mal d'autres grands bateaux à rester à quai, on embarque juste un peu plus de mille trois cents passagers pour près de deux mille cinq cents lits.

Le jeune homme se tourna vers Horty et, le saluant avec déférence :

— Aurai-je l'honneur de vous servir à bord, sir ? Sur quel pont se trouve votre cabine ? Voyons, vous n'allez tout de même pas charrier ces valises, laissez-moi vous trouver un porteur.

Le steward s'était exprimé en anglais. Horty se tourna vers Marie :

— Je ne comprends pas ce qu'il veut.

Elle sourit :

— Il croit que vous embarquez comme passager.

C'était à cause de la redingote de Jean Rissken, pensa Horty. Il se dit qu'il la garderait pour monter ce soir à bord de la malle de Southampton qui devait le ramener en France. Sur le petit vapeur, les voyageurs le prendraient peut-être eux aussi pour un passager du *Titanic* ayant manqué son embarquement à Southampton et rejoignant le transatlantique à son escale de Cherbourg. Il n'aurait qu'à se montrer agité et demander l'heure à tout instant, et peut-être descendre au salon et considérer son décorum clinquant de l'air un peu méprisant de quelqu'un qu'attendent des luxes plus inouïs.

— Il rêve ! s'exclama Marie. Comment pouvez-vous rêver au milieu d'une pareille bousculade ? Faites donc un peu plus attention, un pickpocket a essayé de me voler — si, si, je vous assure, j'ai senti sa main courir sur moi, c'était horrible, ça faisait comme une araignée. Et il faut se dépêcher, je vous en prie, je dois être à bord avant les passagers.

112

Il murmura pardon, allons-y. Ou crut le dire. Il reprit les valises qu'il avait posées à terre. Le steward avait disparu.

– Mais il a indiqué que c'était par là, dit Marie avec nervosité, montrant du doigt un quai prolongé de hangars vers lequel convergeait en effet la foule.

Le *Titanic* était encore invisible, mais ses quatre hautes cheminées jaunes, au faîte couronné de noir, légèrement inclinées pour suggérer déjà une impression de vitesse, se profilaient contre le ciel pâle au-dessus des toitures. Seules les trois premières fumaient ; la quatrième, factice, servait à la ventilation.

– Oh, il y aura des morts, dit Horty en voyant filer trop vite, au milieu de cette populace étourdie, des voitures attelées, chargées de pains de glace protégés par des bâches claquant au vent de la course.

Selon la qualité de la vapeur, la fumée des paquebots et des remorqueurs qui leur tournaient autour était d'un gris diaphane ou d'un brun dense, mais la circulation de l'air les brassait ensemble, les réunissait en une basse couche de faux nuages, en sorte qu'il faisait plus sombre ici, sur le port, que dans les rues de la ville. L'âcre odeur du charbon brûlé imprégnait les vêtements, les cheveux, dominant les relents d'eau vaseuse qui montaient de la rivière Test. Des enfants toussaient, d'autres se frottaient les yeux comme s'ils allaient tomber de sommeil. Les femmes appliquaient des mouchoirs sur leur visage, alors on ne pouvait pas savoir si elles étaient jolies. Mais sans doute l'étaient-elles encore assez, car de jeunes hommes riaient à côté d'elles et se disputaient pour les avoir à leur bras.

Horty vit un cocher traîné sur le pavement, emmêlé dans la longe de son cheval affolé par les mugissements des locomotives portuaires qui refluaient après avoir tiré leurs trains jusqu'aux abords du transatlantique.

Wagons et voitures attelées avaient semé une partie de leur chargement, on pataugeait dans les pamplemousses, les poissons fumés, les sacs de farine éventrés. A l'écart du grouillement, des pauvres attendaient pour se jeter sur cette aubaine et l'emporter. Ils surveillaient les oiseaux de mer qui avaient eu la même idée qu'eux, semblait-il. Des gamins préparaient des frondes pour abattre les mouettes.

– Est-ce que tous ces chargements ne devraient pas être finis depuis longtemps ? questionna Marie (après tout, Horty était une sorte de spécialiste du ventre des navires).

Mais Horty dit qu'il ne savait pas. Sur les docks où il travaillait, ses camarades et lui n'avaient jamais eu à servir des paquebots, ou seulement de vieux navires qui assuraient leur rentabilité en louant deux ou trois cabines frustes aux religieuses partant pour l'Afrique – il s'agissait de femmes qui se contentaient de peu, pour lesquelles on n'avait pas besoin d'embarquer huit mille bottes d'asperges, cinq cents kilos de confiture, près de huit tonnes de tomates ou un millier de bouteilles de vin cacheté.

A l'angle des entrepôts, une fanfare donnait une aubade. Mais les gens ne s'arrêtaient pas pour écouter la musique, ils se hâtaient vers l'extrémité du bassin de l'Océan où était amarré le *Titanic*. Là-bas, un orchestre de meilleure qualité jouait des airs plus amusants, des chansons et des danses en vogue à Paris et à New York, à l'intention des premiers passagers qui commençaient de gravir la passerelle.

Des étudiants couraient parmi la foule, n'hésitant pas à tirer les gens par la manche pour leur proposer en échange de quelques pence des emplacements en aval de la Test, d'où ils auraient une vue imprenable sur le transatlantique quand celui-ci commencerait de se déhaler lentement vers l'estuaire.

Un mince filet de vapeur blanche fusa du tuyau qui courait jusqu'en haut de la deuxième cheminée du *Titanic*. Le navire laissa alors échapper un long brame, tout à fait démesuré par rapport à ce petit peu de vapeur qui l'avait produit.

Au même instant, Horty vit sur sa droite une petite baraque en planches devant laquelle se tenait un Chinois. L'homme était revêtu d'un ample vêtement de soie bleue, brodé de dragons jaunes et de signes indéchiffrables, tortueux et noirs.

– *Photo, mister ? Memory for you ? Memory for ever ?*

Une découpe en bois occupait tout le fond de la baraque, figurant grossièrement un bastingage. On y avait accroché une bouée blanc et rouge portant l'inscription *RMS Titanic*. Des serpentins fanés tombaient du plafond.

Le Chinois installa Marie devant le décor et lui fit signe de lever une main pour simuler un geste d'adieu.

– Attendez, dit Horty.

Il abaissa la main de Marie, la posa sur le bastingage.

– L'autre main aussi.

Elle obéit, intriguée. Le docker enroula un serpentin autour des poignets de la jeune fille. Il sourit :

– *Memory*, comme dit l'autre. Ça me rappellera l'escalier de Harston & Harston.

– Mais j'ai eu tellement honte ! protesta-t-elle.

– Je ne montrerai cette photo à personne.

Le Chinois eut un petit rire et il s'inclina à plusieurs

115

reprises devant Horty. Il paraissait trouver cette mise en scène originale et excellente. Il enfonça cinq ou six bâtonnets d'encens dans un pot rempli de sable et les alluma. Des volutes de fumée odorante montèrent vers le visage de Marie.

– Ça doit représenter la brume, dit Horty.

– *Fog*, confirma le Chinois. *Always fog on the road to New York.*

Il fit signe à Horty de s'écarter du champ. Il souleva le voile sombre qui recouvrait son appareil photographique et se glissa dessous. Seules ses deux mains émergeaient de part et d'autre de la chambre noire, la droite serrant la poire de l'obturateur et la gauche dirigeant une rampe de magnésium vers Marie.

– Je ne vous oublierai jamais, dit Horty.

Marie voulut répondre mais, de dessous son voile, le Chinois piailla qu'elle ne devait absolument pas quitter la pose, car le tarif ne prévoyait pas de prendre un second cliché en cas de bougé du premier.

L'éclair jaillit. Horty réussit à ne pas ciller, et il vit Marie devenir éblouissante et blanche.

Bien que l'entrave de papier liant ses poignets au faux bastingage soit infiniment fragile, Marie hésita à la rompre elle-même. Elle attendit qu'Horty vienne la détacher.

Le Chinois ôta la plaque et dit au docker que la photo serait prête en fin de soirée.

– On n'avait pas pensé à ça, dit Horty. Je prends le vapeur tout à l'heure.

– Il veut bien vous l'envoyer en France, traduisit Marie après avoir exposé l'affaire au Chinois. Chez vous ?

– Oh ! non, fit Horty en riant (l'idée de Zoé ouvrant une grande enveloppe venue d'Angleterre et y trouvant le

116

portrait d'une jeune femme de chambre était savoureuse –
mais un peu dangereuse aussi), il vaut mieux qu'il
l'adresse à la Tête d'Écaille, c'est un cabaret où je vais
quelquefois.

Quand ils sortirent de la baraque du Chinois, un calme
soudain s'était établi autour du bassin de l'Océan. La seule
agitation désordonnée restait celle des oiseaux et des remorqueurs. Les gens avaient trouvé leur place comme au théâtre
et ils regardaient l'ouverture du spectacle, en chuchotant
des noms au fur et à mesure que des célébrités descendaient du train-paquebot qui venait d'arriver de Londres.
Les grosses roues de fer à cinq rayons des chariots à
bagages ébranlaient le quai d'un tonnerre continu, mais
personne ne songeait plus à crier ; la noria des porteurs
s'était mise en place, les petits grooms prenaient les
passagers en charge au bas de la coupée et les guidaient
jusqu'aux commissaires et aux stewards qui les entraî-
naient aussitôt vers l'intérieur du navire. Il y avait juste
quelques rires, le gazouillis des *How do you do ?* et le
murmure d'admiration des voyageurs levant les yeux et
découvrant le gigantisme du transatlantique.
Par une autre passerelle montaient les émigrants. Ils
portaient eux-mêmes leurs bagages. Les hommes étaient
tous coiffés de la même casquette beige ou grisâtre, gonflée
comme s'ils l'avaient bourrée d'un reste de pauvres choses
qu'ils n'auraient pas réussi à caser ailleurs. Le front des
femmes disparaissait jusqu'à l'arête du nez sous des
chapeaux noirs qu'elles portaient profondément enfoncés.
Et, même alors, elles gardaient une main posée dessus. On
avait dû leur dire que les vents soufflaient avec une
violence extrême sur la mer.

Il y avait avec elles deux sortes de petites filles : certaines étaient endimanchées, elles ressemblaient à d'écœurantes sucreries, d'autres n'avaient que de gros pulls sombres et des bottines à lacets, austères et rigides comme des appareils orthopédiques. Sans doute y avait-il aussi des petits garçons, mais ils ressemblaient trop farouchement aux hommes pour qu'on puisse faire la distinction.

Effleurant parfois du bout des doigts les rivets énormes de la coque – par superstition, pensa Horty –, les émigrants gravissaient leur passerelle dans un lancinant piétinement de troupeau, mais sans paroles ni cris superflus. Ne laissant personne derrière eux, ils n'avaient pas d'adieux à faire.

Amarres tendues sous l'effet du courant de marée qui faisait frissonner la rivière Test, épaulé contre le quai par ses remorqueurs, le *Titanic* laissait échapper des souffles rauques.

Il était environ dix heures du matin.

Alors un policier se dressa devant Horty et lui demanda où il prétendait aller. Le docker montra les valises qu'il portait. Le policier examina les bagages d'un œil critique. Bien que la valise d'Horty soit neuve, elle avait un air misérable qui tranchait avec les luxueuses malles-cabines et les cartons à chapeaux que les porteurs descendaient du train pour les acheminer à bord du paquebot.

– Les émigrants n'embarquent pas de ce côté-ci, vieux, dit le policier.

– Il n'embarque pas du tout, intervint Marie, il a gagné un concours qui lui donne droit d'assister à l'appareillage.

– Alors, dit le policier, qu'est-ce qu'il fait avec des valises s'il ne part pas ?

– Il y en a une à moi, expliqua Marie (elle s'efforçait de parler posément, mais elle jetait des regards éperdus de tous côtés comme quelqu'un qui se sent en danger et s'attend à être secouru). Moi, je pars, ajouta-t-elle, je suis femme de chambre sur ce bateau, terriblement en retard, j'ai manqué l'exercice de sauvetage de ce matin, je suppose qu'on va me faire payer ça d'une manière ou d'une autre.

– Ça m'a l'air d'une histoire fichtrement compliquée, maugréa le policier. Je crois que je ferais aussi bien de dire à ce type d'ouvrir vos deux valises. On se demande ce qu'il peut bien y avoir dedans, pas vrai ?

Marie ne répondit pas. Elle semblait désemparée.

– Je ne vois pas pourquoi votre ami a enfilé une redingote juste pour voir partir un bateau, reprit le policier.

– Oh, il n'est pas vraiment mon ami, dit Marie, il est juste quelqu'un de gentil qui porte ma valise, mais je vais la lui reprendre à présent.

Elle empoigna la valise et se mit à courir maladroitement vers le bateau.

– Attendez, lui cria Horty, on ne s'est pas dit adieu !

Il voulut s'élancer derrière elle, mais le policier s'interposa :

– Fichez-lui donc la paix, mon garçon, c'est le conseil que je vous donne.

– Je ne comprends rien, dit Horty, *I don't speak english*.

Il crut voir Marie agiter la main en signe d'adieu. Mais peut-être n'était-ce de la part de la jeune fille qu'un geste réflexe pour équilibrer la charge de sa valise, à la façon des funambules qui abaissent et relèvent leurs longs balanciers.

Puis il ne la vit plus du tout. Elle s'était perdue parmi la foule.

Horty se doutait bien que Marie et lui disposeraient de peu de temps pour se quitter et, tandis qu'ils marchaient tous les deux vers le bassin de l'Océan, il se répétait qu'il ferait mieux de la prendre maintenant dans ses bras pour lui dire combien il avait aimé l'avoir près de lui toute la nuit.

Elle fermerait peut-être les yeux tout en gardant son visage offert, comme font les femmes qui s'attendent à être embrassées. Mais le docker n'était pas sûr d'aller jusqu'à l'embrasser : un baiser serait tellement plus agréable pour lui que pour elle, or tout ce qu'il voulait c'était la remercier d'avoir embelli son séjour à Southampton. Sans elle, il aurait passé une soirée en somme peu exaltante, il aurait sans doute essayé la salle de bains de l'hôtel parce qu'il ne s'était encore jamais plongé dans une vraie baignoire avec des robinets, puis il aurait fait quelques pas sous la pluie le long des murs de Harston & Harston – et quoi ensuite ? il serait rentré finir sa lettre à Zoé et se coucher.

Mais il se retenait. Si je la serre trop tôt contre moi, elle va croire que je ne pensais qu'à ça depuis le début. Je ne veux pas lui donner des hommes une idée dégoûtante, sinon elle hésitera à servir le petit déjeuner aux passagers célibataires, un steward le fera à sa place, et alors elle ne se mariera pas avec un Américain comme elle en a tellement envie.

Et il souhaitait qu'elle se mariât rapidement car les vibrations des paquebots lancés à grande vitesse finissaient par abîmer, disait-on, les fragiles organes des femmes qui y étaient soumises d'une façon continue.

Même si Marie se souvenait du docker et lui envoyait un

carton gravé au cabaret de la Tête d'Écaille pour lui
annoncer son mariage, il ne pourrait pas assister à ses
noces en Amérique, mais cela lui ferait tout de même
plaisir de l'imaginer dans son plein éclat. L'idéal serait un
mariage en hiver, la froidure donnant aux fiancées des
visages d'un rose étincelant sans qu'elles aient besoin de se
colorer les joues avec des produits qui ne sentent pas
toujours très bon. Son mari lui offrirait peut-être une
automobile et une pelisse en fourrure pour aller avec, elle
avait dit elle-même que c'était la dernière mode en
Amérique chez les gens riches, et Horty voyait très bien
Marie assise toute droite sur un siège capitonné de cuir
rouge, roulant sous la neige à travers les routes du Maine,
actionnant sa trompe de cuivre en approchant des carrefours.

Il faut attendre encore un peu, je la prendrai par les
épaules quand on sera tout près du bateau, quand il sera
devant nous comme un mur et qu'on me dira que je ne
peux pas aller plus loin.

Mais il y avait eu l'intervention précipitée du policier.
Marie était devenue tout d'un coup très pâle et elle s'était
mise à courir avec sa valise comme une petite fille effrayée
avant qu'Horty ait pu seulement lui frôler la main, et des
matelots avaient écarté pour elle les barrières blanches
délimitant la zone réservée au personnel du *Titanic*, Horty
l'avait appelée mais il n'était même pas sûr qu'elle l'ait
entendu, l'orchestre jouait très fort.

Il aurait peut-être dû lui crier qu'il l'aimait. Musique ou
pas, elle se serait retournée. Mais à quoi bon se retourner
quand il y a une barrière et des hommes autour qui vous
font signe de monter, que c'est fini maintenant ?

Horty espérait encore l'apercevoir une dernière fois

lorsqu'elle gravirait la passerelle. Il serait trop loin pour distinguer les traits de son visage, son sourire si elle en avait un, mais il la reconnaîtrait à sa robe noire et à sa coiffe blanche.

Il attendit un moment, à côté du policier. Il ne vit pas Marie sur la passerelle. Les chapeaux des autres femmes avaient dû la lui masquer.

— Je m'en vais, dit-il au policier.

Mais celui-ci ne s'intéressait plus à lui.

Horty s'écarta. Il était le seul à s'éloigner déjà du navire, alors les gens le regardaient bizarrement.

Au pied d'une grue portuaire qui roulait à grand fracas sur ses rails, il croisa la jeune femme en vert amande. Elle avait l'air pressé, mais elle s'arrêta pour le saluer.

— Comme vous êtes élégant, dit-elle.

Elle ouvrit une petite bourse, fit couler quelques pence dans le creux de sa main :

— Votre argent. Finalement, je ne me suis pas sauvée en omnibus. Duncan a promis de m'épouser à New York. Il va renoncer à tricher, vous savez. Je pense qu'il pourrait gagner autant d'argent en faisant des tours de cartes. A la fin de chaque tour, il lancera les cartes en l'air et je les récupérerai au vol dans un filet à papillons — est-ce que ça n'est pas une idée ravissante ?

Elle ajouta que Duncan et elle étaient logés à l'arrière du navire, sur le pont F. Ils n'auraient qu'un escalier à descendre pour se trouver au bord de la piscine.

— Gardez l'argent pour le personnel, dit Horty.

Elle referma sa main et rit :

— Si vous croyez qu'ils se contentent d'une pareille aumône ! C'est Luigi Gatti qui a obtenu la concession de toute la restauration à bord, alors vous voyez le genre !

– Je ne connais pas, dit Horty. Je pensais surtout aux femmes de chambre. On leur donne de l'argent, n'est-ce pas ?

– Il paraît qu'elles préfèrent qu'on leur abandonne une robe à la fin du voyage. On la laisse sur la couchette avec un mot gentil.

Horty se demanda quelle allure aurait Marie si cette femme lui faisait cadeau de sa robe verte en arrivant à New York, mais il n'arrivait pas à l'imaginer portant ce genre de toilette. En fait, il n'y avait rien de commun entre Marie et la femme en vert amande. Celle-ci était certainement plus jolie, plus grande et parfumée – Horty supposait que le parfum de vanille venait de ses cheveux enfermés dans une résille, mais il n'en était pas absolument sûr.

– Je garde votre argent, c'est ça ?

Il fit signe que oui. Elle remit les quelques pence dans sa bourse. Elle était contente.

– Je m'appelle Camille, et vous ?

– Horty. Je ne donne jamais mon prénom.

– Ça, c'est drôle ! Et pourquoi ?

– C'est comme ça, dit Horty.

Elle le dévisagea avec amusement :

– Dans le fond, je ne crois pas du tout que vous êtes un docker. Les dockers n'ont pas de beaux costumes noirs comme ça. Je me demande si vous ne seriez pas plutôt une sorte d'espion, ajouta-t-elle à voix basse, penchée vers lui. Il y en a sur tous les paquebots.

– Votre voix aussi sent très bon, dit Horty.

Elle réunit ses mains en coquille, les rapprocha de son visage, vérifia son haleine :

– Je croque des bonbons à la vanille. Ils en font de délicieux, ici. Vous en voulez ?

Il se retourna vers le paquebot. Des grooms parcouraient les ponts en donnant des coups de maillet sur de petits gongs brillants.

– Vous allez rater le bateau, dit-il.

Il avait l'impression de blesser Marie, de la tromper rien qu'en respirant le souffle parfumé de la femme en vert amande. Camille releva légèrement l'ourlet de sa robe et se mit à courir, mais avec plus de grâce que Marie.

Le *Titanic* largua ses amarres aux environs de midi. Les remorqueurs l'assistèrent jusqu'à ce qu'il ait débordé le quai. Puis le transatlantique fit donner sa sirène, les remorqueurs s'écartèrent et le *Titanic* commença de descendre la rivière Test sous l'impulsion de ses seules machines.

Pour gagner la haute mer, il dut défiler devant les bâtiments mouillés dans l'estuaire. Alors qu'il doublait le vieux *New York* amarré à couple de l'*Oceanic*, le remous de ses hélices et la force d'attraction de sa masse firent que le paquebot de l'America Line rompit ses amarres. Il y eut comme un coup de tonnerre, puis un sifflement suraigu quand les câbles balayèrent les quais, provoquant un début de panique parmi les curieux qui s'étaient rassemblés là. Une femme s'évanouit, on l'emporta.

Son arrière chassant vers le milieu du chenal, le *New York* fut éloigné du *Titanic* d'extrême justesse par la manœuvre désespérée d'un remorqueur qui se trouvait à proximité.

Horty ne vit pas grand-chose de l'événement. Il entendit seulement courir une longue rumeur où il perçut quelques mots dont il saisit le sens – *danger, accident, stupid disaster*.

Il n'avait rien dû se produire de bien grave, pensa-t-il, car la masse noire et blanche du transatlantique continuait de descendre l'estuaire.

Plus loin, Horty rencontra un homme-sandwich. Le panneau qu'il promenait sur ses épaules annonçait en plusieurs langues qu'à l'occasion du départ inaugural du *Titanic* la brasserie du Roi sans Femme offrait au choix une prime d'une demi-livre ou une portion de *welsh rarebit* à toute personne pouvant dire combien le paquebot possédait de hublots et de fenêtres.

– Deux mille ? proposa Horty au hasard.

C'était la réponse exacte. Il choisit d'aller manger un *welsh rarebit* au Roi sans Femme. Il but énormément de bière et de gin, puis il monta à bord du petit vapeur qui devait le ramener en France.

Tout le temps que dura la traversée de la Manche, et bien qu'il commençât de faire assez froid, la plupart des voyageurs se tinrent sur le pont, essayant de deviner à l'horizon les fumées du *Titanic* qui les précédait d'environ deux heures. On n'aperçut que quelques bouteilles de champagne qui dérivaient. La mer les avait remplies à demi, elles flottaient enfoncées jusqu'au milieu de l'étiquette. La malle de Southampton abattit alors sa route de plusieurs degrés. Ces bouteilles présentaient un danger certain pour les roues à aubes.

– Ils doivent être en train de dîner à présent, dit quelqu'un. D'après mes renseignements, ils auront ce soir du consommé Olga, du saumon avec des concombres, un filet mignon façon Lili, du riz créole, et d'autres choses dont je ne me souviens plus. Tout ce que je sais, c'est qu'aucune personne normale ne pourrait avaler tout le menu.

On discuta alors de savoir si les menus proposés à bord des transatlantiques étaient « à la carte » ou bien si, comme dans un banquet chinois, on servait de tout, mais en petites quantités.

Il n'y avait aucun vent. La mer était laiteuse et lisse.

A vingt heures trente, le vapeur passa la vigie du Homet. La rade de Cherbourg était déserte. Mais il y rôdait encore une puissante odeur de charbon ; il y avait à peine plus d'un quart d'heure que le *Titanic* avait appareillé pour l'Irlande. Depuis le fort du Roule, on devait encore l'apercevoir dans le lointain, d'autant qu'il était, paraît-il, déjà tout illuminé bien que le jour ne soit pas vraiment tombé.

Le train roula toute la nuit à travers un paysage encore crispé par le début d'un printemps qui semblait surtout battre en retraite. A l'aube, on traversa des champs blancs de givre. Le wagon était glacial. Horty songea que Marie dormait encore et qu'elle était au chaud – elle lui avait dit que le *Titanic* était si bien climatisé qu'il y aurait toute l'année de vraies plantes vivantes dans ses vérandas surplombant l'océan.

Il voulut revoir le visage de la jeune fille, mais il ne parvint pas à l'évoquer avec précision. Sa mémoire ne suscitait qu'une ébauche de contours pâles et flous dont la seule réalité était le gris des yeux, encore qu'il apparût peut-être trop étincelant. C'était sans doute parce qu'il n'avait pas eu le temps de la prendre dans ses bras pour la dévisager suffisamment avant de se séparer d'elle. Dans quelques jours, il lui suffirait d'aller à la Tête d'Écaille chercher la photo prise par le Chinois pour retrouver le visage de Marie.

Il décida qu'il laisserait passer une ou deux semaines avant de rapporter cette photo à la maison et de dire à Zoé qu'il s'agissait d'un portrait trouvé abandonné sur le port.

– Elle est assez mignonne dans son genre, cette petite personne, dirait Zoé. Tu as bien fait, elle a sûrement une famille qui l'aime. Ces gens-là te remercieraient, Horty, s'ils pouvaient savoir que tu as pris la peine de ramasser son image. Sans toi, elle aurait sûrement fini sous les sabots des chevaux.

– Les chevaux ou pire, ma petite.

– Ou pire, répéterait-elle pensivement.

Zoé savait comme lui de quelles choses révoltantes étaient capables ceux du port si le portrait d'une jolie femme inconnue leur tombait entre les mains.

Quand il descendit du train, Zoé l'attendait. Elle se trouvait la seule femme dans cette gare, les autres personnes sur le quai étaient des officiers venus chercher un homme en chemise qu'on leur remit enchaîné, sans doute un déserteur.

Zoé se mit à courir vers son mari, ses drôles de jambes courtes gigotant sous une robe qu'il ne lui connaissait pas.

– Tu n'es plus docker, lui criait-elle tout essoufflée, plus docker !

Elle se blottit contre lui, caressant éperdument son visage.

– Le président Siméon est venu à la maison. Il te désigne pour la grue n° 14. Je suis allée la voir, c'est celle qui est juste au bout du quai de Colombie. Elle est magnifique et immense, ajouta Zoé avec exaltation, tous ses câbles et ses trucs et ses machins sont si bien graissés que tu croirais, cette grue, un pied de porc qui sort du bouillon ! Et, à propos de pied de porc, Siméon s'est amené avec un cochon entier, figure-toi.

Ils s'éloignèrent vers la sortie. Ils dépassèrent le déserteur enchaîné. L'homme pleurait comme un enfant. Horty le regarda, mais Zoé détourna les yeux. Cet homme sanglotant lui rappelait le président Siméon, ses mains tremblantes et froides, tout le mal qu'elle avait dû se donner pour lui arracher un peu de satisfaction qui s'était résumée à un piètre soupir, un gargouillis de mourant.

Au même instant, se demandant si les officiers auraient à cœur d'offrir quelque chose de chaud au déserteur, Horty imagina Marie nouant son tablier blanc pour s'en aller servir les petits déjeuners dans les cabines de première classe.

Horty et Zoé se bousculaient en riant et s'étreignaient, comme pour s'assurer qu'en se trompant l'un l'autre ils n'avaient rien entamé de leur solidité.

— Parle-moi donc de ce cochon, dit Horty. Où est-il ?

— Déjà dans le sel. Sauf un beau morceau de travers que j'ai mis à griller. C'est Bathilde qui le surveille.

— En tout cas, remarqua Horty, elle t'a prêté une jolie robe.

Zoé ne répondit pas. Comme le cochon et le poste de grutier sur la n° 14 du quai de Colombie, la robe était un cadeau du président Siméon.

Il fallut quatre jours à la photo de Marie pour arriver de Southampton.

Le 13 avril à la tombée de la nuit, le patron de la Tête d'Écaille, un mulâtre qu'on appelait Caraïbe, remit à Horty une large enveloppe brune en haut de laquelle étaient tracés au pinceau des caractères chinois.

— Je ne sais pas ce que ça veut dire, avoua Horty, mais je trouve que c'est très beau.

Les hommes qui l'entouraient approuvèrent. Même si ces signes étranges ne signifiaient rien, ils étaient harmonieux.

— Ce doit être pour porter bonheur, dit Caraïbe. Les Chinois prient la chance comme nous prions Dieu.

Horty aurait voulu s'asseoir seul à une table isolée pour décacheter son pli et en extraire précautionneusement la photo. Mais on était samedi et le cabaret se remplissait d'une foule bruyante. En plus des dockers, il y avait ce soir des soutiers en escale venus jouer aux dominos, se soûler et faire du grabuge. On les appelait les Bandes Noires à cause de leur peau incrustée de charbon, on ne les aimait pas, ils le savaient, ne buvaient et ne se battaient qu'entre eux, mais le mépris qu'on leur portait n'empêchait pas leurs fesses et leurs coudes d'occuper autant de place que les autres.

Horty préféra quitter la Tête d'Écaille. Il fit quelques pas sur le quai. Il s'arrêta sous une grue dont les hautes superstructures portaient des lanternes à acétylène. Leur lueur était claire et blonde, tout à fait ce qu'il fallait pour bien voir la photo d'une femme.

A travers les poutrelles de la grue, le ciel apparaissait dégagé, plein d'étoiles. Mais il faisait anormalement froid pour un mois d'avril.

Horty ouvrit l'enveloppe et tira la photo à lui. Elle était protégée par de fines feuilles de papier de soie qui frissonnèrent au vent. A l'exception du coin supérieur gauche un peu corné, le portrait n'avait pas souffert du voyage.

Au moment de l'éclair de magnésium, Marie avait détourné son regard imperceptiblement, et cette sorte d'absence légère lui donnait l'air de quelqu'un qui est encore dans un rêve et qui ne souhaite pas retrouver la réalité.

Les mains d'Horty s'étaient mises à trembler un peu.

Il entendit battre la porte de la Tête d'Écaille. Des hommes sortaient du cabaret et s'approchaient de lui, se rassemblaient dans la lumière de l'acétylène en réchauffant leurs verres de genièvre entre leurs gros doigts.

— On peut voir ?

Horty fit circuler l'image, parmi les grutiers d'abord puisqu'ils étaient ses nouveaux camarades.

— Je croyais que tu allais nous montrer une photo du *Titanic*, dit l'un d'eux.

— Juste une de ses femmes de chambre, dit Horty.

L'homme manipulait la photo avec respect. Son voisin s'impatientait, il voulait l'admirer lui aussi, mais l'homme qui tenait la photo n'avait pas l'air d'entendre. Il eut un rire bref, un peu gêné :

— Elle est sacrément belle.

— Sacrément belle, oui, fit Horty.

Celui qui avait parlé hocha la tête, et tous les autres l'imitèrent. A présent, les appréciations fusaient. Les uns trouvaient à Marie un air de petite fille, d'autres disaient qu'on voyait tout de suite que c'était une vraie femme.

— Dans une vie de chien, dit quelqu'un des Bandes Noires qui s'était mêlé aux autres en se glissant dans les ténèbres, ça n'arrive sûrement qu'une fois — une nuit où Dieu tourne le dos.

— Qu'est-ce qui n'arrive qu'une fois ?

— De coucher avec une fille comme ça, dit celui des Bandes Noires.

Horty ne répondit pas. Et son silence fut reçu comme une approbation plus solennelle encore que s'il avait parlé.

La photo avait fait le tour de l'assemblée, elle revenait maintenant entre les mains d'Horty qui l'orienta vers les lanternes pour vérifier qu'on ne la lui avait pas salie. Les hommes s'étaient resserrés autour de lui, retenant leur respiration. Ils attendaient un récit.

— Qu'est-ce qu'elle sentait ? interrogea enfin un docker.

— C'est une bonne question, approuva un autre, on se demande ce qu'une fille pareille peut sentir. C'est quelque chose que la photo ne dit pas.

— Eh bien, remarqua un grutier, ça devait dépendre du vent et de la lune : quand tu es sous le vent d'une femme, elle sent la femme, forcément ; quant à la lune, elle a son influence sur tout ce qui concerne les dames.

De nouveau ils firent oui de la tête, gravement. Alphonse Bazeiges, le doyen que tout le monde appelait Al, prit Horty aux épaules et le poussa dans la flaque de lumière, comme un champion au milieu du ring :

– Dis-leur, mon gars. Vas-y, raconte.

– Raconter quoi ? balbutia Horty.

– Je vais t'aider, dit Al Bazeiges. Le tout, c'est de bien prendre les choses par le début. Cette fille ne t'attendait pas dans ton lit, hé ? Essaye de te souvenir.

– Elle marchait sous la pluie, dit Horty, c'est vraiment comme ça que tout a commencé.

– Est-ce que c'est sous la pluie que tu l'as baisée ? demanda Al Bazeiges.

Horty leva les yeux, entendant dans le ciel quelque chose comme un froissement d'ailes. Si tard, tous les oiseaux de mer étaient couchés. C'était un oiseau pourtant, sans doute un des chats-huants qui nichaient dans les grands entrepôts.

– Non, répondit Horty avec un peu de retard à cause du chat-huant.

Il voulait dire qu'il ne l'avait pas touchée, mais les autres l'entendirent autrement – Horty n'avait pas baisé cette fille sous la pluie, voilà tout ce qu'ils comprirent.

– J'ai soif, dit Horty.

Les hommes regardèrent leurs verres. Ils étaient vides.

– On va remettre ça à la Tête d'Écaille, dit le doyen.

Tout en marchant vers le cabaret, ils se concertèrent et décidèrent qu'Horty, ce soir, pourrait boire autant qu'il lui plairait sans avoir rien à payer. C'était la tradition, le conteur n'avait qu'à s'asseoir et dire son histoire, aux autres de faire en sorte que son verre ne soit jamais vide, et les lampes jamais éteintes, et les braises jamais refroidies jusqu'à ce qu'il eût fini de raconter.

Horty avala quatre genièvres, puis il parla. Il savait ce que les hommes attendaient de lui.

Le regard rivé sur la photo de Marie qu'il avait posée sur la table, il devint son propre auditeur, avançant dans son histoire avec une sorte de fascination atterrée. Les premières paroles de profanation qu'il prononça lui firent mal. Mais ensuite, au fur et à mesure que les petits verres de genièvre se succédaient, il s'enhardit. Le regard absent de Marie l'encourageait.

Il dit que dans la chambre, tandis qu'elle promenait son index sur le manteau de la cheminée, s'amusant à recueillir la poussière de houille que les paquebots soufflaient jusque-là, il avait commencé à la déshabiller. Elle avait tourné son visage vers lui, le suppliant de n'en rien faire. Alors il l'avait embrassée – grâce aux baisers de Zoé, il détailla très bien la façon dont il s'y était pris – et Marie était devenue molle et brûlante, et puis tous deux s'étaient doucement écartés de la cheminée pour se rapprocher du lit.

Ils avaient écouté les mille petits vacarmes d'un hôtel aux cloisons trop minces, l'eau qui courait dans les tuyauteries, les malles dont on claquait les fermoirs, les souliers qu'une personne lasse envoyait promener sous l'armoire avant de s'allonger en soupirant, les femmes qui s'invitaient de chambre à chambre et s'extasiaient sur les toilettes qu'elles avaient emportées, le va-et-vient de Mrs. Chancellor qui montait prêter son flacon de détachant ou ses fers à friser, et les fenêtres que les gens ouvraient pour regarder avec inquiétude le ciel haché de pluie – et on les entendait se demander s'ils n'auraient pas fait aussi bien d'attendre que le printemps soit mieux établi pour traverser l'océan.

Alors, disait Horty, Marie et lui n'avaient pas osé se glisser dans le lit de peur qu'il se mette à grincer. Ils étaient restés debout, faisant « Chut, chut ! » en se posant mutuellement un doigt sur les lèvres, regardant la porte derrière laquelle des gens n'arrêtaient pas de passer, une femme s'y était même adossée et elle avait ri longuement sans qu'on sache pourquoi. Du coup, ils hésitaient même à s'embrasser de nouveau. Mais, à un certain moment, Marie avait entrouvert la bouche et aspiré le doigt d'Horty qui avait senti sous son index palpiter une langue souple et douce. Et elle lui avait rendu son doigt tout humide dont il s'était empressé de caresser ses propres lèvres, les humectant de la salive de Marie.

Les Bandes Noires interrompirent leur partie de dominos pour se regrouper en silence près de la table d'Horty. Ils empiétaient sur un territoire qui n'était pas le leur, mais les hommes des docks les laissèrent tout de même s'approcher parce qu'une rixe aurait empêché Horty de poursuivre, et on voulait savoir comment était Marie presque nue – le doyen prit seulement garde à ce que les Bandes Noires ne touchent pas au genièvre.

Marie portait deux jupons, inventa Horty, un jupon blanc et un autre bleu pâle. On lui demanda s'il savait pourquoi, il dit que non, c'était la première fois qu'il déshabillait une femme qui avait deux jupons. Est-ce que ça l'avait troublé ? Oui et non, il avait trouvé ça plutôt joli, ça donnait une impression de fleur avec tous ses pétales bouillonnant autour d'elle. Marie était frêle, elle imaginait sans doute que deux jupons donneraient à sa silhouette un peu plus de consistance.

– Mais elle n'était pas maigre, au moins ? demanda-t-on.

– On ne peut pas dire maigre, les rassura Horty, mais enfin elle n'était pas bien grosse. Ça se voit sur la photo.

Ils se penchèrent sur le portrait, emmêlant leurs barbes et se poussant du coude. Leurs souffles chauds ternirent un instant le brillant du cliché.

Horty décrivit aussi la chambre 28, mais autrement qu'elle était. Jugeant que la fenêtre unique ouvrant sur le mur lugubre de Harston & Harston ne convenait pas à la nuit qu'il racontait, il en fit un *bow-window* (ignorant ce terme, il disait simplement « une fenêtre avancée ») qui donnait sur une rue bordée de maisons de briques, bien coquettes avec leurs portes blanches et leurs marteaux de cuivre représentant des poissons qui brillaient à la lueur bleutée des becs de gaz. Une odeur de buis mouillés montait des jardinets et l'on entendait jouer des enfants – Horty se souvenait surtout du frôlement doux et continu d'une corde à sauter, rythmé par un autre bruit qui ressemblait un peu à un roulement de tambour ; cet autre bruit était celui des souliers vernis de la petite fille qui sautait à la corde.

– Si des enfants jouaient, dit une voix méfiante, c'est donc qu'il ne faisait pas nuit ? Alors pourquoi les Anglais avaient-ils allumé les becs de gaz ? Ou bien tu nous racontes une histoire qui n'existe pas ?

– Horty n'a peut-être jamais rencontré cette fille, dit un soutier. Couché avec, j'en parle même pas. Et la photo n'est qu'une de ces foutues réclames pour ce foutu bateau.

– Il faisait nuit, affirma Horty, mais toute la ville était en fête.

– Une fête dont on ne peut sûrement pas avoir idée, nous autres, appuya le doyen.

Peut-être Al Bazeiges ne croyait-il pas lui non plus au récit d'Horty, mais il trouvait l'histoire belle, digne en tout cas d'un samedi soir à la Tête d'Écaille, et il tenait à savoir comment elle se poursuivait.

– Al a raison, dit Horty. Cette nuit-là, à Southampton, tout le monde faisait ce qu'il voulait, même les enfants.

– Mais on n'a rien à foutre des enfants, coupa un des chefs d'équipe des lamaneurs, ni de la chambre, ni de tout ton Southampton. Tu en étais aux deux jupons, du diable si je me rappelle leur couleur, et c'est là qu'il faut revenir.

– Oh, oh, dit Horty, mais ce qu'il y a sous les jupons ne regarde que moi. Moi et cette belle fille, ajouta-t-il en tapotant du doigt la bouche de Marie.

Après l'impression de délivrance et d'euphorie du début, l'alcool lui donnait à présent un sentiment de satiété proche de la nausée, et ce n'était pas seulement le goût du genièvre qui était en cause. Il avait assez souillé Marie, il l'avait assez livrée à ces hommes dont les rudes corps imbriqués les uns dans les autres faisaient autour de lui comme un mur qui l'empêchait de respirer. Chacun n'avait qu'à finir l'histoire à sa façon. Lui-même n'avait pas envie de deviner comment étaient les cuisses et le ventre de Marie. Le petit peu de jambes soyeuses qu'il avait entrevu dépassant de la robe noire lui suffisait.

– Trop bu, dit-il.

– Tu n'es pas un homme ? fit le grand lamaneur.

– Un homme, oui, dit Horty, pas un singe.

Il se souvenait du petit gibbon que les dockers avaient un jour volé à bord du cargo de Sumatra *Mountain Kerintji*.

Ils avaient emmené la bête à la Tête d'Écaille et l'avaient fait boire jusqu'à ce qu'elle devienne pantelante entre leurs bras, et meure enfin sur le marbre d'une table. Et c'était souvent comme ça le samedi soir à la Tête d'Écaille et dans les autres tavernes du port, la mort se glissait dans les rires, elle avait le dernier mot comme elle l'a toujours, et on s'en allait dans la nuit la bouche plus sèche qu'en arrivant.

Il eut du mal à remettre la photo dans l'enveloppe aux caractères chinois. Elle ne voulait pas y entrer, semblait-il. Les autres riaient de sa maladresse. Horty confia son enveloppe au patron de la Tête d'Écaille qui la rangea derrière le comptoir, tout en haut du présentoir à bouteilles. Puis il se leva et sortit en chancelant.

Quelques hommes des Bandes Noires l'escortèrent un moment, espérant sans doute que, dans son ivresse, il se mettrait à parler tout seul et qu'ils en sauraient ainsi davantage sur la femme de chambre du *Titanic*.

Mais Horty leur fit face, les traita de chiens et leur lança des pierres. Il visait assez bien pour quelqu'un qui a bu, faisant ricocher ses pierres sur le pavement du quai – et certaines lançaient des étincelles menaçantes – de façon à ce qu'elles viennent mourir en tournoyant sur elles-mêmes juste aux pieds des Bandes Noires.

Un soir comme les autres, les soutiers se seraient jetés sur lui pour le battre. Ils se seraient servis des cailloux qu'il leur lançait pour le frapper avec, essayant de lui briser les arcades sourcilières et les dents. Ils étaient si nombreux qu'Horty n'aurait eu aucune chance de leur échapper, ils l'auraient roué de coups alors même qu'il aurait perdu connaissance, et puis laissé là à demi mort.

Les rats se seraient chargés de finir le travail des Bandes Noires, et les crabes aussi qui montaient de la mer et escaladaient les quais en s'accrochant aux algues quand ils repéraient – personne ne savait comment – une charogne sanglante sur les quais.

Cette nuit, à cause de l'histoire qu'Horty avait racontée et dont ils voulaient revenir entendre la fin au cabaret de la Tête d'Écaille, les Bandes Noires se contentèrent de lui tourner le dos en grognant, et ils regagnèrent leurs postes d'équipage dans les cargos qu'on distinguait là-bas, sombres et figés, sortes de cabanes tourmentées prolongeant la ville sur la rade.

Horty avait deviné qu'ils ne lui feraient pas de mal, et il rit en les voyant détaler. Il en aima Marie plus fort encore. D'une certaine façon, elle lui avait sauvé la vie.

Il se dirigea vers la Ville-Basse en passant par la digue et le port-aux-femmes. Ici le vent soufflait sans rien pour l'arrêter. Des bateaux de pêche, boutés à blots aussi haut que possible sur la plage, gisaient désarmés au bord des dunes d'amont. Les patrons avaient laissé les coques creuser naturellement leur souille dans le sable où le bois resterait au frais sans trop travailler.

La mer s'était retirée. Délivré des puanteurs de la Tête d'Écaille, Horty respira avec avidité l'odeur à la fois fraîche et fade montant de cette immense étendue de vases grises où claquait parfois l'éclair d'un poisson en train de crever. Il sentit couler et s'effacer dans sa gorge le goût âcre du genièvre. Mais ce n'était pas encore assez, il eut envie de se régénérer tout entier, alors il ôta ses souliers, les lia ensemble par leurs lacets, les suspendit en travers de ses épaules, et il marcha dans la mer en longeant le rivage, opposant au flot toute la résistance de ses jambes et de ses cuisses.

Il pensa qu'au même instant le *Titanic* repoussait pareillement les vagues, et il se demanda si la cabine à six couchettes où dormait Marie était assez proche de la ligne de flottaison pour que la jeune fille puisse entendre l'océan bruire contre la coque. Peut-être une dispute avait-elle eu lieu entre Marie et les autres femmes de chambre concernant le hublot que les unes voulaient ouvrir pour écouter la mer, et les autres non – il s'était passé quelque chose d'assez semblable dans le train qui avait ramené Horty, à propos d'une vitre baissée pour chasser une soi-disant odeur de pipe.

Où qu'on aille, quelle que soit la vitesse à laquelle on filait, on n'échappait pas à cette agressivité des êtres entre eux, à ce va-et-vient de haine qui était dans l'ordre du monde aussi évidemment que le jeu des marées. Durant la nuit, les ténèbres exaspéraient encore le sens du territoire. Sur l'épi qui défendait la rade contre la houle d'ouest, Horty vit deux chats se battre avec sauvagerie. Ils se tordaient sur le môle en soulevant une poussière de goémon sec. Ils s'étripaient pour quelque chose qui n'en valait probablement pas la peine, quelque oiseau mort dont les restes pourris, de toute façon, empoisonneraient le vainqueur.

Quand l'un des chats fut égorgé et tomba à la mer, et que l'autre se fut enfui en rampant bas à cause du poids et de l'inertie de la proie qu'il emportait dans sa gueule, Horty détourna son regard et le reporta vers le large.

Il vit alors une silhouette qui comme lui marchait dans la mer. Mais elle s'était avancée avec plus d'audace, elle avait de l'eau jusqu'au ventre. C'était une femme, elle tenait à deux mains sa robe roulée en un épais bourrelet par-dessus sa ceinture.

Horty reconnut Zoé.

Elle lui tournait le dos, contemplant les feux de position des cargos sur la rade. Elle écartait ses petites jambes, et parfois plongeait une main dans la mer et ramenait avec une sorte de rage les vagues sur son bas-ventre nu.

Malgré la morsure de l'eau froide, Horty s'engagea plus avant dans la mer pour la rejoindre.

Zoé l'entendit souffler, elle se retourna vers lui :

– C'est donc toi ?

– Ma foi oui, dit-il, oui c'est moi.

Elle le regardait, stupéfaite et larmoyante. S'il lui demandait pourquoi elle pleurait, elle répondrait que ce n'étaient pas des larmes qu'elle avait dans les yeux, juste des éclaboussures de vagues qui la brûlaient. Mais Horty ne lui demanda rien, alors elle se crut obligée d'expliquer toute seule ce qu'elle faisait là :

– Bathilde a raconté partout qu'elle avait vu un banc de marsouins. Je me demandais si je le verrais aussi.

– Il n'y a pas de marsouins si près de terre, dit Horty.

– Non, confirma Zoé avec une sorte de tristesse, non, il ne doit pas y en avoir, je n'ai rien vu du tout qui ressemble à un marsouin.

– Zoé, fit Horty, avec ces histoires de marsouins tu vas attraper la mort.

Elle ne répondit pas tout de suite. S'appuyant sur lui, elle fit comprendre qu'elle était lasse et désirait maintenant regagner le rivage. Il l'entraîna.

– Toi, demanda-t-elle enfin, tu étais fourré à la Tête d'Écaille ?

– J'ai payé le genièvre à tous les gars. Pour arroser ma

grue, tu comprends ? Je sais qu'il est tard, j'ai honte qu'il soit aussi tard, Zoé, excuse-moi.

– Le président Siméon est venu ce soir, dit-elle soudain.

– Qu'est-ce qu'il voulait ?

– Est-ce que je sais, moi ? Rien du tout.

– Il a encore apporté quelque chose ?

Elle hésita :

– De bonnes paroles, mais c'est déjà ça. Il a beaucoup d'estime pour toi. Si tu te débrouilles bien avec cette grue, il pourrait te faire désigner comme mécanicien sur l'*Élise*.

C'était la drague qui curait inlassablement le chenal pour permettre aux navires les plus lourdement chargés de venir à quai. Bien que l'*Élise* ne s'éloignât jamais au-delà d'une encablure, son équipage recevait une prime de mer. La drague terminant son travail aux dernières lueurs du jour et le reprenant dès l'aube, les hommes devaient parfois dormir à bord et ils touchaient alors une prime supplémentaire dite « de découcher ».

Ils remontèrent la cale en silence, pataugeant dans le varech dont les vésicules éclataient sous leurs pieds nus. Zoé frissonnait parfois et se serrait contre son mari.

En arrivant devant leur maison, Horty repéra une odeur de pétrole qui flottait encore.

– Le président est venu en automobile, expliqua Zoé en le voyant renifler. Un de ces jours, il m'emmènera à la campagne. Tu aimerais embarquer sur l'*Élise*, pas vrai ? Alors, bon. Mais tout ça ne me dit pas ce que tu faisais dans la mer ?

– La même chose que toi.

– Les marsouins, murmura-t-elle sans conviction.

– Je me sentais sale, dit-il sèchement, et j'ai eu envie de me laver.

De peur de s'entendre répondre qu'elle avait éprouvé la même nécessité après la visite du président, Zoé se lança alors dans une longue digression sur Bathilde qui parlait de faire poser un bidet dans la maison qu'elle habiterait après son mariage avec Steuze. Horty avait-il entendu dire qu'il y eût des bidets sur le *Titanic* ? demanda-t-elle. Non, n'est-ce pas ? Eh bien, s'il n'y en avait pas sur le plus beau paquebot du monde, Bathilde Buren affichait bien de la prétention en envisageant d'en installer chez elle.

Même une fois couchée dans l'obscurité, Zoé continua de bavarder, juste pour s'étourdir. Elle aurait voulu qu'Horty lui pose des questions précises concernant Siméon – en fait, une seule question claire aurait suffi. Mais il restait allongé en silence, les bras croisés sous la nuque.

– C'est demain dimanche, dit-elle enfin, qu'est-ce que tu comptes faire ?

– Rien, ma petite, va donc te promener si tu en as envie.

Le lendemain, on mangea de nouveau un morceau du cochon. Puis Horty embrassa Zoé sur la tempe et marcha vers les quais. Il se présenta au bureau où il savait trouver le vigile de permanence qui détenait les clefs des engins portuaires. Il prétexta qu'il avait besoin de vérifier quelque chose qui ne tournait pas rond sur la n° 14 – une chaîne qui sortait de ses pignons, à cause de la rupture d'un maillon ou d'un excès de graisse. L'homme lui remit la clef de la grue. Horty escalada l'échelle cylindrique et se percha dans la cabine étroite où il se tint comme un rapace solitaire, les membres repliés et immobiles, les yeux légèrement plissés, surveillant les lointains.

Vers trois heures après midi, il vit une colonne de poussière s'élever du côté de la Ville-Basse. C'était le président qui venait chercher Zoé en automobile. Horty ne bougea pas. Il sentit seulement s'accélérer les battements de son cœur.

S'il regardait vers la colonne de poussière, il avait mal. Mais, sitôt qu'il tournait le regard sur sa gauche, il pouvait apercevoir le cabaret de la Tête d'Écaille aujourd'hui fermé, et imaginer la photo de Marie ; alors il s'apaisait en pensant qu'il la retrouverait demain soir après son travail, qu'il pourrait passer inlassablement ses doigts sur son visage noir et blanc, plus blanc que noir en fait, que le traitement photographique rendait lisse et brillant comme aucun autre visage.

Rue de La Villemarqué, la colonne de poussière s'amenuisa et disparut. Le président avait dû arrêter sa voiture et il regardait maintenant Zoé sortir de la maison et courir vers lui. Puis la poussière s'éleva de nouveau, et son panache dévala rapidement la rue en direction de la mer. Ils vont vers le port-aux-femmes, pensa Horty.

La cale devait être envahie par la foule habituelle des promeneurs du dimanche. Quelle idée singulière, de la part d'un vieil homme amoureux, que de conduire sa maîtresse au milieu des enfants pêcheurs de crevettes, tellement ridicules avec leurs pantalons retroussés, et de leurs bonnes aux visages rougeauds sous des voiles bleus, qui leur couraient après et les grondaient ! Il n'existait pas d'endroit moins romantique que cette promenade bruyante. Sans compter que le président allait forcément croiser là-bas des épouses d'armateurs qui ne manqueraient pas de dire ensuite qu'elles l'avaient rencontré avec une moins que rien. Mais peut-être le président se moquait-il d'être vu en compagnie de Zoé. Élu pour deux ans non renouvelables, c'était son dernier mandat à la tête des armateurs. Il n'avait plus à se soucier d'une réélection et pouvait se comporter en homme qui, se sachant condamné à brève échéance mais capable de jouir encore de quelques bons moments, décide de profiter enfin de tout ce dont il s'est privé jusqu'alors.

Il ne pourra même pas l'embrasser, se dit Horty – il y avait tous les dimanches, au port-aux-femmes, un invalide rétribué par la municipalité et chargé de veiller à ce que personne n'ait d'attitude inconvenante ; après la première messe du matin, l'invalide venait installer une longue corde qui, partageant la cale par le milieu, s'avançait d'une vingtaine de mètres dans la mer, les dames se baignant à gauche et les hommes à droite.

Bien plus tard, Horty vit la colonne de poussière sinuer à travers les rues de la Ville-Basse. Comme tout à l'heure, elle s'évanouit quelques instants devant sa maison ; et elle se remit à tourbillonner, disparut derrière la masse grise de l'église Saint-André, et réapparut beaucoup plus loin sur les hauteurs de la ville. Zoé était à la maison, Horty pouvait aussi rentrer chez lui.

A ses questions, s'il se décidait à lui en poser, Zoé répondrait qu'il ne s'était rien passé. Mais, si on allait par là, à Southampton non plus il ne s'était rien passé. Pourtant, Horty savait bien qu'il en était revenu différent.

Cette différence n'était presque rien sans doute, mais elle avait tout de même fait de lui un homme tolérant capable de rester un long dimanche en haut d'une grue, à penser à des choses en principe étrangères à un vieux docker comme lui – un paquebot de luxe en route pour New York et une femme de chambre si jeune que, s'il l'emmenait un jour au port-aux-femmes, l'invalide agiterait sa canne pour lui défendre de lui tenir la main.

Le lundi soir, lorsque les trois chauffeurs du steamer norvégien *Odda* entrèrent à la Tête d'Écaille, Horty était assis à une table du fond, juste sous la carapace de tortue à laquelle le cabaret devait son nom.

Cette tortue avait été découverte échouée sur la grève bien des années auparavant. C'était une tortue des mers chaudes, et personne n'avait jamais pu expliquer comment elle était arrivée là.

Elle vivait encore quand on l'avait trouvée, et des flots de larmes coulaient de ses yeux. Les hommes l'entouraient sans oser la toucher. Finalement, la tortue avait rentré sa tête dans sa carapace pour mourir dans l'obscurité. Mais les hommes n'étaient pas sûrs qu'elle soit morte, ils croyaient qu'elle était simplement épuisée et qu'elle s'était endormie. Comme la nuit tombait, ils dressèrent autour d'elle une barricade de planches pour la protéger des chiens errants.

Quand ils revinrent au matin avant d'aller prendre leur travail sur les docks, une odeur pestilentielle montait de la bête crevée. Ils la traînèrent sur le sable pour la rejeter à la mer. Ils espéraient qu'elle flotterait et que le jusant l'emporterait. Elle coula, et de sa carapace commencèrent à s'échapper des liquides visqueux qui remontaient s'étaler comme de l'huile à la surface de l'eau.

Un lieutenant du *Congo* arriva sur la grève. Il demanda qu'on l'aide à ramener la tortue au sec. Il dit que ses soutiers du *Congo* avaient entendu parler de cette tortue et qu'ils s'offraient à la dépecer et à sculpter dans sa carapace une forme de masque africain. Si on leur payait à boire jusqu'au terme de leur escale en France, ils remettraient leur chef-d'œuvre au cabaret – qui s'appelait alors très banalement le Grand Hunier.

Caraïbe accepta le marché, pensant avec raison que cette tortue sculptée attirerait les marins dans son établissement.

Et maintenant, elle luisait doucement au-dessus d'Horty qui buvait son genièvre tout en découpant un morceau de carton dont il voulait faire un cadre pour la photo de Marie.

Il examina les soutiers de l'*Odda*. Ils ressemblaient aux autres Bandes Noires, sauf que leurs yeux étaient plus bleus et qu'ils s'avancèrent vers le comptoir en hommes paisibles, venus là juste pour boire un verre ou deux – tandis que les Bandes Noires commençaient habituellement par faire le tour de la salle en se dandinant comme des ours, regardant les gens sous le nez et les provoquant par des réflexions désagréables.

Les trois Norvégiens ne dirent rien et leurs yeux bleus ne cherchèrent à défier personne. Ils sortirent leur argent et le posèrent sur le zinc. Ils ne précisèrent pas ce qu'ils voulaient boire, semblant accepter d'avance ce qu'on servait par ici. Et, en attendant qu'on remplît leurs verres, ils s'adossèrent au comptoir et ne bougèrent plus.

Ils rappelaient à Horty un tableau qui se trouvait dans l'église Saint-André. La toile, sombre et plus haute que large, en fait de la dimension exacte d'un homme debout, montrait un supplicié percé de flèches. Il était lié à quelque chose qui pouvait être aussi bien un arbre qu'une colonne de marbre, mais ses liens étaient lâches et l'homme aurait pu visiblement s'en dégager et s'enfuir. Au lieu de quoi, il restait impassible face aux archers qui le criblaient de flèches, tendant vers eux sa vigoureuse poitrine où ruisselait un mélange de sueur et de sang. Les trois Norvégiens tenaient aussi leurs larges poitrines en avant, et ils avaient le même regard que le martyr du tableau, un regard qui semblait contempler bien au-delà de ce qu'il y avait à voir en réalité.

Quand Caraïbe les eut servis, ils saisirent leurs verres tous les trois ensemble, dans un même geste lent et mesuré. Ils flairèrent l'alcool, et l'un d'eux chuchota :

– *Strong but tasty*[1].

Ils élevèrent leurs verres en direction de la salle et annoncèrent qu'ils allaient porter un toast avant de boire.

– Je vais vous traduire ça, dit le patron de la Tête d'Écaille.

Les Norvégiens parlèrent brièvement. Horty les entendit prononcer le nom du *Titanic,* et il pensa que le paquebot était arrivé à New York largement en avance sur son horaire. Le transatlantique de la White Star n'avait pas été conçu pour battre des records de vitesse, mais, si la mer avait été tranquille et le vent favorable, il avait peut-être réussi l'exploit de ravir le Ruban bleu au *Mauretania* de la Cunard.

1. « Fort mais goûteux. »

Les hommes de l'*Odda* vidèrent leurs verres en renversant la tête en arrière et les reposèrent sur le comptoir en désignant tous ceux qui étaient attablés dans la salle :

– *Pay yourself. The same for everyone there* [1].

Mais le mulâtre les regardait fixement, il ne traduisait pas leurs paroles, il ne les resservait pas, il ne ramassait même pas leur argent.

Il dit enfin, d'une voix incrédule :

– D'après ces gens-là, le *Titanic* a sombré. C'est arrivé dans la nuit de dimanche. Ils ont bu à la mémoire des victimes, et maintenant ils voudraient que tout le monde ici boive avec eux.

Caraïbe évalua du regard le nombre des clients de la Tête d'Écaille et, comme un homme qui refuse absolument de perdre pied et se raccroche à la moindre réalité, il compta l'argent que les Norvégiens avaient posé sur le comptoir, et il ajouta :

– Ils ont là de quoi régler la tournée, alors moi je veux bien vous servir si vous êtes d'accord.

Personne ne lui répondit.

Non loin de la table d'Horty, deux filles de la rue Solidor jouaient aux tarots. Elles avaient interrompu leur partie en voyant entrer les Norvégiens et l'une d'elles remettait à présent du rouge sur ses lèvres en y faisant glisser sa langue de manière ostensible.

Un des chauffeurs de l'*Odda* alla vers elle et lui prit son bâton de fard.

– *Sorry*, dit-il à la fille, *but they don't understand what we try to say* [2].

---

1. « Payez-vous. La même chose pour tous ceux qui sont là. »
2. « Excusez-moi, mais ils ne comprennent pas ce qu'on essaye de dire. »

Il revint vers le comptoir et, le contournant, il traça en chiffres gras et rouges, sur le vaste miroir qui se trouvait derrière, la position estimée à laquelle le navire avait coulé.

– Les approches du courant du Labrador, dit quelqu'un, peut-être même en plein dedans. Ils vont probablement remorquer le grand bateau jusqu'à Halifax, ça ne fait pas si loin.

Comme tous ceux de la Tête d'Écaille, cet homme admettait que le *Titanic* ait pu connaître des difficultés en passant à proximité de la banquise, subir peut-être des avaries graves, mais naturellement il n'arrivait pas à croire qu'il ait disparu de la surface de la mer.

Horty cessa de découper son morceau de carton. Les ciseaux s'étaient écartés du trait qu'il avait tiré au crayon, et il avait beau essayer de les ramener sur ce trait, les ciseaux tremblaient, dérapaient et coupaient là où il ne fallait pas.

Une quarantaine de petits verres s'alignaient maintenant sur le comptoir. Ils étaient pleins de genièvre, mais personne ne se levait pour aller vers eux. Seuls les trois Norvégiens buvaient.

Ces hommes étaient des Bandes Noires, pensa Horty, et par conséquent ils étaient mauvais. S'ils n'avaient pas cherché à provoquer une rixe, c'était qu'ils avaient manigancé un moyen autrement infaillible de faire mal. Ils étaient habiles ; mais lui, Horty, ils ne l'auraient pas.

Il enfonça profondément les pointes des ciseaux dans le bois de la table, où ils restèrent fichés en vibrant. Prenant la photo de Marie, il se leva et traversa la salle de la Tête d'Écaille. Ceux qui étaient assis repoussaient leurs chaises pour lui faire de la place, et ils évitaient de croiser son regard.

Il se souvint d'une expression que lui avait apprise la femme en vert sur la malle de Southampton ; Duncan et elle s'en servaient, lui avait-elle expliqué, pour quitter une partie où ils savaient n'être provisoirement pas les plus forts.

– Sans moi, dit-il donc en sortant.

La nuit était venue, si parfaitement claire et tranquille que les lumières de la ville s'étageaient à l'infini sans le moindre halo, aussi pures que si elles scintillaient derrière une plaque de verre. Pas un souffle de vent ne ridait l'eau du bassin où seul courait le triple éclair du phare de la passe de l'Ouest.

Au lieu de suivre la digue pour regagner la Ville-Basse, Horty se dirigea vers les faubourgs où se trouvaient les bureaux des compagnies maritimes. Il faisait ce détour sans vraiment y penser, sans lui accorder en tout cas la moindre signification.

Au fur et à mesure qu'il montait vers les hauteurs de la ville, il s'aperçut que de plus en plus de gens marchaient autour de lui et paraissaient aller au même endroit. En arrivant avenue de Vendémiaire, lui et tous les autres formaient une véritable petite foule. Mais personne ne disait mot, on n'entendait que le piétinement de centaines de souliers frappant les pavés en cadence, presque comme une armée un peu lasse qui cherche ses cantonnements.

Alors qu'on distinguait déjà la haie de troènes bordant la place de Cochinchine, apparurent les premiers fiacres. Leurs capotes étant baissées, il était impossible de voir qui se trouvait à l'intérieur. Mais ils filaient à grande vitesse, leurs lanternes de cuivre tremblaient et clignotaient sous l'effet des roues tressautant sur le sol irrégulier. Eux aussi se dirigeaient vers le boulevard où s'alignaient les officines des compagnies de navigation.

A présent, si Horty avait voulu rebrousser chemin, il ne l'aurait peut-être pas pu : les gens le pressaient de toute part, le poussaient dans le dos, il sentait leurs souffles précipités contre sa nuque. Il vit des jeunes filles qui couraient et jetaient des châles sur les épaules de vieilles femmes en les suppliant de ne pas s'exposer, de rentrer à la maison ; elles iraient à leur place, disaient ces jeunes filles, mais les vieilles femmes se contentaient de nouer rapidement les coins du châle et continuaient d'avancer en faisant sonner le pavé.

Quelques soldats conduits par un lieutenant à cheval s'étaient mêlés à la foule, ils se frayaient un passage en brandissant la crosse de leurs fusils. Ils encadraient les deux tambours municipaux – Mathias Crépineau, qui criait les avis aux carrefours de la Ville-Haute, et son neveu Nathanaël, qui avait en charge ceux de la Ville-Basse. Tout en marchant, Mathias et Nathanaël assouplissaient leurs poignets.

Le lieutenant s'arrêta un instant à hauteur d'Horty pour rameuter ses hommes. Horty replia ses doigts et toqua contre la botte de cuir noir qui se balançait si près de son visage qu'il pouvait en respirer l'odeur forte – il fit ce geste avec respect, un peu comme on frappe à une porte.

Le lieutenant abaissa son regard vers lui.

– Excusez-moi, fit Horty en se découvrant, j'ai suivi ces gens par hasard, mais si on envoie l'armée c'est peut-être qu'il est défendu d'être ici ?

Le lieutenant dit qu'il avait ordre de monter protéger les bureaux de la White Star ; on craignait des scènes de désespoir terrible quand les représentants de la compagnie anglaise annonceraient officiellement le désastre du *Titanic*.

– Mais le bateau n'a pas sombré, dit Horty, on le remorque à Halifax.

– Qui est-ce qui raconte ça ?

– Je ne sais pas trop, avoua Horty, un homme au cabaret de la Tête d'Écaille.

– D'accord, dit le lieutenant, essayez de faire courir ce bruit, au moins jusqu'à ce qu'on arrive sur le boulevard.

Il regardait Horty avec sympathie, il n'avait pas l'air de penser que cet ouvrier pouvait être concerné d'aucune façon par ce qui était arrivé au *Titanic*.

Il donna un coup de talon dans les flancs de son cheval et s'éloigna en répétant à ses hommes de se hâter.

Horty avait maintenant quelque chose à faire. Il n'était plus un fétu de paille emporté par la longue coulée de tous ces gens silencieux. Il sentit se déchirer l'espèce d'ouate dans laquelle il étouffait depuis que les trois Norvégiens étaient entrés à la Tête d'Écaille. Il regretta furtivement d'avoir lié les poignets de Marie à la rambarde de l'escalier de Harston & Harston – il l'avait fait pour le bien de la jeune fille, pour lui éviter de s'affoler et de tomber, mais il comprenait maintenant combien il avait dû être intolérable pour elle de demeurer ainsi fixée à un morceau de fer sans avoir la possibilité d'agir d'aucune façon, comme lui-même était resté fixé à la populace en marche jusqu'à l'arrivée du lieutenant.

Il se retourna vers la foule, leva les bras et cria :

– N'ayez pas peur. Le *Titanic* fait route sur Halifax.

Mais on ne l'écouta même pas. On le contournait, ou bien on le bousculait.

– Peut-être qu'ils ont mis des chaloupes à la mer, hurlait Horty, mais ils les ont remontées tout de suite, avec tout le monde dedans.

Une femme se planta devant lui. Elle avait un visage pâle et fin derrière une voilette prune, elle s'appuyait sur une canne anglaise. Horty la reconnut, c'était Jeanne, baronne de Waltorg. Elle possédait un petit château en bordure du bois des Halphen. La forêt avait brûlé, et une bonne partie du château avec. Son mari s'était enfui, comme fou. Il n'avait jamais reparu. Déclarée veuve avant le temps légal grâce à des appuis politiques, Jeanne continuait d'habiter les ruines près des arbres calcinés. Elle élevait des anguilles dans ce qui avait été une pièce d'eau entourée de fontaines arrogantes, et les vendait au marché du vendredi sur des tréteaux recouverts d'une de ces nappes splendides qui avaient jadis fait partie de son trousseau. Bien qu'elle n'eût rien à voir avec le monde maritime, les armateurs l'invitaient à leur bal pour en rehausser l'éclat. Horty avait souvent rêvé de danser avec elle. L'année où il s'était enfin décidé à s'incliner devant elle pour l'inviter, elle avait refusé, lui montrant qu'elle devait se servir d'une canne à présent. Elle avait murmuré : « A moins que tu ne me portes comme ce veau tout à l'heure, sur tes épaules ? » Elle lui avait proposé de venir un jour aux ruines du bois des Halphen, elle lui montrerait comment elle pêchait, écorchait et fumait les anguilles. Horty en avait parlé à Zoé, qui s'était déchaînée : « Vas-y, et tu en reviendras en courant, les jambes à ton cou – mais c'est une pute, Horty, tout le département lui est passé dessus ! »

Ce soir, dans la nuit froide, Jeanne de Waltorg était là devant lui, lui soufflant au visage son haleine chaude :

– De quoi te mêles-tu, mon pauvre homme ? De qui donc crois-tu être le porte-parole ? Tu as vu partir le bateau, mais tu n'étais pas dessus quand c'est arrivé.

– Qu'est-ce qui est arrivé, madame ? se troubla Horty. Rien du tout n'est arrivé.

– Il est au fond, dit Jeanne.

Elle désigna les immeubles des compagnies maritimes qui faisaient le long du boulevard comme la muraille d'une place forte obscure et méfiante :

– Ils ont commencé par dire que tout le monde était sauf. C'est ce qu'ils ont rabâché toute la matinée, à Southampton, à Cherbourg, à New York, et ici même. Mais le télégraphe a fait son travail, finalement. Cette nuit, tu vas les entendre nous chanter une autre chanson.

Elle essayait de se montrer digne mais, à travers les mailles de la voilette prune, Horty vit des traces de larmes sur son visage.

– Madame, demanda-t-il, est-ce qu'il y avait quelqu'un de votre connaissance sur le bateau ?

Un Écossais, lui répondit-elle, un jeune lord du clan des McLeod. Lors d'un récent séjour en France, il avait visité le bois des Halphen, envisagé de racheter le château brûlé et de le restaurer pour une de ses filles, Marjorie. Il y avait une question d'argent, aussi le lord et sa fillette avaient-ils pris passage sur le *Titanic* en vue de lier connaissance avec l'un ou l'autre des banquiers américains dont la presse avait annoncé la présence à bord.

– J'ai aussi quelqu'un sur ce bateau, dit Horty.

Il sortit la photo de Marie qu'il avait glissée sous sa vareuse pour la protéger de la foule.

Jeanne de Waltorg y jeta un rapide coup d'œil :

– Est-ce que ce n'est pas une femme de chambre ? Les

nôtres étaient habillées à peu près comme ça, autrefois.
Alors, elle est morte. Tu comprends, ils ont commencé par
sauver les femmes et les enfants.

– Eh bien, dit Horty, mais c'est une femme !

– Elle n'est pas importante, dit la baronne.

– Pas importante ? dit Horty avec incrédulité.

– Pas vraiment importante, dit la baronne. S'ils n'ont
pas sauvé Marjorie McLeod, pourquoi se seraient-ils
tellement souciés d'une femme de chambre ?

Ils se remirent en marche. Puisqu'ils avaient chacun une
relation sur le bateau, Jeanne de Waltorg prit familière-
ment le bras d'Horty et s'y appuya. A cause de sa difficulté
à marcher, elle le ralentissait. Ils arriveraient parmi les
derniers sous le balcon de la White Star – ils entendaient
déjà battre les tambours, des lumières s'étaient allumées
derrière les fenêtres, quelqu'un allait probablement faire
une annonce.

Jeanne de Waltorg pleurait, maintenant. Lâchant parfois le bras d'Horty, elle soulevait sa voilette prune et
appuyait ses poings fermés sur ses yeux, comme font les
enfants.

– C'était une si jolie petite fille, disait-elle.

Tout en marchant, Horty pensa que Marie était peut-
être morte, après tout. Cette idée prit naissance dans sa
tête, très précisément derrière ses yeux. Mais elle n'y resta
pas. A peine formulée, elle descendit dans sa gorge où elle
provoqua une enflure soudaine au point qu'Horty eut
l'impression que quelque chose l'empêchait d'avaler sa
salive, et même d'avaler de l'air. Il crut étouffer, lorsque
l'idée de la mort de Marie quitta enfin sa gorge pour
dévaler dans son œsophage, y faisant naître aussi des sortes

de contractures et une sensation de brûlure. Ensuite, tel un fleuve déboulant vers son estuaire, l'idée s'élargit en creux dans la poitrine d'Horty, l'irradia, y mettant pareillement le feu.

Le feu est généralement quelque chose de léger, qui danse au-dessus des matières qu'il consume ; le feu qui brûlait Horty pesait infiniment lourd.

Son bas-ventre et ses jambes furent touchés quelques secondes plus tard. Un fourmillement envahit ses jambes, et ses genoux se dérobèrent sous lui.

Jeanne de Waltorg dut le soutenir.

L'idée de la mort de Marie ne quitta pas Horty par les pieds, comme aurait pu le faire la foudre après l'avoir traversé. Elle remonta en lui, par le chemin qu'elle avait descendu, provoquant les mêmes ravages.

Elle regagna cette place derrière le front, derrière les globes oculaires, d'où elle s'était élancée.

Elle s'y déploya autrement, formant des images. Or ces images étaient d'autant plus intolérables qu'elles avaient quelque chose d'infiniment paisible. Elles montraient, sous tous les angles possibles, une jeune femme en blanc et noir, ayant perdu ses souliers, et que la mer absorbait. Une autre jeune personne, aux traits indistincts, l'accompagnait dans sa chute. C'était peut-être Marjorie McLeod. Au fond de l'image, d'autres formes obscures descendaient avec cette mollesse des choses lourdes qu'on abandonne à l'eau et qui se noient en se dandinant d'une façon stupide. Certaines silhouettes perdaient des pièces de vêtement, des jupons par exemple, des jupons sombres qui s'évasaient au-dessus d'elles comme les ombrelles des méduses. Tous ces gens avaient déjà les visages livides et boursouflés qu'Horty avait vus aux noyés. Marie seule était comme il l'avait connue – un peu plus mouillée peut-être, mais ses cheveux flottaient librement autour d'elle, sans se plaquer sur sa figure lisse, sans lui entrer dans la bouche. Ses grands yeux étaient ouverts.

Les bureaux de la White Star consistaient en une boutique vitrée qui aurait pu être celle d'un cordonnier. Il y avait au rez-de-chaussée une porte étroite dont on avait ce soir ôté le bec-de-cane par mesure de sécurité, pour empêcher la foule de s'engouffrer à l'intérieur. La vitrine présentait quelques chromos des paquebots en service. Trop longtemps exposées à la lumière du jour, leurs couleurs avaient fini par passer.

A l'étage courait un balcon de fer forgé portant le blason de la Compagnie et trois mâts pour hisser les drapeaux – celui de la White Star, rouge avec son étoile blanche, celui de la France et celui du Royaume-Uni.

Sur ce balcon, un homme exposa les circonstances du naufrage et présenta les condoléances officielles de la Compagnie. A cause des soldats qui l'entouraient pour le protéger et de la foule qui murmurait, il avait quelque chose d'un roi prononçant une abdication. Il n'était pourtant qu'un employé sans grade, plus souvent revêtu d'une blouse grise que de la redingote qu'il portait ce soir en signe de solennité. Né de mère irlandaise, il parlait couramment l'anglais. Il devait sans doute à ce hasard le privilège de représenter les intérêts de la Compagnie dans cette ville vouée aux cargos, où les paquebots ne faisaient escale qu'incidemment, pour fuir une tempête ou réparer quelque avarie.

Tandis qu'il parlait, des commis installaient de hautes ardoises sur le trottoir, les appuyant contre des dossiers de chaises. Elles portaient, inscrits à la craie, les noms des passagers du *Titanic* récupérés par le paquebot *Carpathia* de la Cunard, accouru au milieu de la nuit sur les lieux du drame.

Le nom de Marie Diotret n'y figurait pas. Mais Marjorie McLeod était donnée pour saine et sauve, et Horty en voulut à Jeanne de Waltorg de s'être accrochée à lui en jouant les femmes hébétées. Ne pouvait-elle vivre sans toujours essayer de s'infiltrer dans un clan ou un autre ? S'écartant d'Horty, elle rejoignait à présent le groupe des rares personnes qui avaient des parents ou amis parmi les rescapés. Ces personnes riaient et se rengorgeaient comme si elles avaient remporté une victoire. Elles se montraient du doigt, sur les ardoises, les noms de leurs survivants, les répétaient inlassablement à mi-voix. Jeanne de Waltorg allait de l'une à l'autre, offrant les ruines de sa chapelle noircie dans le bois des Halphen pour y faire dire une messe d'action de grâces à l'issue de laquelle on distribuerait de la brioche bénite.

Alors la foule commença à se disperser. Beaucoup de gens étaient montés jusqu'au boulevard pour en savoir davantage, très peu étaient personnellement concernés par la catastrophe. Les choses s'étaient déroulées correctement, disaient les vieilles femmes, ces armateurs anglais avaient bien agi, car dans le fond ils n'étaient pas obligés d'organiser un discours sur un balcon dans une ville qui n'avait, à tout prendre, que bien peu à voir avec le *Titanic*.

Les soldats s'en allaient aussi. Le lieutenant avait mis pied à terre, il ramenait son cheval par la bride. Son képi sous le bras, il regardait les étoiles et les nommait une à une devant ses hommes médusés.

— J'aurais pu entrer dans la marine, disait le lieutenant.

Horty resta seul devant les bureaux. Personne ne songea à lui demander ce qu'il attendait encore. L'aurait-on questionné qu'il aurait d'ailleurs dit qu'il n'en savait rien. Il ne pouvait pas s'éloigner, voilà tout.

A l'étage, la fenêtre se referma et l'on éteignit les lumières. Puis un commis revint sur le balcon et mit en berne les trois pavillons. Il aperçut Horty immobile sur le trottoir étroit et le salua avec une gravité charmante, car c'était un tout petit commis qui n'avait pas quatorze ans.

— Attendez! lui cria Horty.

D'habitude, il tutoyait les enfants. Mais ce petit commis était au courant d'un événement si terrible que cela lui conférait une sorte d'autorité.

— C'est fini, dit le commis. Il n'y a plus rien à voir.

Il faisait signe à Horty de s'en aller, de ce geste qu'ont les forains pour vider leur arène de toile entre deux combats de lutteurs.

— Est-ce qu'on ne va pas annoncer quelque chose d'autre? insista Horty.

— Annoncer quoi? fit le gamin. On dirait bien que personne n'a perdu personne, en tout cas dans cette ville. Mais il y aura des détails dans les journaux, pour sûr.

Il dégagea un des drapeaux qui s'était emmêlé autour de sa hampe. Puis il disparut.

Un homme sortit alors de l'ombre et s'approcha d'Horty. C'était Sciarfoni, un Italien qui prêtait parfois main-forte pour aider à l'amarrage des navires lorsqu'il manquait un homme dans l'équipe des lamaneurs. Il était toujours à rôder sur les pavés gras, ou bien figé sur la selle de sa vieille bicyclette dont il calait habilement les roues sans pneus dans les rails du chemin de fer, mangeant des fromages de chèvre en attendant qu'on l'appelle.

Il tenait une poignée de billets froissés. Sans un mot, il entraîna Horty sous le halo d'un réverbère et lui fit voir les billets :

— Il y en a pour un paquet, dit-il. Tu peux les avoir, si tu me donnes quelque chose en échange.

Horty le dévisagea en silence, attendant la suite. Il se méfiait de l'Italien, qui n'avait pas bonne réputation sur les quais.

— J'achète la photo de cette petite, dit Sciarfoni.

Il fit crisser ses billets aux oreilles d'Horty et ajouta :

— Ça te servirait à quoi de la garder, à présent ? Juste à te faire du mal.

— Et toi ? dit Horty.

L'Italien cracha dans sa main libre et humecta ses longues moustaches :

— Tu me connais, j'ai toujours aimé les belles choses. Si tu gardes ce portrait sous ta chemise, c'est un peu comme si tu te couchais sur la tombe de cette fille. Les chiens font ça. Mais tu n'es pas un chien.

Sciarfoni avait raison. Maintenant que Marie était noyée, Horty n'oserait pas rapporter sa photo à la maison – ce serait pire que d'avoir acheté au marchand d'épaves les objets d'un naufrage avec mort d'homme. Ce portrait où Marie regardait Horty avait quelque chose d'inconvenant, comme un cadavre dont on aurait omis de fermer les yeux.

— Tu te souviendras d'elle encore mieux si tu n'as pas sa photo, reprit l'Italien. Tant que j'ai gardé le portrait de ma mère, pas fichu de me rappeler sa voix. Maintenant que ce portrait s'est perdu, je n'ai qu'à prononcer son nom – *mamma, mamma Agostina* – et je l'entends qui me répond comme si elle était là. Je suis sûr que tu peux l'entendre aussi, non ?

– Non, dit Horty, non je n'entends pas ta mère. Les morts sont bien morts, va !

Il préférait que les choses soient ainsi, tranchées comme la terre et la mer. C'était moins désespérant que d'imaginer Marie errant dans un univers où il ne pouvait pas la rejoindre, où il ne savait pas si elle était rassurée ou affolée, où il ne se trouverait probablement personne pour songer à lui offrir une chambre et un lit si elle était épuisée, à lui bander les yeux si elle avait le vertige.

Horty n'avait jamais connu quelqu'un d'assez bon pour revendiquer une éternité de bonheur, ni d'assez mauvais pour mériter un supplice infini. Il fallait donc qu'il y ait un entre-les-deux, et ça c'était déjà la vie, exactement la vie, alors à quoi bon quelque chose (ou quelque part) après la mort si c'était pour recommencer pareil ?

Il avait entendu dire que les noyés, juste avant de perdre conscience, éprouvaient un sentiment de profond relâchement, quelque chose de comparable au bien-être ressenti à l'instant de s'endormir au terme d'une journée harassante. Marie n'avait sûrement pas imaginé qu'elle était en train de se noyer – elle avait juste pensé qu'elle était heureuse, soudain.

Il sortit la photo de dessous sa chemise. Il la contempla une dernière fois.

– Je n'aurais pas revu cette femme. Au bout de ce voyage ou d'un autre, elle serait restée en Amérique, dans l'État du Maine.

D'une certaine façon, pour un homme comme Horty, la mort et l'État du Maine étaient des territoires aussi inaccessibles l'un que l'autre.

– Tiens, dit-il en tendant la photo à Sciarfoni et en empochant vivement l'argent de l'Italien.

Mais, en traversant la place de Cochinchine, il regretta d'avoir cédé à Sciarfoni. Il avait de meilleurs amis à la Tête d'Écaille, l'un d'eux aurait peut-être été content d'avoir la photo de Marie.

Cet ami l'aurait serrée dans un album avec d'autres clichés et, bien des années plus tard, ses petits-enfants l'auraient retirée de l'album pour la faire circuler, ce serait un dimanche, à l'occasion d'une réunion de famille, et ils se souviendraient :

– C'était une femme de chambre du *Titanic*. Elle aurait près de cent ans, aujourd'hui.

– C'est un document, dirait quelqu'un. Peut-être pas inestimable, mais enfin c'est émouvant – n'est-ce pas que c'est émouvant ?

– Très émouvant, s'écrierait-on.

– Croyez-vous que cela puisse se négocier ? Après tout, cette femme n'est rien pour nous – je veux dire que ce n'est pas comme si nous cherchions à vendre une photo de notre oncle Sacher-Pascha.

Alors Marie finirait dans un cadre d'argent derrière la vitrine d'un antiquaire, ou bien l'on reproduirait son fin visage à des milliers d'exemplaires sur des cartes postales. Et, si quelqu'un écrivait jamais un ouvrage sur l'histoire du *Titanic,* il ne manquerait certainement pas d'y faire figurer le portrait de Marie avec cette mention : (*de g. à d.*) *une salle de bains du paquebot – une jeune femme de chambre affectée au service des premières classes – vue partielle de la chaufferie.*

Horty s'arrêta au milieu de la place. Il avait très froid.

Tout à l'heure, la photo de Marie appliquée contre sa poitrine empêchait l'air glacé de s'insinuer entre sa chemise et sa peau. Il comprit qu'il avait commis un sacrilège en vendant l'image de la femme de chambre.

– Sciarfoni ! hurla-t-il. Reviens, Sciarfoni !

Seul le silence lui répondit. Il était un peu plus de minuit.

– Sciarfoni, dit Horty, alors c'est moi qui vais venir.

A l'ouest de la ville, l'Italien habitait un quartier qu'on appelait par dérision la République parce que ceux qui vivaient là, trop pauvres pour participer à la vie communale, s'étaient organisés en une sorte de fraternité en dehors des lois sociales. Ils logeaient dans des cabanes disséminées tout le long du cordon dunaire, construites à partir de grosses barques renversées, la quille en l'air. Portes et fenêtres étaient taillées dans la coque que l'on recouvrait parfois, pour en parfaire l'isolation, de papier goudronné, de fougères ou de basses toitures de chaume.

Des ronflements montaient des barques qui faisaient comme un troupeau de grandes bêtes échouées, grognant dans la nuit.

Les objets marins, les seuls dont disposait encore cette population misérable, avaient été détournés de leur utilité première. Des volailles noires et quelques lapins dormaient dans des casiers à crustacés, des échelles de chanvre faisaient ici ou là office d'escaliers, des filets servaient de rideaux ou de portières, parfois de berceaux pour les enfants les plus jeunes, on lavait le linge aux portes des cabanes dans d'anciennes barriques de saumure, puis on le mettait à sécher sur des cordes à congres tendues entre deux avirons. De longues chaînes de mouillage avaient été maillées les unes aux autres et enfouies

165

dans le sable pour tenter de ralentir l'effritement de la dune.

Horty n'eut pas de mal à repérer la carène sous laquelle Sciarfoni avait établi sa tanière : soulevée sur des murets de pierre, elle dominait légèrement les autres et, si tard dans la nuit, elle était la seule dont les clins mal joints laissaient filtrer un peu de lumière.

Pataugeant dans les cendres encore tièdes du goémon que les femmes de la République avaient brûlé pour en extraire de la soude, Horty s'approcha et regarda.

A moitié nu au milieu d'un amoncellement de gerbes d'osier et d'ustensiles renversés, Sciarfoni se caressait. Vautré sur le sol de terre battue, sa verge coincée entre sa cuisse et la paume de sa main droite, il était secoué de spasmes comme un épileptique. Devant ses yeux, il avait placé le portrait de Marie. Parfois il se tordait sur lui-même et sa bouche ouverte venait heurter la photo, avec le même petit bruit feutré qu'un papillon de nuit palpitant contre un verre de lampe.

– Sciarfoni, murmura Horty, ne fais pas ça, Sciarfoni, je t'en prie...

Mais l'Italien n'entendit pas. Il commençait à râler.

Une bouffée de dégoût envahit Horty, qui sentit quelque chose d'amer remonter de son ventre jusque dans sa gorge.

Il trouva une ancre courte et trapue, la prit par le jas et, la balançant à la façon d'une masse d'arme, fracassa la fenêtre. Des éclats de bois et de verre giclèrent jusqu'à Sciarfoni. Le lamaneur se redressa avec un rugissement.

Horty s'était déjà précipité à travers l'ouverture. Il atterrit à plat ventre sur la terre battue. Aussitôt, l'Italien fut sur lui et commença à lui assener des coups de pied, cognant de côté en se servant de ses talons. Ce fut au tour d'Horty de se tordre sur le sol. Il chercha à attraper une des jambes de Sciarfoni pour le déséquilibrer. Tout à sa rage de frapper, celui-ci ne se méfia pas des grands bras d'Horty qui fauchaient l'air en ciseaux. Il s'écroula, sa nuque heurta le rebord d'une sorte d'auge en bois où grouillaient quelques crabes dans un fond d'eau saumâtre.

Sonné lui-même par les ruades de l'Italien, Horty ne se releva pas tout de suite. Les grands yeux de Marie étaient fixés sur lui. Dehors, des chiens s'étaient mis à aboyer.

Blotti dans un recoin de la barque retournée, Horty attendit que Sciarfoni ait repris connaissance. Il avait éteint la lanterne de peur que quelqu'un vienne voir ce qui se passait. Mais, malgré les aboiements des chiens, les pêcheurs de la République restèrent enfoncés dans leurs lits.

Il sortit les billets que le lamaneur lui avait donnés et les lui déposa sur le ventre, en éventail pour qu'il puisse les compter du regard et constater qu'Horty n'en gardait pas un seul au fond de sa poche.

— Je n'oublierai pas, gronda Sciarfoni. Non, jamais je n'oublierai ce que tu viens de faire. Un jour, je te tuerai.

— Ça va, dit Horty. C'était une mauvaise nuit pour tout le monde.

Il n'avait plus de colère, plus rien qu'une immense pitié pour lui-même, pour Marie et pour Sciarfoni.

Il cherchait maintenant une parole apaisante sur laquelle s'en aller. Il ralluma la lampe. Il comprenait Sciarfoni. N'importe quel homme riche ou pauvre qui verrait cette photo ne pourrait s'empêcher de vouloir la tenir entre ses mains et rêver.

Le photographe chinois avait fait preuve d'une science étrange en figeant Marie pour toujours sous l'apparence d'un petit être qui tout à la fois appelait et se refusait. La prise de vue ne lui avait pourtant demandé que quelques instants très brefs. Avec une sorte de jalousie, Horty se demanda si le Chinois, au cours de ces quelques secondes où il l'avait contemplée à travers la plaque de son appareil, immobile et à l'envers, en avait appris davantage sur Marie que lui-même pendant les longues heures nocturnes qu'il avait vécues près d'elle à Southampton.

Sciarfoni s'était déplacé sans bruit jusqu'à sa couche. Fouillant sous la litière de varech, il prit un couteau. Il s'avança vers Horty.

Alors celui-ci se sauva à travers la fenêtre brisée, laissant derrière lui Sciarfoni qui le maudissait en italien.

Horty traversa la République au milieu des hurlements des chiens. Il tomba à plusieurs reprises, se prenant les pieds dans les chaînes mal enterrées, s'écorchant le visage aux grands chardons mauves qui poussaient sur le sable. Mais il n'avait plus froid à présent que la photo de Marie était de nouveau serrée contre sa poitrine.

Tant qu'il aurait ce portrait sur lui, il ne pourrait pas retourner rue de La Villemarqué. Quelle que soit l'histoire qu'il inventerait à propos de Marie – et même s'il se contentait de la vérité –, Zoé ne le croirait pas.

Elle imaginerait sans doute que Marie était une fille de la rue Solidor qui se déguisait en femme de chambre pour attirer les hommes, et elle irait là-bas pour retrouver cette fille et la punir d'une manière ou d'une autre. Ou bien c'est Horty qu'elle punirait comme elle l'avait déjà fait une fois, au commencement de leur amour, en l'obligeant à tremper son sexe dans un verre de cet alcool bleuâtre et astringent qu'elle utilisait pour nettoyer les carreaux. Si Horty refusait de se soumettre à la purification, Zoé patienterait jusqu'à ce qu'il soit endormi pour lui appliquer ce traitement elle-même, en le chevauchant pour qu'il ne puisse pas se dérober.

Il contourna les dunes par le sentier des douaniers et gagna la Tête d'Écaille. Il s'assit dans l'encoignure d'un mur, attendant l'ouverture du cabaret. Il pensa qu'il ne valait guère mieux qu'un chien. Il dormit d'un sommeil agité, entrecoupé de rêves brefs et violents où il voyait mourir Marie. Tantôt elle s'enfonçait avec le transatlantique, attachée à son bastingage comme elle l'avait été à l'escalier de fer de Harston & Harston, tantôt elle réussissait à se jeter à la mer et à nager vers une chaloupe, mais alors le photographe chinois lui jetait sur le visage son voile noir sous lequel elle étouffait doucement, sans se débattre.

Quand le jour se leva, Horty fut réveillé par le bruit des volets de la Tête d'Écaille qu'une servante repoussait contre le granit, en bâillant.

Il entra. Il était seul. Il s'assit à sa place habituelle, sous la tortue. Il posa devant lui la photo de Marie.

La servante allait et venait sans faire attention à lui, poussant une serpillière.

Les navires dans le port mirent leurs pavillons en berne et quelques femmes, dont Bathilde Buren, jugèrent convenable de porter le deuil du transatlantique anglais. Les robes noires étaient de toute façon ce qui convenait le mieux à ces pâles journées d'un printemps semblable à l'hiver.

Pendant quelques jours, jusqu'à ce que le *Carpathia* arrive à New York et que paraissent les premiers témoignages des rescapés, les journaux se vendirent assez bien. Soir et matin, un homme à cheval venait en crier les titres dans les ruelles de la Ville-Basse. Il charriait en travers de sa selle les éditions illustrées de grands dessins tragiques, dans des sacoches de cuir fauve qui avaient autrefois servi – du moins cet homme l'affirmait-il – à transporter de la poudre d'or pour le compte de la Banque de France ; on y voyait encore l'éraflure provoquée par la balle de pistolet tirée par un bandit qui avait attaqué le convoyeur.

Puis l'intérêt des gens s'émoussa ; bientôt, presque plus personne ne se rappela la date exacte du naufrage – on savait que c'était une nuit d'avril, voilà tout.

Horty se cachait à la Tête d'Écaille. Il y prenait son

171

souper et dormait dans la soupente où Caraïbe lui avait arrangé une paillasse.

Il fuyait Sciarfoni.

Le jour, l'Italien profitait de l'isolement du grutier perché dans sa cabine pour se glisser sous l'engin comme sous un ventre vulnérable ; et là, narguant Horty, avec un éclat de plâtre il dessinait des têtes de mort, des squelettes, des pendus naïfs, sur les hautes jambes de fer de la machine.

Parfois, quand il arrêtait le moteur de la grue, Horty entendait l'espèce de craie crisser sur le métal.

Les dockers ne croyaient pas que Sciarfoni irait jusqu'à tuer Horty s'il se retrouvait seul face à lui. Mais les deux hommes se battraient et n'auraient peut-être pas la sagesse des chiens dont l'un ou l'autre finit toujours par se coucher sur le dos. Car, si la colère rendait Sciarfoni dangereux, Horty ne l'était pas moins par le désespoir qui l'habitait, et qu'il ne pouvait pas exprimer à cause des rumeurs qui seraient revenues aux oreilles de Zoé.

Alors, quand la sirène sonnait la fin du travail, les dockers escortaient le grutier depuis le quai de Colombie jusqu'à la Tête d'Écaille, faisant muraille autour de lui, gardant sur le crâne les épais sacs de jute dont ils se servaient pour protéger leur nuque et leurs épaules. Ainsi casqués, ils remontaient les quais silencieux, Al Bazeiges marchant à leur tête ; et parfois ils entrevoyaient, se découpant sur l'ombre des entrepôts, la silhouette de l'Italien qui gesticulait et leur lançait des injures.

Selon Al Bazeiges, les dockers ne pouvaient guère s'impliquer davantage : à présent qu'il conduisait la grue n° 14 par décision extraordinaire du président Siméon, Horty n'était plus vraiment des leurs. Quant à l'Italien, méprisé par les lamaneurs qui ne l'appelaient parmi eux qu'en tout dernier recours, il frayait avec les Bandes Noires et ne reconnaissait donc aucune autorité au doyen des dockers.

Sur les conseils d'Al Bazeiges, Zoé avait alerté le président Siméon qui, lui, régnait sur tout le peuple des quais, sans distinction. Une menace de licenciement lui suffisait généralement à ramener l'ordre.

Elle s'était donc présentée à son domicile, une maison haute et blanche sur le front de mer, avec une véranda qui en faisait le tour à la manière d'un chemin de ronde d'où l'on pouvait surveiller l'étendue de la rade, et un jardin pentu qui étouffait sous les essences rares dont les capitaines rapportaient des boutures à Mme Siméon qui aimait le jardinage.

Le vieil homme fut enchanté de voir apparaître Zoé sur son perron. Oubliant qu'elle était femme, elle avait ôté son chapeau la première et le tenait humblement à la main, le visage penché et les joues rouges. Siméon sourit. Il la prit par le bras, l'entraîna dans un salon plein de souvenirs de navires. Devant l'émotion qu'elle manifestait – elle s'était mise à pleurer doucement –, il lui offrit du nougat brun et une tasse d'eau de fleur d'oranger qu'il lui recommanda de boire très chaude. Ce qu'elle fit, se brûlant et suffoquant, tandis qu'il lui passait un bras autour des épaules, riant de ce bonheur inattendu de l'avoir là, près de lui.

Tous ses cargos étant à la mer et Mme Siméon assistant en sa qualité de trésorière à l'assemblée générale des Orphelins de la Marine, l'armateur s'était préparé à passer une journée ennuyeuse. Il pleuvait mollement et le froid n'était pas assez vif pour justifier si tôt dans l'après-midi l'allumage d'un feu de bois, ce qui constituait l'une des distractions ordinaires du vieil homme – il y mettait une ou deux saucisses à griller, il les mangeait en buvant du vin blanc du Chili.

Siméon ouvrit un parapluie et emmena Zoé visiter le jardin exotique qui descendait jusqu'à la route. Là, derrière un bouquet de bambous, se dressait un ancien kiosque à musique transformé en serre. Ses vitres passées au blanc d'Espagne empêchaient qu'on puisse voir ce qui s'y passait. Ils s'y blottirent, le vieil homme prétextant l'averse qui redoublait.

Siméon caressa et lécha le corps de Zoé. Pendant qu'il la pétrissait, elle, la tête à l'envers, regardait les ruisseaux de la pluie courir là-haut sur la verrière pointue du kiosque, et elle lui racontait qu'un certain Sciarfoni, ancien bagnard végétant désormais dans les sables de la République, s'était mis en tête de tuer Horty. Zoé ne savait pas pourquoi, mais ce devait être pour une raison grave et extrême, inavouable même puisque Horty refusait de s'expliquer là-dessus. Depuis son retour de Southampton, Horty avait d'ailleurs quelque chose d'un homme halluciné. Zoé suppliait Siméon de leur venir en aide encore une fois, au grutier et à elle.

Siméon l'entendait à peine. Recroquevillé sous la petite femme, tétant ses cuisses, il se demandait pourquoi la vie lui réservait encore des joies aussi intenses. Sans être comblé – mais quel homme l'était jamais ? –, il avait beaucoup reçu sans avoir presque rien donné en échange. Alors il attendait patiemment le moment où l'existence lui demanderait d'équilibrer ses comptes, il avait cru que ce moment approchait à présent, il s'y était préparé – et tout ce qu'on exigeait de lui était qu'il apaise la colère d'un Italien.

Il ne put s'empêcher de rire tandis que Zoé, au contraire, recommençait à pleurer.

La servante de la Tête d'Écaille s'appelait Aïcha, elle couchait dans la soupente où Horty passait maintenant ses nuits. Caraïbe n'avait eu qu'à tendre une vieille cretonne à fleurs sous les poutres pour partager le grenier en deux petits territoires intimes.

Aïcha était musulmane. Originaire de Turquie, elle avait quinze ans, le nez busqué, la bouche gonflée, bleuâtre et gorgée de sang au point qu'il semblait qu'on venait de la frapper sur les lèvres.

Depuis bientôt trois ans qu'elle logeait là, Aïcha avait fait de la soupente une sorte de nid, y engrangeant tout un tas de ces choses maigres et légères dont s'emparent généralement les oiseaux. Elle récoltait ainsi des avoines folles, des os de seiche, des morceaux de chanvre, des boulettes de cire qu'elle raclait du bout des ongles au col des bougies. Elle vivait dans un monde gris et paille d'où montait, à force, une senteur d'oisillons, chaude et un peu écœurante.

Elle avait elle-même une démarche de volatile, toujours à se dandiner en appui sur ses orteils, écartant les bras comme si elle cherchait à assurer son équilibre.

Malgré quoi, Aïcha attirait les hommes. Les marins lui rapportaient des cadeaux. Surtout de petites robes pas chères, vite bâties, qui s'effilochaient à l'ourlet, mais qui étaient mexicaines, argentines, de toutes les couleurs.

Lorsque venait l'heure de la fermeture, elle fixait les volets, éteignait les lampes et, tirant de son corsage les clefs de la taverne, elle les faisait doucement tinter. Alors les buveurs se taisaient, se levaient en hochant la tête et sortaient sans quitter Aïcha des yeux, espérant un signe d'encouragement. Mais la servante n'avait jamais invité l'un d'eux à la rejoindre dans la soupente. Bien qu'elle soit fragile, les hommes n'osaient pas la forcer.

Et toutes ces nuits, maintenant, Horty serait là près d'elle, dans ce grenier où aucun homme n'était monté après la tombée du jour – Caraïbe lui-même évitait d'y grimper, de peur qu'on fasse courir le bruit qu'il abusait d'une fille mineure.

– Combien de temps allez-vous rester ? demanda Aïcha la première nuit, à travers le rideau.

– Je ne sais pas. Je te dérange, ici ?

– Pourquoi vous ne rentrez pas chez vous ?

– Sciarfoni, dit-il. Il veut me tuer. Tu le sais bien.

– Vous avez peur qu'il vous guette dans un coin ?

– C'est ça, dit Horty. Sciarfoni planqué derrière un mur.

Elle l'entendit qui se grattait furieusement la poitrine, et puis il reprit :

– Attends seulement que les jours rallongent encore un peu. Alors je rentrerai à la maison. Sciarfoni n'osera pas me sauter dessus en pleine lumière. Et, même s'il ose, moi je le verrai venir. Tu peux être sûre que je lui ferai son affaire, Aïcha. Je l'ai déjà envoyé une fois au tapis. Il se promène avec tout un tas de couteaux passés dans sa ceinture, mais il n'aura pas le temps de lever le bras que je lui aurai déjà cassé la tête. Tu n'auras plus qu'à sortir avec ta serpillière pour nettoyer sa cervelle.

Horty vit se froisser le rideau, comme si la petite Turque le pressait contre sa bouche violacée pour étouffer un cri.

– Excuse, dit Horty, c'est les hommes qui sont comme
ça.

– Oui, dit Aïcha.

– Si on m'avait donné un veau comme les autres années,
au lieu de m'envoyer à Southampton, rien de tout ça ne
serait arrivé.

– Aucun malheur n'atteint l'homme sans la permission
de Dieu, dit Aïcha en citant le Coran. Manger du veau
n'aurait pas empêché le bateau de couler et cette femme de
se noyer.

– Tais-toi donc, dit Horty.

Il s'était assis sur sa paillasse. Il avait posé devant lui la
photo de Marie. Il n'y avait pas beaucoup de lumière, alors
il orientait le portrait vers la lune au fur et à mesure qu'elle
courait dans le ciel, passant devant une lucarne, puis
devant une autre – car c'était une longue soupente avec
de nombreuses ouvertures, et ce soir la lune était rapide.

Aïcha n'entendit pas toujours très bien ce qu'Horty se
mit alors à raconter. Elle s'était pourtant collée tout contre
le rideau. Mais il arrivait à Horty de perdre la voix comme
quelqu'un qui s'étrangle. Il ne façonnait pas de longues
phrases, comme les matelots conteurs qui s'arrêtaient
parfois à la Tête d'Écaille et se faisaient payer à boire en
échange d'une histoire brûlante à propos des cavaliers de
Californie, de leurs dames aux peignes profondément
enfoncés dans leurs cheveux noirs, de leurs selles de cuir
ouvragé qu'ils aimaient mieux que leurs chevaux – il
alignait des mots comme s'il parlait à bout de souffle,
comme un mourant qui n'a plus le temps de s'occuper de
grammaire, juste comme un pauvre homme qui a encore
quelque chose d'essentiel à transmettre et qui emploie
pour ça les mots les plus simples parce que ce sont ceux-là

qui lui viennent à la bouche. Ce n'était pas un choix, plutôt une impuissance à dire les choses autrement.

Et ce qu'il dit à propos de Marie ne concernait d'abord pas Marie. Ça racontait une fin de jour à Southampton, la lumière du soir, le mélange graisseux de la pluie sale, des brumes fuyantes et des fumées des navires. On était sur un port somme toute semblable à celui où se dressait la Tête d'Écaille. Il y avait le bruit d'hommes qui riaient, un gramophone qui tournait, des cochers qui s'insultaient. C'était comme un terne rideau de scène, pendu au fond d'un théâtre trop miteux pour se payer un vrai décor. Mais c'était justement si pauvre qu'on sentait que les choses ne pouvaient pas en rester là, que quelqu'un allait écarter le rideau et s'avancer sur les planches.

Alors, Marie apparaissait. Elle ne surgissait pas de la pluie brouillée comme quelqu'un qui franchit une cascade, elle faisait partie de la pluie elle-même ; tout simplement l'averse, le brouillard et les fumées s'arrangeaient dans un ordre différent pour former la personne de Marie entrant à l'hôtel de la Rade de Spithead.

Sa silhouette se détachait peu à peu de l'obscur, engoncée dans un imperméable – Aïcha ne savait pas trop ce qu'était un imperméable, et ce mot mystérieux lui faisait penser combien Marie devait être différente des autres femmes. Tout de suite, on ne voyait rien de ses traits. Puis ce qui était le soir à Southampton s'effaçait, et Marie restait seule avec enfin un visage ovale et pâle, et un corps las dont les épaules s'appuyaient contre le miroir du hall.

Horty décrivait à peine ce visage et ce corps. Il se contentait de dire que c'étaient ceux d'une femme jeune et belle. Mais le ton de sa voix suffisait à illustrer Marie tout entière, comme un harmonica qui n'a pas besoin des paroles d'une chanson pour suggérer beaucoup plus que l'air qui fait vibrer ses lamelles.

Horty dit ensuite qu'en descendant l'escalier il avait vu son propre reflet apparaître et grandir dans le miroir à côté de Marie. Bien qu'il ait pris soin de boutonner sa vareuse et de peigner ses cheveux, il s'était trouvé laid. Il sentait le charbon, les escarbilles de la malle de Southampton avaient cinglé son col de petites piqûres brunes. Il avait pensé que Marie, le prenant pour l'employé chargé d'entretenir les chaudières de l'hôtel, se détournerait de lui. Mais elle avait au contraire levé son regard si clair, lui avait souri en lui tendant la main.

Elle avait murmuré quelque chose, deux ou trois paroles banales à propos de la pluie et de l'impossibilité à trouver une chambre à cause de tous ces gens qui avaient envahi Southampton. Horty, qui était alors tout près d'elle, avait respiré son souffle. L'haleine de Marie ne sentait pas le miel, ni les fleurs ou les fruits, ce n'était qu'une haleine de femme frigorifiée, quelque chose de fade qui faisait penser au sommeil.

Alors il l'avait aimée, instantanément. Comme lorsqu'on est soumis à un danger extrême, il avait vu se dérouler toute sa vie. Jusqu'à présent, il ne s'était jamais demandé si son existence avait une signification quelconque. Il comprenait maintenant, abasourdi, qu'il avait tenu cinquante-deux ans pour ce seul instant qui justifiait tout. Désormais, quoi qu'il arrive, il redescendrait la pente. Sans amertume, avec pour toujours le souvenir de la seconde éblouissante où le souffle de Marie avait caressé son visage – elle s'était d'ailleurs aussitôt reculée, en s'excusant.

– C'était une femme de chambre déjà parfaite, dit-il, même si elle n'en était qu'à son premier voyage. Elle m'a montré comment poser sur les lits le plateau du petit déjeuner – en allongeant bien les bras, surtout sans se pencher, sans obliger les passagers à renifler ce qu'on sent le matin, non, en aucun cas.

Horty ne parla pas de leur souper au Calcutta, ni de leur retour agité par l'escalier de fer zigzaguant le long des murs de la manufacture Harston & Harston. Il alla tout de suite à ce qui, selon lui, s'était passé dans la chambre.

Grâce aux confidences des filles de la rue Solidor, Aïcha reconnut certains des jeux auxquels Horty disait s'être livré avec la complicité active du corps de Marie. Horty et cette fille fatiguée avaient pratiqué tout ce qu'un homme et une femme peuvent faire ensemble, nus et heureux dans une chambre verrouillée. A chaque nouveau bruit dans la nuit – clocher piquant les heures, sirène d'un bateau, secouée d'une charrette, ou simplement hilarité d'une future passagère cherchant son hôtel et riant de patauger dans les flaques d'eau, ses souliers à la main –, Horty et Marie changeaient de rôle : jusqu'à un prochain bruit dans la nuit, celui ou celle qui avait le dessus pouvait faire de l'autre tout ce que bon lui semblait.

Certaines de leurs caresses étaient propres et douces, pensa Aïcha, tandis que d'autres lui parurent contre nature. Mais elle n'aurait pas résisté si Horty avait soulevé le rideau et l'avait attirée à lui pour lui imposer un de ces gestes dont il parlait. La voix du grutier, lente, basse et rauque, donnait à Aïcha l'impression que les étreintes les plus humiliantes pouvaient devenir belles dans ses bras, sous son poids. C'était la première fois qu'elle entendait une voix pareille. Les hommes de la Tête d'Écaille ne parlaient jamais d'amour, ils beuglaient, alors Aïcha croyait que l'amour était un cri, elle ne savait pas que ça pouvait se dire aussi tout bas. Horty avait cette nuit la voix de la mère d'Aïcha quand elle chantait en tirant le bouc à travers la montagne, les soirs de vent, car le bouc n'acceptait de couvrir les chèvres que lorsque le vent soufflait des Détroits, c'était une chose étrange qui n'avait jamais reçu d'explication – en tout cas, Aïcha et ses sœurs avaient quitté la Turquie avant de savoir pourquoi il en était ainsi.

Comme les horloges de Southampton carillonnaient minuit, Marie et Horty rejetèrent draps et couvertures, et ils descendirent même du lit, préférant le parquet, malgré ses échardes, au terrain limité d'un matelas coincé entre deux barrières de cuivre. Ils ruisselaient de salive, de larmes, d'urine aussi quelquefois. Marie avait dénoué ses cheveux. Horty récupéra de la poussière de houille sur le manteau de la cheminée, la mêla à de l'eau et en fit une sorte d'encre éphémère dont il se servit pour écrire avec ses doigts, sur le corps de Marie, des mots déraisonnables.

Aïcha devina qu'Horty divaguait. Mais elle n'en dit rien. Comme tant d'êtres englués dans une pauvre vie répétitive et sans grandeur, elle avait compris depuis longtemps que c'est la vérité qui est insoutenable. Elle faisait donc tous ses efforts pour s'en arracher, courant après le mensonge comme, autour d'elle, des hommes après la fortune. Elle y réussissait quelquefois en buvant de l'eau-de-vie, ou des infusions de feuilles-à-voyages que lui rapportaient les marins. Elle avait aussi croqué des champignons livides, très âcres, dotés d'un pouvoir mystérieux qui avait fait tourner les murs de la Tête d'Écaille.

Aïcha s'était comme détachée d'elle-même, avant d'être atrocement malade.

Les marins ne vendaient pas que des bijoux, des drogues ou des perroquets. Quelques-uns proposaient des livres à couvertures jaunes – du même jaune mat que le sable mouillé. Ces livres étaient des romans. Une fois, Aïcha en avait acheté un. Mais c'était juste pour faire l'intéressante, parce qu'elle ne savait pas lire.

– Brûle ça, avait dit Caraïbe, tout ce qui est marqué là-dedans est faux. Oui, archi-faux, du premier mot jusqu'au dernier.

– Mais ça parle de quoi ?

Et elle lui feuilletait sous le nez son livre jaune, obligeant Caraïbe à en humer l'odeur aigrelette. Il l'avait repoussée, dégoûté :

– Rien d'intéressant. De gens qui n'existent pas. Un tas de faillis mensonges.

– Patron, j'aime bien les mensonges, avait dit Aïcha. Et les pages sont encore un peu mouillées – pourquoi ?

– Parce que c'est un livre à matelot. Et que les matelots lisent le dimanche sur le pont. Et qu'alors les vagues...

Aïcha n'avait jamais su quelle histoire contenait son livre jaune, mais elle ne pouvait pas être plus fascinante que celle qu'Horty lui disait ce soir.

Le jour pointait quand il se tut enfin. A plusieurs reprises, sentant sa voix faiblir et s'enrouer, Aïcha lui avait glissé sous le rideau un verre d'eau sucrée au miel.

– Voilà, dit Horty, tu sais tout.

– Et son âme ? murmura Aïcha.

Il y eut un silence. Le rideau bougea. Derrière, Horty s'agitait.

— Et son âme ? répéta Aïcha.

– Ça et le reste, dit Horty, tout est au fond de l'eau. Il y a pas mal de jours, maintenant. Tu sais comment ça se passe. Les bêtes ont commencé par les yeux. Et puis les joues.

– Son âme est éternelle, rétorqua Aïcha. Dieu l'a dit à Muhammad. Les cieux, parce qu'il y en a plusieurs, sont les uns au-dessus des autres, comme les peaux des oignons. Dans quel ciel est-elle ? Je ne sais pas. Peut-être qu'elle n'a rien d'autre à boire que de l'eau bouillante, peut-être rien d'autre à manger que le fruit du dari. Oh, c'est un fruit amer ! Mais peut-être aussi qu'elle boit un mélange de kafour et de vin. Et ça, c'est très bon. Ce qui est sûr, c'est qu'elle n'est pas morte, comme vous avez l'air de le croire.

– Merci, dit Horty. C'est difficile à imaginer, presque impossible en fait, mais merci quand même.

– De rien, dit Aïcha. J'espère que vous allez dormir. En cette saison, il y a très peu d'araignées ici. Il fait encore trop froid. La seule chose, c'est une chauve-souris, mais elle n'est pas méchante. Il est bientôt six heures. Je dois descendre laver la salle.

Elle enfourna son index dans sa bouche violette, le mouilla de salive. Elle avait cru comprendre qu'Horty aimait bien ce liquide tiède, sirupeux. Ça l'étonnait un peu, parce que les habitués de la Tête d'Écaille détestaient boire dans des verres où d'autres avaient posé leurs lèvres et que les filles de la rue Solidor refusaient d'embrasser les hommes sur la bouche même s'ils payaient cher. Mais, si Horty aimait la salive, elle pouvait lui en donner un peu pour le remercier de son histoire. Elle n'avait d'ailleurs rien d'autre à lui offrir. Elle faufila son doigt humide sous le rideau. Horty comprit. Du bout de son doigt à lui, il effleura celui d'Aïcha comme font les croyants dans les églises quand ils se transmettent un peu d'eau bénite.

Caraïbe menaça Aïcha de lui frapper les mollets avec une serpillière mouillée, à laquelle il ferait des nœuds pour que ça soit plus douloureux. Et, si elle s'obstinait à piquer du nez en caressant le parquet au lieu de le frotter, il la battrait peut-être sur les seins qu'elle n'avait pas encore.

— C'est l'histoire, dit Aïcha en tirant sur sa robe pour la faire descendre sur ses mollets aussi bas qu'elle pouvait, parce que si Caraïbe ne voyait plus ses mollets l'envie de les fouetter lui passerait peut-être.

— Quelle histoire ? fit Caraïbe, soupçonneux.

— Horty et la femme de chambre du *Titanic*, dit Aïcha.

— Ouiche, dit Caraïbe. Foutaises, tout ça.

— Foutaises, répéta Aïcha. Mais quand même.

— Quand même quoi ?

— J'ai envie de pleurer, dit Aïcha.

— Pleure mais travaille, dit Caraïbe.

— Oui monsieur, répondit vivement Aïcha, oui patron.

Caraïbe se jucha sur le bord d'une table et alluma sa première pipe de la journée.

Il avait engagé Aïcha parce qu'elle était analphabète. Elle pouvait réciter quelques sourates du Coran qu'elle avait apprises par cœur dans son enfance, comme *Le Voyage nocturne* (111 versets), *Le Butin* (76 versets), *Qâf* (45 versets) ou *Le Prophète couvert de son manteau* (55 versets), mais c'était là tout son savoir. Avant Aïcha, le grand mulâtre avait eu des servantes qui savaient lire et écrire. Triste expérience. Elles n'étaient pas à leur ouvrage, toujours un œil à traîner sur les romans à

couverture jaune – quand ce n'était pas sur son livre de
comptes. Il les rabrouait, elles lui répliquaient plus vite et
plus sec qu'il ne parlait, comme les dames dans les livres.
Et lui qui n'avait pas d'instruction, il restait coi, forcément.

Qu'allait-il donc arriver maintenant si les romans devenaient vivants, tenaient table ouverte à la Tête d'Écaille,
dormaient là-haut dans la soupente et s'appelaient Horty ?
Tout se désagrégeait, tout pourrissait décidément en ce
bas monde : presque plus personne ne dansait la polka,
cette année les marins ne juraient que par un trémousse-
ment barbare et plaintif qu'ils appelaient le tango, la
tempête d'octobre avait arraché la moitié du toit de la
taverne, Caraïbe et un charpentier de marine étaient
montés se rendre compte et ils avaient vu que les poutres
mises à nu étaient gorgées d'eau, rongées par une sorte de
peste du bois, grenue et pelucheuse. Les cargos, les grues,
les rails, les chaînes énormes, rien n'échappait à une lente
dégradation. On avait cru au triomphe du fer, et résultat :
la rouille partout. La chair des femmes, blanche et
parfumée, était touchée, crevait elle aussi : Colette, la plus
magnifique des blondes de la rue Solidor, était morte le
dimanche d'avant, d'une sorte de choléra, disait-on. Le
mulâtre avait aidé à porter son cercueil – Dieu qu'il était
léger, à croire que ce n'était pas une femme qui dormait
dedans, juste un peu de poussière.

– Il cherche à t'étourdir pour te faire tomber mûre et
rôtie entre ses jambes, souffla Caraïbe. Depuis qu'il a vu
l'Angleterre, c'est malheur sur tout l'horizon : mille morts
et plus sur le *Titanic*, Zoé qui se morfond comme une
veuve, le Sciarfoni bien décidé à le saigner, et toi qui n'en

dors plus la nuit – aïe, aïe, ça fait bien de la malédiction, tout ça !

Aïcha, un pied nu crispé sur la serpillière et l'autre la maintenant au parquet rugueux comme une ancre, frottait à s'en arracher la peau. Comme si elle avait voulu effacer, en même temps que les traces de crachats qui étoilaient le sol, les images d'amour dont Horty l'avait gavée toute la nuit. Elle sanglotait, soûle de sommeil et d'émotion.

– Mais enfin, dit Caraïbe avec colère, qu'est-ce qu'il t'a raconté pour que te voilà à présent dans cet état ?

Aïcha essaya de lui redire l'histoire. Mais elle était peu habituée à faire travailler sa mémoire – les marins buvaient tous la même chose, Aïcha n'avait à se rappeler, au cours de ses quinze heures de service quotidien, que le nombre de verres qu'on lui réclamait à telle ou telle table, un chiffre généralement compris entre deux et dix, elle n'avait même pas eu besoin d'apprendre à compter au-delà.

Alors elle s'embrouilla, fit entrer toute la ville de Southampton dans la salle de la Tête d'Écaille, toute la ville et ses tramways, ses auberges illuminées et bruyantes le long des quais, ses superstructures de paquebots à la lisière des toits pluvieux, ses bêtes attelées à des fourgons bleu sombre avec des lisérés d'or, elle décrivit Horty et Marie comme deux souverains en sueur, contemplant cette liesse vulgaire roulant à leurs pieds.

– Pour voir tout ça, demanda Caraïbe, ils étaient donc sur le balcon ?

Aïcha se troubla :

– Horty n'a pas dit qu'il y avait un balcon, non monsieur. C'était une petite chambre pas chère du tout.

– Boniments et compagnie, fit le mulâtre. Et après ?

– Après, monsieur, Horty était laid et sale, monsieur, il

sentait la fumée, tandis que la femme de chambre était si jolie et toute mouillée. Elle avait des seins blancs. Mais ils étaient froids, monsieur, et tout ce qu'il y a de dégoulinants. Alors Horty les a réchauffés, monsieur.

– En les prenant dans ses mains, dit Caraïbe.

– Aussi, dit Aïcha. Mais pas seulement.

– Il les a frottés avec sa bouche – c'est plutôt ça ?

– Mais pas seulement, répéta Aïcha.

– Ce que tu racontes mal ! dit Caraïbe, devinant qu'il ne saurait jamais comment Horty s'y était pris finalement pour réchauffer les seins de Marie.

– C'est que, dit humblement Aïcha, c'était une histoire si longue que je ne peux pas me souvenir de tout.

Le mulâtre fit signe à la servante de se taire : les dockers d'Al Bazeiges défilaient derrière les carreaux de la taverne, ils ôtaient leurs capuchons de drap bleu, entraient dans la salle en se battant les flancs, ils venaient chercher Horty pour l'escorter jusqu'au quai de Colombie. Justement, le grutier descendait l'escalier. De ses doigts écartés, il coiffait en arrière ses cheveux qui avaient si curieusement blanchi depuis son retour de Southampton.

– Tout juste s'il fait jour, constata Caraïbe. Est-ce que vous êtes tous trop pressés pour refuser une tournée ?

Les hommes consultèrent Al Bazeiges du regard. Le doyen se racla la gorge, et Aïcha se précipita pour lui avancer le grand crachoir en cuivre. Al Bazeiges dit que, s'il s'agissait d'un ou deux petits verres vite avalés, on pouvait envisager la chose. Ils n'avaient ce matin qu'un seul cargo à traiter, un charbonnier de Gdansk qui traînait encore dans les passes, empêtré par la brume.

Caraïbe ordonna à Aïcha de laisser là son nettoyage et de remplir les verres. Il s'approcha d'Horty :

– Vas-tu grimper le portrait dans ta grue ou bien je te le garde jusqu'à ce soir ?

– Tu le gardes, dit Horty.

Il sortit la photo de dessous sa vareuse. Il avait des gestes méthodiques et tendres d'accoucheur remontant vers le ventre de la mère l'enfant qu'il vient de lui cueillir entre les jambes. Mais ses doigts énormes, aux ongles fendus en deux et jaunes comme de la corne, ressemblaient aux griffes d'une bête.

Il posa Marie sur le comptoir. Alors, d'une chique-naude, le mulâtre déplaça la photo sous le halo d'une lampe. Il chassa la fumée de sa pipe, comme un qui veut bien voir :

– Elle était vraiment aussi belle que là-dessus ?

– Je sais ce que le patron veut dire, enchaîna un docker, il paraît qu'on peut maquiller les photos, faire la bouche plus petite, les yeux plus grands, barbouiller pour enlever les rides.

– Écoute, dit Caraïbe en poussant un premier verre devant Horty, on ne veut pas te faire de peine, ni moi ni personne ici. Mais enfin, ajouta-t-il en se penchant sur Marie, si on la regarde elle et si on te regarde toi...

– Quelquefois, dit un homme qui s'appelait Deynat et qui venait de Boston, on s'imagine des choses. Par exemple, qu'on voit le kraken [1], et c'est juste un cachalot couvert de bernacles et la mâchoire de travers.

– J'ai connu un capitaine, dit le Fécampois, qui enten-dait un piano fantôme jouer sous le tillac. Jusqu'à dix fois par nuit, il envoyait le lieutenant promener une lanterne dans les profondeurs. Ce qui désespérait ce capitaine, ça

1. Un des noms donnés au mythique serpent de mer.

n'était pas tellement le piano par lui-même, mais le fait que le foutu spectre qui s'en servait jouait faux – enfin, d'après lui.

Un Nègre à la barbe et aux cheveux gris, qui avait de la poitrine presque comme une femme, un Nègre que tous les autres respectaient autant qu'ils respectaient Al Bazeiges, et qu'ils appelaient gravement Môssieu John, déclara que c'était là tout l'homme à son avis – pas l'homme Horty, l'homme en général, l'homme qui ne pouvait pas s'empêcher, là où il ne rencontrait que solitude, amertume et néant, de susciter un kraken, un air de piano, ou une belle fille dont il prétendait être l'amant.

– Ah ! taisez-vous donc, Môssieu John, gronda Horty.

Il reprit sa photo. Il alla s'asseoir à sa place, sous la tortue.

Tous ceux qui étaient là comprirent alors que, sans se concerter, ils avaient finement joué la partie : Horty allait parler.

Les hommes se rapprochèrent du grutier avec autant de discrétion que possible, pour ne pas lui donner l'impression qu'ils tenaient tant que ça à entendre l'histoire.

Caraïbe posa devant lui une bouteille d'eau-de-vie à moitié pleine, et il s'assit à califourchon sur une chaise, le front sur ses bras repliés.

Aïcha fourragea dans le poêle et l'alluma.

Dehors, il faisait gris. Le vent de suroît portait le mugissement enroué de la bouée Basse-Diègue marquant l'entrée des passes. Derrière les vitres qui s'embuaient au fur et à mesure que le poêle ronflait, passaient des hommes et des charrettes, et une locomotive aussi, tirant des wagons plats sur lesquels étaient liées de longues ferrailles rougies par la rouille.

Pour ne pas troubler Horty qui commençait à parler, ceux des dockers qui n'avaient pas encore approché leur chaise s'adossèrent aux murs ou s'assirent par terre, serrés les uns contre les autres, immobiles, le cou rentré, comme des oiseaux de mer à l'approche d'un coup de vent.

Ce matin-là, il fallut à Horty un peu plus d'une heure pour raconter sa nuit d'amour avec Marie. Quand il eut fini, il se leva, rendit la photo au mulâtre et se dirigea vers la porte en silence. Pour un peu, ayant oublié Sciarfoni qui le guettait avec ses couteaux, il serait sorti seul, et seul il aurait suivi les quais jusqu'à la grue n° 14, et seul il serait probablement mort.

Mais Al Bazeiges veillait, il fit signe à ses hommes de rejoindre Horty qui s'en allait, et tous se groupèrent autour de lui.

Quelques dockers, dont Môssieu John, pleuraient à cause de l'histoire qu'ils venaient d'entendre. Étant entre eux, sans femme pour les railler, ils pleuraient sans pudeur. Et, comme pleurer était une de ces choses qui ne leur arrivait jamais, ils pleuraient mal, bruyamment ou en couinant de façon ridicule, un peu comme des souris, et ils reniflaient surtout, s'essuyaient le visage à coups de larges revers furieux de leurs manches bleues, brunes ou noires. Et de se voir pleurer les uns les autres finissait par les faire rire, alors ils s'administraient de grandes bourrades en se traitant de faillis idiots. Ils se sentaient à la fois honteux mais délivrés, comme après une soûlerie, se disant qu'ils avaient leur compte pour un moment mais qu'il faudrait remettre ça parce que ça leur faisait du bien en leur faisant du mal.

Quand ils arrivèrent aux entrepôts, les agents en douane et les représentants de l'armement polonais les injurièrent parce qu'ils prenaient leur travail en retard. On avait même cru à une grève, et quelqu'un était parti prévenir les gendarmes. Mais les dockers, rejoignant le pouce et l'index de la main gauche et faisant aller et venir dans cette rondelle le majeur de leur main droite, leur firent comprendre à tous qu'ils les tenaient ce matin pour des personnages tout juste bons à se faire enculer. Après les larmes qui avaient coulé sur leurs joues épaisses, ils ressentaient le besoin de se montrer excessivement vulgaires et violents. Les comptables en gilet n'insistèrent pas – ils étaient beaucoup moins nombreux que les dockers et ils ne pouvaient même plus tabler sur la protection des gendarmes car, en voyant s'avancer la troupe des dockers, on avait envoyé un nouvel émissaire dire à la gendarmerie que ce n'était plus la peine de seller les chevaux.

De toute façon, le cargo polonais n'était toujours pas à quai. On voyait ses feux de position monter et descendre mollement, là-bas, par le travers de la Basse-Diègue.

Le soir, à la Tête d'Écaille, Horty raconta encore une fois l'histoire. On lui donnait à boire sans qu'il ait besoin de jamais demander. On prenait seulement garde de ne pas le soûler au point qu'il ne puisse plus continuer à parler.

Les hommes venus l'écouter étaient de plus en plus nombreux. Aïcha compta qu'ils étaient au moins dix fois dix à s'entasser autour de la table sous la tortue – elle ne savait pas que ça faisait cent, mais Caraïbe le lui dit, et elle en fut profondément impressionnée.

Cette nuit-là, vers deux heures, sous une pluie battante, Sciarfoni tua Aïcha.

Après la fermeture, Caraïbe avait envoyé sa servante voler quelques œufs sous le cul des poules de la République. Il avait dans l'idée de confectionner, pour les soirées où Horty raconterait l'histoire, un breuvage plus approprié aux femmes que l'eau-de-vie qu'il débitait à l'ordinaire – car il fallait s'attendre à ce que des femmes finissent par venir entendre l'histoire, elles aussi.

Baptisée lait de baleine, cette boisson serait un mélange de lait sucré et de rhum dans lequel on battrait des œufs. On mettrait à chauffer sur le poêle avec un peu de cannelle et des raclures de muscade.

Munie d'une lanterne sourde et d'un cabas en toile cirée noire, Aïcha se dirigea donc vers les dunes de la République. Il ne pleuvait pas encore quand elle quitta la Tête d'Écaille, mais des nuées épaisses et sombres s'avançaient sur la mer où se dressait parfois l'arbre fugitif d'un grand éclair. Aïcha avait ôté ses chaussures, elle aimait marcher pieds nus dans le sable. Elle récitait des sourates, en les chantonnant sur des airs qu'elle inventait. Dérober des œufs n'embarrassait pas sa conscience : ceux de la République ne se disaient-ils pas hors la loi ? Ils étaient d'ailleurs les premiers à s'emparer de tout ce qui traînait sans surveillance, offert à leur convoitise.

Durant ses années d'enfance dans les collines sèches de Turquie, Aïcha avait connu une misère comparable à celle des habitants de la République. Elle avait donc appris à voler par nécessité vitale, et commettre de menus larcins était devenu un jeu où elle excellait. Tout en escaladant le cordon dunaire, elle paria avec elle-même qu'elle réussirait cette nuit à subtiliser deux douzaines d'œufs sans éveiller une seule poule noire. Si les chiens aboyaient pour donner l'alerte, elle aboierait aussi, sur ce ton dominateur qui s'inspirait du hurlement du loup, et que son père lui avait enseigné pour faire taire et ramper les molosses turcs.

Ce soir, las de guetter Horty qui le fuyait, Sciarfoni avait regagné sa barque retournée où, grâce à un peu de farine récupérée dans un entrepôt dont la porte fermait mal, il s'était confectionné un plat de pâtes fraîches. Il y avait longtemps qu'il n'avait pas mangé chaud. Aussi dévorait-il à même son écuelle, saisissant les pâtes emmêlées avec ses doigts, trop impatient de se régaler pour perdre du temps à chercher sa fourchette.

La pluie commença à tomber alors qu'il achevait son festin. L'Italien tendit l'oreille, cherchant à savoir s'il s'agissait d'un bref orage ou d'une averse appelée à durer, car dans cette hypothèse, sous peine de voir sa tanière transformée en cloaque, il allait devoir colmater certaines fissures apparues entre les clins.

Alors il lui sembla entendre un frôlement, comme si quelqu'un se retenait du bout des mains aux flancs de la barque à l'envers.

194

C'était Aïcha. Soudain flagellée par la pluie s'écroulant en cataractes, elle avait imaginé protéger son visage en le couvrant du sac en toile cirée. Et, comme elle n'y voyait plus là-dessous, elle se guidait en laissant courir ses doigts sur la carène de la vieille barque.

Dans l'obscurité rendue plus dense encore par les nuées qui masquaient la lune, Sciarfoni prit le cabas de toile cirée pour un capuchon de docker. Il crut que cette silhouette silencieuse et courbée était celle d'Horty, qui s'était enfin décidé à venir l'affronter.

Sciarfoni assura le manche d'un couteau dans chacune de ses mains et se faufila hors de son abri, juste au moment où l'ombre d'Aïcha contournait l'étrave de la barque et disparaissait à sa vue. Mais ses traces restaient visibles dans le sable que la pluie détrempait rapidement. Cette empreinte de pieds nus conforta Sciarfoni dans l'idée qu'il avait affaire à Horty – bien que le vent hurlât et que la nuit fût tout à coup pleine des claquements des pans de toile goudronnée s'arrachant des cabanes, le grutier cherchait sans doute à s'approcher en faisant le moins de bruit possible, peut-être dans l'intention d'incendier la tanière, d'y enfumer l'Italien comme un lièvre dans son terrier.

Sciarfoni rejoignit Aïcha à l'instant où celle-ci, la cheville retenue par un chardon, s'arrêtait pour se dégager. Il la frappa de la main droite d'abord, plongeant sa lame de haut en bas entre les deux épaules. Presque en même temps, il allongeait le couteau qu'il tenait à la main gauche, l'enfonçant droit dans les reins.

Aïcha arqua désespérément son corps, s'empalant davantage sur les deux lames qui la pénétraient. Sous le sac noir qui dissimulait son visage, elle poussa un cri terrible mais qui sembla à peine un miaulement à cause du vacarme de l'orage et de toutes ces choses qui battaient, cognaient et grinçaient à travers la République.

Ses jambes s'écartèrent démesurément, et elle tomba un peu comme une danseuse de cancan. Elle demeura ainsi un instant, le torse penché vers l'avant. Puis elle s'écroula sur le côté. Un gargouillis s'échappa du sac où la petite morte vomissait son sang.

S'apercevant enfin de sa méprise, Sciarfoni se hâta de récupérer ses couteaux et de les frotter dans le sable pour en nettoyer les lames. C'est ainsi agenouillé, tremblant et secoué par une sorte de hoquet, qu'il fut surpris par trois pêcheurs qui sortaient vérifier que la marée montante et le brusque coup de vent d'ouest ne menaçaient pas leur embarcation échouée un peu en aval de la laisse de haute mer.

L'Italien n'opposa aucune résistance. Les pêcheurs lui entravèrent les poignets en reliant très étroitement la corde de chanvre à son cou, l'obligeant à marcher la tête penchée. Ils l'emmenèrent, tandis que des femmes venaient ramasser le corps d'Aïcha pour le mettre à l'abri des chiens.

Cinq longues journées s'écoulèrent avant les obsèques d'Aïcha. Le curé de Saint-André refusait de l'enterrer comme une chrétienne qu'elle n'était pas et, d'un autre côté, personne ne paraissait savoir comment il convenait d'ensevelir une jeune morte selon le rituel islamique. Il fallut attendre l'arrivée sur rade d'un cargo égyptien, dont le capitaine expliqua la façon dont on procédait en terre musulmane. Mais alors se posa la question du lieu où l'on enterrerait Aïcha, et cela prit encore de longues heures. On opta finalement pour une lande herbue qui couronnait les sables de la République, et qui présentait l'avantage d'être naturellement tournée en direction de La Mecque.

Durant ces cinq jours de tergiversations, Zoé resta aux aguets jusque tard dans la nuit, sur le pas de sa porte ou réfugiée dans l'encoignure de sa fenêtre lorsque éclataient des giboulées. A présent qu'elle savait Horty délivré de la menace de Sciarfoni, elle s'attendait à le voir apparaître d'un instant à l'autre en haut de la rue de La Villemarqué.

Mais il ne vint pas.

Zoé le crut d'abord en butte à des tracasseries de justice à propos de ses démêlés avec Sciarfoni. L'Italien était une assez sale bête pour avoir essayé de l'impliquer, fût-ce de loin, dans le meurtre d'Aïcha. Mais on lui dit que les gendarmes avaient depuis longtemps fini d'interroger Sciarfoni, qui de toute façon avait été transféré au chef-lieu du département.

Zoé pensa alors que son mari avait pris ses habitudes à la Tête d'Écaille et qu'il n'était pas encore prêt à en changer. Horty était un homme fort, mais lent. Pour avoir passé toute sa vie sur un port, il était sensible à la magie calme des amarrages quels qu'ils soient. Il n'était pas de ceux qui se lèvent de table la dernière bouchée engloutie. Comme les navires qu'il servait, il lui fallait du temps pour se remettre en branle et faire route à nouveau.

Le cinquième jour, Zoé emprunta de nouveau une robe à Bathilde Buren pour se rendre aux funérailles d'Aïcha. Elles y allèrent ensemble, Bathilde et elle, bras dessus bras dessous, en prenant le chemin de la mer comme pour une promenade du dimanche. Et c'était d'ailleurs un dimanche, ce jour ne signifiant rien de particulier pour les musulmans. Et il faisait très beau. Les deux femmes s'arrêtaient parfois pour piocher une prise dans la tabatière de Bathilde. Elles apercevaient au loin, escaladant les dunes de la République, la foule qui se dirigeait vers la lande. Bathilde éternua, Zoé lui dit à tes amours, et Bathilde dit merci, et qu'elle espérait qu'il y aurait autant de monde à son mariage qu'à l'enterrement de cette petite Turque.

Tandis qu'on ensevelissait Aïcha face à sa ville sainte, debout et simplement cousue dans un linceul, Zoé chercha Horty. Elle le découvrit enfin, assis par terre sur la lande sèche comme un homme fatigué. Il portait un vêtement propre, mais il ne s'était pas rasé depuis trois ou quatre jours au moins, et ses yeux étaient injectés de sang. Quelques hommes l'entouraient, comme un prisonnier qu'ils auraient reçu pour mission de garder.

— Horty, dit Zoé, je suis venue avec Bathilde. Mais je pense bien rentrer avec toi.

Il la regarda en hochant la tête, sans répondre.

— Horty, dit doucement Zoé, plus rien ne t'empêche, à présent qu'ils ont enfermé Sciarfoni.

— Je reviendrai sûrement à la maison, ma petite.

— Sûrement ne veut pas dire maintenant.

— Eh non, fit Horty.

Il parlait si bas qu'elle avait dû se pencher pour l'entendre. C'est ainsi qu'elle remarqua que son haleine sentait fortement l'alcool — non pas comme celle d'un homme qui vient juste d'avaler un petit verre, mais comme celle d'un homme qui passe du temps à boire et dont la peau même dégage alors une odeur écœurante.

Se penchant davantage, elle examina ses yeux. Il agita la main, pour l'écarter :

— C'est la grue, dit-il. Sans arrêt à fixer ce que je fais. La lumière du soleil sur la mer et sur les carreaux, à force, ça brûle les yeux.

— Mais c'est mieux que d'être docker, non ?

— Peut-être, dit-il. Je ne sais pas, ma petite.

— Horty, si tu veux redevenir docker...

Il la coupa vivement :

— Je sais, Siméon. Mais je ne veux pas que les choses redeviennent comme avant. D'ailleurs, ajouta-t-il avec une sorte de violence, c'est impossible.

— Tu dis ça parce que le *Titanic* a fait son trou dans l'eau. Je sais bien ce qu'il représentait pour toi — ton dernier concours, ta dernière gagne. Mais en réalité il n'était rien pour toi, Horty, tu ne l'avais ni chargé ni déchargé, tu ne connaissais personne à son bord.

Il se leva. De dessous sa vareuse propre, il sortit une photo sur laquelle aussitôt joua le soleil, avec des miroitements moirés, éblouissants. C'était le portrait d'une femme en robe noire, tablier blanc. Elle était blonde. Elle avait un regard vague. Elle était belle au point que Zoé, d'abord, crut que c'était une femme dessinée.

— Qu'est-ce que c'est ? demanda-t-elle, soudain angoissée.

— Une longue histoire, dit Horty. Pour la comprendre, il faut que tu l'écoutes jusqu'au bout sans m'interrompre. Quand je te dirai qu'il pleuvait, il faudra que tu imagines la pluie. Pareillement, quand je te dirai qu'il faisait nuit, il faudra que tu essayes d'imaginer la nuit. Les mots sont si pauvres, ma petite.

Un des hommes qui l'entouraient sourit et lui tendit une flasque d'argent gravée au nom d'un clipper américain :

— Bois un coup, Horty, ça t'aidera.

Le grutier but, visage renversé. Un peu d'alcool

déborda de sa bouche et coula sur son menton. Il rota. Il rit. Il demanda un mouchoir pour s'essuyer. On lui tendit un foulard rouge. D'autres hommes s'approchaient déjà. L'enterrement d'Aïcha était presque terminé.

– Donc, commença Horty, donc c'était à Southampton, qui est une ville, un port au sud de l'Angleterre...

Parmi ceux qui étaient venus voir ensevelir la jeune servante de la Tête d'Écaille se trouvaient des Italiens. Leur présence s'expliquait du fait que c'était un des leurs, après tout, qui avait assassiné Aïcha – bien qu'il n'y eût personne, à l'exception de Caraïbe, à qui présenter les excuses de leur communauté.

Giuseppe Brassatto, de Venise, était l'un d'eux. Il portait une redingote rouge à parements d'or. C'était son vêtement le plus solennel, celui qu'il endossait le soir pour travailler au cirque Continentali. Mais, la troupe n'ayant jamais relâché dans cette ville, personne ne pouvait savoir qu'il s'agissait d'une tenue de cirque. La plupart des gens le prenaient d'ailleurs pour un officier d'une marine de guerre étrangère.

Cet uniforme était tout ce qui restait à Giuseppe de son passage au cirque Continentali. Il le portait sur lui la nuit où la signora Antonella, à la tête des écuyères, l'avait chassé. Le costume ne lui appartenant pas en propre, il avait voulu, dans un sursaut d'honnêteté, s'en dépouiller pour le rendre à la signora. Mais elle lui avait intimé l'ordre de déguerpir, et plus vite que ça. S'il n'y avait eu que la signora Antonella, Giuseppe aurait certainement achevé de se débarrasser du costume. Mais les écuyères agitaient des cravaches, et Giuseppe avait eu peur qu'elles ne le frappent en travers du visage. Le public croit généralement que les écuyères sont des petites filles maigres, aux jambes bleuies de froid sous leurs tutus, mais elles ne sont pas du tout comme ça ; c'est la distance qui les fait paraître fragiles, et le bleu sur leurs jambes n'est pas dû au froid mais aux hématomes qu'elles s'infligent en voltigeant sur leurs chevaux.

Aujourd'hui, Giuseppe se félicitait d'avoir été contraint de conserver la redingote rouge. Aucun hôtelier n'aurait jamais pensé qu'un homme vêtu de façon aussi voyante puisse être un vagabond devenu escroc par la force des choses, un ancien garçon de cirque licencié pour avoir mal verrouillé le tunnel d'arceaux par où les lions du Continentali accédaient à la piste.

Dans les pensions minables où il échouait, il se faisait passer pour le concierge en grand uniforme d'un palace des plages fuyant les artifices mondains pour quelques heures. La confraternité aidant, une fois sur deux on lui faisait cadeau de la nuitée, ou du repas.

Mais, si manger à sa faim et dormir à l'abri était déjà quelque chose, Giuseppe Brassatto souhaitait par-dessus tout rentrer à Venise. Or l'uniforme à parements dorés n'avait pas le même pouvoir sur les contrôleurs des chemins de fer que sur les restaurateurs. Depuis bientôt deux mois, Giuseppe stagnait sur ces rivages gris et froids, sans même entrevoir la méthode pour s'en arracher. Il était venu aux funérailles d'Aïcha pour y rencontrer des compatriotes dont l'un ou l'autre, peut-être, l'aiderait à traverser la France et une partie de l'Italie.

Quand il entendit qu'on murmurait autour de lui : « Horty, Horty va parler », il pensa que cet Horty s'écrivait Orti et qu'il était italien lui aussi.

Alors, avec les autres, il se dirigea vers lui.

Et, tout en s'approchant, Giuseppe se disait que tout ça ressemblait à l'épisode du Sermon sur la Montagne tel qu'il en avait lu la description dans son missel.

Les gens s'approchaient d'Horty par petits groupes, et ils s'asseyaient dans l'herbe, et ils écoutaient en fermant les yeux pour mieux laisser les paroles du grutier cheminer en eux. Horty les dominait de sa haute taille, et, quand il écartait légèrement les bras pour souligner une évidence, le soleil allongeait sur la petite foule attentive une ombre qui faisait songer à celle d'un homme qui bénissait.

Lorsque le grutier cessa de parler, la foule demeura assise et en silence, comme pour permettre à la longue histoire de résonner encore un peu. Caraïbe s'avança, entoura de son bras les épaules d'Horty.

— Eh bien, dit le mulâtre, c'est au moins la dixième fois que j'entends ça, et je ne m'en lasse pas.

Élevant la voix, il annonça que le soir même, vers neuf heures, Horty se ferait un devoir de redire l'histoire pour tous ceux qui viendraient l'entendre à la Tête d'Écaille où, en sus des breuvages habituels, on servirait à l'intention des dames une boisson réconfortante et délicieuse. Caraïbe s'excusa par avance de devoir légèrement augmenter le prix des consommations – mais n'était-ce pas l'usage répandu dans les tavernes où se produisaient des artistes ?

Tenant toujours le grutier par les épaules, il l'entraîna. Horty avait ce regard de pierre, à la fois fixe et brûlant, des boxeurs qui sont allés au tapis. Quelquefois, il trébuchait.

Zoé avait assisté à la scène, assise parmi les autres. Mais, très vite, elle s'était forcée à ne plus écouter. En quoi tous ces détails pouvaient-ils l'intéresser ? La seule chose qu'elle retenait était qu'Horty avait rencontré une femme à Southampton, qu'il l'avait aimée, et surtout que cette femme avait elle aussi aimé Horty. Elle était morte à présent, mais bien entendu cela ne changeait rien à ce qui était arrivé. Peut-être même cela rendait-il les choses pires encore, car la mort n'avait pas laissé à Horty ni à cette femme le temps de découvrir ce qu'il pouvait y avoir de laid en eux.

Cette femme n'avait jamais eu à contempler Horty couché sur le dos, ses flancs se creusant à chaque ronflement, son ventre rendu flasque par le relâchement du sommeil. Elle n'avait pas su à quel point il avait alors l'air d'une rosse malade, comme celles qu'on achevait sur les quais en les attelant à des wagons pour épargner un peu le charbon des locomotives. Si Zoé continuait de l'aimer dans ces moments-là, c'était parce que cette apparence morbide qu'il avait alors lui faisait mesurer toutes les années qui s'étaient écoulées depuis la première nuit de leur mariage, si nombreuses et si destructrices qu'il était évident qu'ils n'en vivraient plus autant. Zoé seule pouvait encore éprouver de la tendresse pour Horty la nuit, parce qu'on ne peut s'empêcher d'aimer rageusement ce que l'on sait appelé à disparaître bientôt. Or cette femme n'avait pas connu Horty la nuit puisqu'ils avaient laissé la lumière allumée et n'avaient pas dormi, trop voraces, trop affamés l'un de l'autre.

Et Horty, de son côté, n'avait pas vu cette femme se refermer sur elle-même aux « époques » où son ventre travaillait, et s'en aller, tout en restant là, vers un petit royaume maussade où, comme sous l'effet de météores déréglés, les mots d'amour lui devenaient des paroles agressives, les caresses des gestes insupportables. Bathilde Buren elle-même, malgré sa belle bouche et sa jeunesse, n'échappait pas à la loi des « époques ». On la voyait descendre la rue de La Villemarqué jusqu'au port-aux-femmes et là, le visage mauvais, les lèvres amincies, s'asseoir pour lancer, en pleurant, des cailloux dans la mer. Ce n'était certes pas le jour de lui emprunter une robe ou du tabac. Ni même de l'approcher, et d'ailleurs elle sentait alors une odeur étrange.

Justement, Bathilde s'était avancée et tendait la main à Zoé :

— Viens, ne restons pas là.

— Laisse-moi, dit Zoé (mais elle prit tout de même la main de Bathilde pour se relever, car elle avait l'impression que ses jambes n'allaient pas pouvoir la soutenir).

— Je ne sais pas quoi dire, murmura Bathilde en ouvrant sa tabatière. C'est encore plus moche que ce qui est arrivé à la petite Turque. Parce que tu es vivante, toi. Qu'est-ce que tu vas faire, Zoé ?

— Le haïr.

Mais c'était comme si elle décidait brusquement de courir sur la lande, d'écarter ses bras courts et de s'envoler devant tout le monde – elle n'était sans doute pas plus capable de faire l'oiseau que de haïr Horty.

— J'ai mal, dit-elle.

Tandis qu'elle marchait vers les dunes, elle sentait la souffrance s'installer en elle. Et elle devinait que c'était cette souffrance qui allait l'empêcher de haïr, parce qu'elle l'occuperait entièrement, lancinante, ne lui laissant pas un instant de répit. Zoé tenterait de la repousser, mais en vain, sa souffrance ferait sans doute parfois mine de se retirer, mais resterait à stagner là-bas, immobile et tapie, et reviendrait la lécher, la désagréger patiemment, comme fait la mer.

– Appelez-moi Zeppe, dit Giuseppe.

– Zeppe, dit Horty.

– Pas aussi prononcé, le *z*. En réalité, c'est quelque chose entre un *z* et un *s*. Et un peu comme si on mettait un *d* devant. Dzsseppe, quoi.

– Dzsseppe, répéta docilement Horty. Ça donne soif.

– J'ai apporté ce qu'il faut, dit l'homme en rouge et or.

Il posa sur la table une carafe de vin blanc, joliment embuée, qu'il avait raflée au comptoir avant de venir s'asseoir à côté du grutier.

Autour d'eux, maintenant que l'histoire était finie, les conversations reprenaient. Amélie, dite Gloria-l'Agneau à cause de ses cheveux bouclés et de sa bonne volonté à se laisser fesser ou fouetter par les clients, empêchée par une angine de travailler dans les courants d'air de la rue Solidor, avait offert ses services à Caraïbe pour remplacer Aïcha un soir ou deux. La fièvre qui faisait briller ses yeux retenait les hommes. Les quelques femmes qui étaient venues restaient aussi, amusées de voir de près à quoi ressemblait une putain officielle. On allait manquer de lait de baleine. Le mulâtre jubilait. C'était une des plus belles soirées qu'ait jamais connues la Tête d'Écaille, presque aussi brillante et enjouée que le bal qui clôturait le concours du meilleur docker des ports du Nord.

– Ma parole, dit Zeppe en trinquant avec Horty, vous avez quelque chose entre les mains.

– Oui, dit Horty, un verre.

– Un avenir, rectifia Zeppe. Un glorieux avenir et, ce qui vaut encore mieux que la gloire, un avenir qui sent bon la fortune. La vôtre est faite si vous m'écoutez.

En dévalant les dunes de la République, Giuseppe avait longuement réfléchi, minutieusement mûri son plan. Il n'était point besoin, pour gagner de l'argent, de présenter sur un rond de sable des lions et des écuyères. Sauf si les lions étaient des tueurs, les écuyères des anges. Un seul artiste suffisait s'il était unique dans tous les sens du terme. Bien mené, pensait Zeppe, Horty pouvait rassembler et séduire un public que n'aurait pas désavoué Antonella, la signora directrice du cirque Continentali. Pas de frais de viande, de fourrage ou de roulottes, tout était simplicité, tout était bénéfice.

On commencerait par cette ville – cette ville double comme Buda et comme Pest, la Basse et la Haute –, puis on descendrait par chemin de fer et par étapes fructueuses vers le Midi de la France. Une fois là, Venise serait à portée de roues. Rien n'empêchait d'ailleurs d'imaginer qu'on traverserait la péninsule en continuant à donner des représentations. Horty ne parlait pas l'italien, mais Giuseppe lui traduirait sa propre histoire et la lui ferait apprendre par cœur. Il aligna des chiffres, les commenta :

– Cette nuit, ici même, vous avez fait deux cents chaises, pas loin. Deux cent cinquante demain, je prends les paris. Mais admettons même que ça n'augmente pas : deux cents francs de recette tous les soirs, Horty, fifty-fifty.

Le grutier releva les yeux. Ce Zeppe n'avait donc pas compris qu'Horty n'avait rien à vendre. Ni même à donner. Il racontait pour lui-même. Tant mieux – ou tant pis – s'il y avait du monde pour l'écouter. D'ailleurs, son histoire n'était qu'un long mensonge.

– Zeppe, souffla-t-il, je suis obligé de vous le dire : ça

ne s'est même pas passé comme je le raconte. J'aurais bien aimé que quelque chose arrive, mais non. J'ai dormi à côté de Marie sans la toucher. Elle avait sommeil et froid aux pieds.

Giuseppe le dévisagea, stupéfait. Quand il était étonné comme ça, sa figure déjà poupine devenait absolument ronde et se teintait de rose.

— Alors, balbutia-t-il, vous êtes encore plus fort que je ne le pensais. Tout est donc inventé ?

— Sauf que Marie était belle, dit Horty.

— Mais pourquoi faites-vous ça ?

— Marie est morte, ça n'a plus d'importance pour elle. Et moi, ça m'aide.

— A rêver ?

Horty haussa les épaules. Il était sans doute normal que Zeppe ne comprenne rien, puisque Zoé elle-même, après l'avoir entendu raconter l'histoire sur la lande, s'était éloignée sans lui adresser la parole, le regard fuyant, comme quelqu'un d'atterré. Il répondit, tout en vidant la carafe de vin :

— A ne pas rêver, au contraire. Je veux dire : à ne pas rêver la nuit, quand on ne peut pas commander ses rêves. J'ai peur de penser à elle comme à une noyée. Vous n'avez jamais vu de noyé, Zeppe, vous ne pouvez pas vous faire une idée. Alors je rêve le jour, et comme ça je dors la nuit. C'est vrai aussi que je bois, ajouta-t-il, ça abrutit plutôt bien.

Giuseppe dit qu'il comprenait et s'empressa de faire signe à Gloria-l'Agneau d'apporter un surplus de vin. Mais, rêves ou pas, ça ne changeait rien à son projet :

— ... et même, Horty, il y a urgence. Votre histoire, pour le moment, c'est tout beau tout nouveau. Mais qu'arrivera-t-il quand les gens d'ici la connaîtront mieux que vous ? Ils vous traiteront de gâteux, de rabâcheur. Ils vous feront taire, ils vous chasseront peut-être. J'ai vu comme ça renvoyer un garçon de piste qui avait failli faire échapper les fauves, et les sales petites garces d'écuyères étaient après lui avec leurs cravaches...

Horty le regarda. Mais évidemment, n'étant jamais allé au cirque, il ne pouvait imaginer que le somptueux costume rouge à parements d'or était celui du garçon de piste en question. Giuseppe s'était présenté à lui comme un agent artistique chargé d'engager des antipodistes et des clowns pour les chapiteaux italiens.

— Vous pensez si je la connais, la dure loi du spectacle ! Toujours changer, se renouveler.

— Je ne peux pas changer Marie, dit Horty. Ce serait comme si je me réveillais, pas vrai ? Je ne veux pas me réveiller.

— Alors suivez-moi, je vous emmènerai dans des villes où chaque fois ça sera neuf. Je vous promets que vous aurez à boire autant que vous voudrez et que vous ne vous réveillerez jamais. A propos, où couchez-vous ?

Horty désigna le plafond :

— La soupente. La petite fille turque dormait d'un côté, moi de l'autre. Je suis seul à présent. Il y a juste une chauve-souris, mais elle n'est pas méchante.

Il répétait, mot pour mot mais sans en avoir conscience, la phrase d'Aïcha la première nuit.

— C'est vrai, dit pensivement Zeppe, il y a aussi cette histoire de la servante assassinée. Bon Dieu ! j'espère que vous n'êtes pas du tout mêlé à ça.

Horty se leva sans répondre. Il se retint un instant des deux mains à la table. La Tête d'Écaille gîtait d'un bord puis de l'autre, comme un bateau qui roule. Au-dessus de sa tête, la tortue sculptée par les marins du *Congo* lui souriait. Il ne lui vint pas à l'idée qu'il était ivre et que ce sourire de la tortue n'était qu'une hallucination. Il pensa seulement qu'on se comprenait et qu'on s'aimait bien entre morts.

Caraïbe se précipita avec une perche équipée d'un croc pour soulever la trappe et laisser se dérouler l'échelle de corde par laquelle on accédait à la soupente. Il la maintint avec déférence tandis qu'Horty grimpait sous les acclamations.

Avec une grâce d'éléphant, jugea Giuseppe – mais ça le changerait des écuyères.

Quarante-huit heures plus tard, après s'être énormément démené, Giuseppe Brassatto trouva un premier engagement pour Horty.

Jeanne de Waltorg avait renoncé à faire célébrer une messe d'action de grâces, préférant finalement organiser dans le parc du bois des Halphen un après-midi de charité dont la recette lui servirait à restaurer partiellement la toiture du château ; autour de la pièce d'eau où nageaient les anguilles de son élevage, on pourrait acheter et déguster sur place des gâteaux confectionnés par les dames de l'Œuvre de Saint-André ; ensuite, on tirerait une tombola dont quelques petits tableaux flamands, des chandeliers de bronze et des pièces de vaisselle ayant fait partie du patrimoine des Waltorg constitueraient les lots principaux ; il y aurait aussi un concours de pêche aux anguilles et, s'il ne pleuvait pas, une promenade en automobile dans les allées du sous-bois.

L'ensemble de ces réjouissances serait présidé par la jeune Marjorie McLeod revenue de New York. En fin de journée, elle ferait une causerie sur le *Titanic* et raconterait, avec toute son émotion naïve, comment elle avait échappé à la catastrophe. Elle exhiberait la brassière de sauvetage grâce à laquelle elle s'était maintenue dans l'eau glaciale jusqu'au petit matin où des marins du *Carpathia* l'avaient hissée à bord de leur navire. La brassière serait ensuite vendue aux enchères.

Zeppe fit habilement valoir combien l'histoire d'Horty, mettant en scène une femme qui, elle, n'avait pas eu la chance de Marjorie McLeod, donnerait, par effet de contraste, un attrait plus saisissant encore au récit de la petite.

— J'ai entendu parler de cette histoire, hésita Jeanne de Waltorg. On dit qu'elle n'est pas très convenable.

— C'est une histoire d'amour, dit Zeppe.

— Précisément, sourit-elle, imaginant sans peine ce qu'il voulait dire par là. Mais ne pourriez-vous pas obtenir de notre ami Horty qu'il l'édulcore quelque peu ? Peut-être pour certains détails, naturellement sans toucher au fond.

— Non, dit Zeppe. C'est tout ou rien, madame.

Horty, pensait-il, ne valait guère mieux que les fauves du cirque Continentali — féroces en apparence, mais incapables de sauter sur un autre tabouret que celui auquel ils étaient accoutumés.

Jeanne de Waltorg soupira. Si Horty se produisait en dernier, il ferait presque nuit, déjà un peu froid, et la plupart des invités seraient partis, en tout cas les dames les plus âgées. Il ne resterait probablement, pour entendre l'histoire du grutier, que les journaliers qui auraient aidé Jeanne à tout préparer. Ils écouteraient d'une oreille distraite, allant et venant, finissant les verres.

Les gâteaux de Saint-André et le vin cuit remportèrent le succès prévu, plus de cent vingt billets de tombola furent achetés, et Marjorie McLeod, charmante dans sa longue jupe de lainage écossais, fut chaleureusement applaudie. Sa brassière de sauvetage se vendit d'autant plus cher qu'elle consentit à y imprimer l'empreinte de sa bouche, généreusement enduite de rouge à lèvres. Alors, Jeanne circula parmi les invités de sa fête et leur dit que, la nuit tombant, une humidité pernicieuse allait comme tous les soirs s'infiltrer sous les ormes du bois des Halphen. Elle ne tiendrait pas rigueur, assura-t-elle, à ceux de ses amis qui jugeraient maintenant plus prudent de se retirer dans les pièces couvertes du château où l'on venait d'allumer des feux de bois.

Mais les femmes déclarèrent qu'elles voulaient rester pour entendre Horty. Le bruit était monté de la Ville-Basse jusqu'à la Ville-Haute que son histoire était de celles qu'on n'oublie pas. Elles auraient sans doute estimé inconvenant d'aller l'entendre à la Tête d'Écaille – et, quand bien même, la plupart ignoraient où situer précisément la taverne du mulâtre dans le lacis des bas-fonds –, mais c'était évidemment tout autre chose de l'écouter ici, avec le prétexte d'une fête de charité, dans ces jardins qui avaient connu bien d'autres audaces – le baron Emmanuel de Waltorg n'y avait-il pas fait tirer, au cours de l'été 1790, un des premiers feux d'artifice commémorant la chute de la Bastille ?

Horty s'avança devant le rideau des grands ormes. Zeppe lui avait donné à boire, lui promettant qu'il en aurait le double s'il réussissait à bien faire rétribuer son histoire par ces gens curieux mais un peu frigorifiés, et dont le porte-monnaie avait déjà été largement sollicité.

Une vapeur légère s'élevait du bassin aux anguilles, suggérant la brume atlantique autour du *Titanic* dans la nuit du 14 avril, dissimulant aux veilleurs Fleet et Lee, là-haut dans la hune, l'iceberg qui avait déchiré le flanc du paquebot lancé à un peu plus de vingt nœuds.

Horty posa Marie sur une chaise de jardin. Lui-même s'assit sur une autre chaise, face au portrait. Zeppe ne put s'empêcher de craindre que l'humidité qui tombait des arbres n'abîmât la photo, mais il était à présent trop tard.

– Il commence à faire noir, dit Horty. Vous ne voyez peut-être pas bien Marie Diotret. Alors je vais vous la décrire.

Tandis qu'il suivait les contours du portrait du bout des doigts pour en souligner tel ou tel détail, les gens avançaient le visage pour essayer de mieux distinguer les traits de la femme de chambre. Certains se levèrent et, s'approchant, entourèrent Horty, les deux chaises blanches et cette image que la pénombre gommait peu à peu.

Horty parla une petite heure. Et puis il se tut brusquement. La plupart des auditeurs, pensant qu'il était pour l'instant trop ému pour continuer l'histoire, gardèrent le silence, attendant la suite. Mais il n'y eut pas de suite, car Horty n'avait plus rien à dire. On entendit alors les oiseaux dérangés jacasser dans les arbres. Un peu étonnée, Jeanne de Waltorg se pencha vers Zeppe :

– Est-ce que ça s'arrête là ? Il ne va donc pas nous conter le naufrage, ni comment est morte cette pauvre fille ?

– Le naufrage, dit Zeppe avec une pointe d'agacement, vous saviez bien qu'il n'y était pas.

Giuseppe Brassatto sentait toutefois qu'Horty passait à côté de quelque chose d'important. Il fallait à l'histoire un point culminant – l'abîme ouvert dans la nuit glaciale, le bruit de tonnerre du navire à l'instant où il s'était englouti en vomissant tout l'air contenu dans ses flancs, une bulle monstrueuse où tourbillonnaient des corps, des malles-cabines, des chaises longues, des fourrures et les violons de l'orchestre – faute de quoi, une fois retombée l'émotion suscitée par la disparition du *Titanic,* l'histoire se réduirait à une simple passion amoureuse comme celles dont se régalaient les filles de la rue Solidor en lisant, vautrées sur leurs sofas, les romans à couverture jaune. Zeppe se promit de collationner dès le lendemain toutes les coupures de journaux ayant relaté les derniers instants du *Titanic* afin d'en extraire la matière de ce chapitre ultime qui, d'évidence, manquait encore au récit d'Horty. Cela faisait partie de son rôle d'organisateur, de responsable de tournée. On était ici au bord de la mer, dans une ville portuaire dont les habitants n'avaient aucun mal à imaginer l'agonie d'un grand navire. Mais il en irait tout autrement quand on s'enfoncerait dans la France des champs et des collines, là où vivaient des gens qui n'avaient même jamais vu la mer, pour qui le mot « vague » signifiait davantage confusion et incertitude que lame ou longue houle.

Pour conduire Zeppe et Horty jusqu'à Venise, l'histoire devait être parfaite au point que sa réputation courrait devant eux plus vite que le chemin de fer, et qu'ils trouveraient, sur les quais des gares, des directeurs de théâtres venus les attendre avec des engagements.

Il frappa dans ses mains pour donner aux autres le signal d'applaudir. Mais les invités se levèrent sans un mot et, emportant leurs chaises ou leurs bancs, ils se hâtèrent vers les deux ou trois salles du château ruiné où l'on avait allumé des feux, où l'on allait maintenant servir du punch flambé et organiser des parties de cartes. Zeppe crut qu'ils n'avaient pas aimé la prestation d'Horty. En réalité, ils étaient bouleversés. Mais, comme beaucoup de ces personnages chargés de produire, de présenter ou de critiquer des œuvres fragiles, impalpables et différentes, Zeppe s'égarait sur les réactions du public. Une chose le rassura pourtant : l'épaisse enveloppe qui contenait le produit de la quête. La lune montait, pâle encore, au-dessus des ormes.

– Venez, dit Zeppe en posant une main sur l'épaule d'Horty, on rentre.

Dans le fiacre qui les ramenait, Zeppe partagea l'argent en deux parts égales.

Indifférent, Horty le regardait aligner les pièces sur la banquette, et les compter lentement. Parfois, un cahot jetait tout par terre, et Zeppe devait recommencer. Mais ça ne le contrariait pas vraiment. Il aimait manipuler l'argent.

– Pas mal, hein ? disait-il. Et ce n'est qu'un début. Nous allons améliorer tout ça, faites-moi confiance. J'ai eu l'occasion de m'entretenir avec un certain Edmond Geirard. Le Grand Théâtre, c'est lui. Une opportunité inespérée : dans trois jours, c'est-à-dire samedi en matinée, en lever du rideau, avant le concours des musiciennes du Jeune Conservatoire. L'une d'elles pourrait vous accompagner peut-être, improviser de la musique sur vos paroles.

– Dites au cocher de m'arrêter rue de La Villemarqué, le coupa Horty. C'est là que je descends.

– Chez Zoé ?

– Chez Zoé et moi.

Zeppe fit la moue. Il n'aimait pas cette idée. Il s'était renseigné à propos de Zoé. Malgré sa petite taille, elle avait la réputation de ne s'en laisser imposer par rien ni personne. Elle devait être une femme dans le genre de la signora Antonella et de ses écuyères, pensait Zeppe. Qu'arriverait-il si elle persuadait Horty de tout laisser tomber – ou si elle voulait être elle aussi du voyage à Venise, exigeant ses deux repas par jour, de dormir dans un vrai lit, de se baigner une fois la semaine et de respecter le repos du dimanche ? Pressé de faire fortune et d'arriver en Italie, Zeppe envisageait le voyage à Venise comme une charge de cavalerie, pas comme une promenade touristique, guide Baedeker en mains.

– Écoutez, proposa Zeppe, je connais une maison ouverte tard le soir. A présent qu'on a de l'argent, on pourrait se payer une belle grande chambre. Avec deux femmes. Autrement propres et jolies que Gloria-l'Agneau. Et si vous êtes fatigué, ou simplement si vous pensez trop fort à Marie, on pourrait mettre ces femmes à faire l'amour ensemble. Nous deux, on les regarderait en buvant un bon coup. C'est épatant à voir, vous savez.

– Ce soir, dit Horty, je vais chez Zoé et moi.

– Bon, renonça Zeppe, c'est d'accord. Naturellement, vous êtes libre d'aller où vous voulez. Est-ce que vous êtes mon prisonnier d'aucune façon – est-ce que j'ai des droits sur vous, Horty ?

– Aucun droit, Zeppe, confirma Horty.

– Absolument aucun, répéta Zeppe. Mais je me suis avancé vis-à-vis de Geirard. J'ai donné ma parole à cet homme que nous serions là pour le lever de rideau. Il va faire imprimer des affichettes avec votre nom dessus. Si finalement vous ne veniez pas, il me les ferait payer.

– Je viendrai, dit Horty.

– Je suis sûr que oui, dit Zeppe. Mais c'est dans trois jours. Vous n'allez pas garder pendant trois jours la photo de Marie sous votre chemise. Songez à votre sueur qui pourrait l'abîmer. Vous feriez mieux de me la confier.

Le fiacre s'engageait dans la Ville-Basse. Surgis d'on ne sait où, des chiens errants l'escortèrent en aboyant, affolant le cheval.

La porte n'était pas fermée. Une seule lampe brûlait. Sa mèche mal réglée laissait filer un long ruban de fumée grise qui s'éparpilla quand Horty entra en même temps qu'un coup de vent.

Zoé était debout au milieu de la pièce, en jupon. Sa poitrine était nue, elle se hâta de la cacher derrière ses bras avec un gémissement, comme si un étranger la surprenait.

Elle dévisagea Horty, mais ne dit rien. Elle le suivait des yeux comme on surveille le vol erratique d'un papillon de nuit en se demandant où il va finir par se poser. Et Horty, en effet, donnait l'impression de ne pas savoir ce qu'il allait faire. Il regardait autour de lui, esquissait des gestes qu'il n'achevait pas. Il était surpris par l'odeur de la maison. Il croyait se rappeler qu'elle était chaude, sucrée, un peu cireuse, comme un fumet de ruche ouverte au soleil. Mais, cette nuit, cela sentait la vaisselle abandonnée, le pétrole et le froid. Avait-il donc été absent si longtemps qu'il ne reconnaissait plus les remugles de son propre terrier ?

— Si tu as faim, dit enfin Zoé, il reste du congre en matelote. La casserole sur l'évier.

Il lui fit remarquer qu'elle avait toujours prétendu ne pas aimer le congre. Elle haussa les épaules, sans désunir ses bras piqués de taches de rousseur :

— C'est Bathilde qui me l'a apporté tantôt.

— Tu lui diras que tu n'as pas besoin de ses charités, fit Horty en déversant sur la table les pièces dorées qu'il avait gagnées. Voilà de quoi manger. Et bientôt tu en auras beaucoup plus.

Zoé pensa d'abord repousser l'argent jusqu'au bord de la table, le faire tomber par terre et laisser Horty se baisser, s'agenouiller peut-être, pour le ramasser. Mais cette façon méprisante de traiter l'argent que d'habitude elle respectait n'abuserait pas Horty, il y verrait le signe qu'elle était désorientée et malheureuse. Elle ne voulait pas qu'il ait pitié d'elle. Alors elle rassembla les sous et les compta posément, à voix haute, comme un dû. Ensuite, elle prit sur une étagère une boîte où elle rangeait ses bobines de fil, ses aiguilles de couture, ses ciseaux et le petit dé en or qu'Horty lui avait offerts le jour de leur mariage. Elle y mit l'argent et dit :

— Tu sauras où le trouver. Je n'y toucherai pas.

Il insista pourtant :

— C'est pour toi, ma petite. Moi, j'ai Zeppe. Il dit qu'il s'occupera de tout.

Elle secoua la tête : ce n'était pas la peine d'avoir fait toutes ces histoires autrefois, à propos du marchand d'épaves et de ses marchandises tragiques, pour manger à présent cet argent de contrebande — une contrebande avec la mort, pensait Zoé, partagée entre le dégoût et l'effroi.

— Maintenant, va-t'en.

Il la regarda avec surprise :

— Pourquoi ? Je suis chez nous, Zoé.

Il désigna la porte de leur chambre, ajoutant :

— Notre lit est là, et j'ai l'intention d'y dormir.

— Après avoir accroché au mur la photo de cette fille ?

— Je ne l'ai plus, dit-il.

Et il écarta sa chemise, montrant sa poitrine nue :

— C'est Zeppe qui l'a prise, tu vois bien...

Mais Zoé répétait doucement :
– Va-t'en.

Nombreuses étaient les femmes, tant de la Ville-Basse
que de la Ville-Haute, que leurs maris trompaient. Et
toutes, avant de se savoir trompées, se répétaient qu'elles
ne tomberaient pas dans l'erreur commune qui consistait à
chasser le coupable en sanglotant. Au contraire, elles
l'entoureraient de plus de tendresse que jamais, elles
iraient chez le coiffeur et s'offriraient une robe neuve. La
nuit, elles consentiraient aux caresses qui leur faisaient
peur, qu'elles avaient toujours refusées. Au besoin, elles
en inventeraient même. Elles achèteraient des rubans et,
les disposant joliment aux quatre angles du lit, propose-
raient à l'homme de les attacher avec. Elles lutteraient avec
la rivale, la vaincraient sur son propre terrain, celui de la
séduction. Voilà ce qu'elles se promettaient quand elles se
retrouvaient au port-aux-femmes, alignées et courbées
comme des lavandières, décapant dans le sable leurs
trouvailles faites sur la grève à découvert. Et Zoé disait
comme elles, ajoutant en riant qu'elle avait depuis longtemps mis de côté l'argent pour la robe neuve et le coiffeur
qui la ferait irrésistible – une boutique du boulevard
Petit-Juan où l'on utilisait des poudres d'Arabie pour
donner aux cheveux roux des reflets d'un blond irréel.

Mais, noyée là-bas dans les courants du Labrador,
Marie était invulnérable. Elle s'était engloutie trop loin,
jamais la mer ne rejetterait sa charogne blanchie, rongée
par l'immersion et les bêtes. Qui pouvait prétendre
humilier cette jeune morte figée dans sa beauté ? Même
pas une tombe sur laquelle danser : Zoé n'avait que du
vent à défier.

Enfant, vers huit ou neuf ans, Zoé avait aimé un homme très âgé, ou du moins lui apparaissait-il ainsi, un médecin venu lui ouvrir une gencive infectée par un abcès. Il l'avait terrorisée et fait affreusement souffrir. Elle se rappelait la force de cet homme quand il avait contraint ses mâchoires à s'écarter. Elle se souvenait du viol de sa bouche par des doigts très blancs, imprégnés d'un désinfectant dont l'amertume avait manqué la faire vomir. Elle se rappelait comment il avait disposé sa main dans sa bouche pour l'empêcher de mordre. Et puis, après une douleur fulgurante, il avait retiré ses doigts rouges de sang. Il lui avait caressé la tête en la traitant de gentille petite fille sage. Et, pour ces mots-là, Zoé l'avait haï. Pas très longtemps. Le soir même, elle enfonçait dans sa bouche encore douloureuse ses propres doigts, essayant de s'imaginer que c'étaient ceux du médecin. Elle avait alors vécu dans l'espoir de revoir cet homme, et qu'il la meurtrisse encore, lui fasse monter les larmes aux yeux avant de s'écarter d'elle en la traitant à nouveau de gentille petite fille sage. Elle s'était efforcée de tomber malade, elle y avait réussi quelquefois, mais bien inutilement puisque le médecin aux doigts amers avait changé de ville. Elle ne l'avait pas oublié, pourtant. Certaines nuits, elle se réveillait encore avec l'impression d'une grande main âcre forçant et blessant sa bouche.

Il était donc aussi vain pour Zoé d'être caressante et belle pour supplanter Marie qu'il lui avait été futile de se rendre malade pour revoir le médecin. Marie et le médecin avaient disparu, devenus légendes, personnes lancinantes et hors d'atteinte. Face à Zoé, il ne restait plus qu'Horty. Lui était accessible et pouvait être puni.

Et puis, c'était la nuit. Zoé se sentait laide, sale et désarmée. Elle en voulait à Horty d'être revenu maintenant, à une heure où elle ne l'attendait plus. Quand il avait poussé la porte, elle finissait d'ôter sa robe, elle allait s'allonger pour dormir, gardant son jupon et ses bas pour ne pas avoir froid, or ce jupon n'était pas bien net, il lui faisait honte, et elle était certaine, ainsi accoutrée, d'être ridicule en essayant de se montrer amoureuse, ou simplement indulgente.

— Aujourd'hui, dit-elle alors, j'ai revu le président Siméon.

— Aujourd'hui encore ?

— Je lui donne un peu. Allons, tu le sais ! Il t'a fait grutier.

Il dévisagea sa femme. Elle n'évita pas son regard. Si elle n'était pas aussi belle qu'elle l'aurait voulu, elle n'avait jamais été aussi courageuse que cette nuit.

— Oui, dit-il, je pensais bien qu'il y avait quelque chose.

— Tu crois que je te raconte ça pour te rendre la monnaie de ta pièce ? Mais moi, c'est de la fausse monnaie. Ce n'est pas comme cette fille et toi à Southampton, bien sûr que non. Ce qu'il me fait, des enfants me l'ont fait quand j'étais moi aussi une enfant. On appelait ça jouer. Ça nous amusait. Lui, ça le fait pleurer. Parce que, même si je voulais bien, il ne pourrait pas aller plus loin que ces pauvres caresses qui le comblent, et que moi je ne sens même pas. Je voulais te protéger, Horty, et Siméon le voulait aussi pour me faire plaisir. Mais il est trop tard. Tu bois, à ce qu'on dit. Sur les quais, ils ont peur d'un accident. Tu seras licencié à la fin de la semaine.

Pour ça, Horty savait. Al Bazeiges l'avait mis en garde à

propos du licenciement. Avec sa franchise habituelle, le doyen avait reconnu avoir lui-même voté pour la mise à pied. Il le regrettait, car Horty était un bon camarade et le vieil homme espérait plus ou moins qu'il lui succéderait. Horty était alors descendu de la grue n° 14 et il avait longuement étreint Al Bazeiges, devant tous les autres, pour bien montrer qu'il ne lui en voulait pas. Il n'éprouvait aucune déchirure, pas même une sourde amertume – la mort de Marie ayant déjà agi en lui à la façon de ces tranchées destructrices, creusées dans le vif des forêts pour barrer la route aux flammes. Il ne leva même pas les yeux pour jeter un dernier regard à sa grue dont les jambages portaient encore, bien qu'à moitié délavées par les dernières pluies, les invectives gravées par Sciarfoni.

– Tu pourras peut-être revenir comme docker, avait dit le doyen. Là, tu ne seras dangereux que pour toi-même. Et, si tu rates la planche, tu sais bien qu'on sera tous là pour te sortir de l'eau.

Docker ou rien, ce n'était pas le plus important puisqu'il allait partir avec Zeppe – le plus important avait toujours été et resterait Zoé et, en la voyant presque nue qui serrait ses bras contre ses seins, l'idée lui vint qu'elle avait sûrement froid. Il se dit qu'il devait trouver quelque chose pour la couvrir. Zoé ne savait pas que le fait de réchauffer une femme était pour Horty aussi émouvant que de lui faire l'amour. Il aurait voulu le lui expliquer, parce que c'était peut-être une façon de lui dire combien elle continuait à compter pour lui, mais il sentit qu'il était trop tard, et puis il ne trouvait pas les mots, sans doute avait-il déjà trop parlé d'amour tout à l'heure dans le bois des Halphen.

Il passa dans la chambre, arracha du lit la couverture à

longues franges de laine blanche qu'on leur avait rapportée du Rio de la Plata, revint la poser sur les épaules de Zoé. Il surprit dans ses yeux ce contentement furtif qu'il remarquait à chaque fois qu'il réchauffait une femme.

— Zoé, dit-il, je vais partir puisque tu le veux. Mais, avant, tu dois savoir que tout ce que tu as entendu à propos de cette femme de chambre est faux.

Elle lui sourit — peut-être parce qu'elle n'avait plus aussi froid que tout à l'heure. Mais c'était évidemment un sourire plus triste que si elle n'avait pas souri du tout :

— Pourquoi aurais-tu inventé ça ? Et, surtout, comment l'aurais-tu inventé ? Tu n'as jamais été fichu de raconter une histoire. Le jour de notre mariage, tout le monde en a dit une, sauf toi. Tu prétendais que tu n'en connaissais pas et que, de toute façon, tu ne savais pas raconter. Et si c'est quelque chose que tu as imaginé, c'est bien pire : ça veut juste dire que ce que tu as ici avec moi ne te suffit pas.

Il sortit, laissant battre la porte pour donner à Zoé une raison de venir jusqu'au seuil pour la fermer, et alors de le voir s'éloigner dans la nuit, de le rappeler peut-être, même si ce devait être sous un prétexte futile qui ne les abuserait ni l'un ni l'autre.

Mais elle resta immobile au milieu de la pièce, les deux mains posées à plat sur la table, comme quelqu'un qui s'appuie de peur de tomber.

Zeppe guettait Horty du haut de la rue, assis sur une borne. Il lui tendit une bouteille :

— A la liberté ! Je savais que vous alliez finir par quitter la cage. Quand on a connu ce que vous avez connu à Southampton, on ne peut plus rester là-dedans.

Il désignait la maison trapue dont la porte battait encore. Puis une rafale la referma violemment.

Zeppe avait gardé le fiacre. Ils se firent conduire dans cette maison dont il avait parlé. C'était, dans les hauteurs de la ville, une demeure bourgeoise au milieu d'un petit parc avec des buis taillés de façon grotesque et une pièce d'eau envahie par les lentilles. Au salon, Zeppe choisit deux filles, Agathe et Josepha, et commanda du vin. Mais, une fois dans la chambre, les filles déclarèrent qu'elles savaient qui était Horty et insistèrent pour entendre son histoire. Zeppe leur dit qu'on ne les avait pas fait monter pour ça. Les filles répondirent en gloussant qu'elles le savaient bien, mais qu'elles se montreraient exceptionnellement gentilles.

Zeppe réfléchit. Si les filles parlaient ensuite de l'histoire avec sous-maîtresse et avec leurs clients, ce serait autant de réclame gratuite. Que la réputation d'Horty ait déjà franchi les murs de l'une des maisons les mieux cotées de la Ville-Haute était un signe encourageant.

— Pas plus d'un quart d'heure, souffla-t-il à Horty, c'est aussi le temps que ces garces-là vont nous consacrer avant de roupiller — et est-ce qu'il vous faut votre sacrée photo ?

Horty dit qu'il n'en avait pas besoin car une des filles ressemblait un peu à Marie. Ce n'était pas vrai, mais il sentait que cela faisait plaisir à cette fille, celle qui s'appelait Agathe, et qui en réalité était frêle et rouquine comme Zoé. Or c'était contre le petit corps d'Agathe qu'Horty espérait s'endormir enfin. Elle était sûrement de ces femmes qui ont froid la nuit et qui, dans un demi-sommeil, tâtonnent à la recherche d'une couverture qu'on trouve pour elles, et elles ont alors, pour vous remercier, un sourire d'enfant.

Avec ce qui lui restait sur sa part de la recette du bois des Halphen, Giuseppe Brassatto fit faire chez Georges Lebens, photographe rue des Neuves-Écoles, un agrandissement du portrait de Marie.

Lebens exécuta un cliché de la photo, et c'est cette plaque qu'il agrandit ensuite aux dimensions d'une personne réelle. Ne sachant pas quelle avait été la taille de Marie, Zeppe dit à Lebens de lui fournir un tirage d'environ un mètre soixante.

– C'est une dimension inusitée, avait prévenu Lebens, tout à fait considérable. Cela va manquer de piqué. Vous aurez l'impression de voir cette dame comme à travers le brouillard. Les noirs ne seront pas d'un noir franc, et les blancs vont tirer sur le gris.

Le premier essai fut manqué. Georges Lebens ne disposait pas d'une cuve assez grande pour plonger le tirage dans son bain de fixateur. Impuissants, Zeppe et lui virent l'immense photographie, encore toute molle, noircir progressivement jusqu'à ce que plus rien ne fût visible. Le tablier de la femme de chambre, parce qu'il était d'un blanc pur, fut le dernier détail à disparaître.

Alors Zeppe courut la ville en quête d'une cuvette d'un

mètre soixante. Il n'en trouva pas et dut se rabattre sur un tub en zinc déniché chez un antiquaire. Ayant épuisé ses économies, il fut forcé, pour acquérir le tub, d'engager sa chevalière en argent.

Lebens examina le tub d'un air dubitatif. Il avait les dimensions requises, mais le fait qu'il soit en zinc pouvait provoquer, sous l'action du fixateur, une réaction chimique imprévisible. Peut-être devait-on s'attendre à un dégagement de gaz toxique. Pour se prémunir contre ces émanations, les deux hommes s'entourèrent le visage de linges mouillés et plongèrent l'agrandissement dans la solution, berçant la grande photo comme s'ils baignaient une vraie femme, inerte et infiniment légère.

Zeppe éprouvait une sorte de malaise à voir le visage de Marie, à présent grandeur nature, s'enfoncer sous le liquide, en ressortir ruisselant, sans que ses yeux grands ouverts aient seulement cillé. Il ne put s'empêcher de penser qu'elle avait peut-être été ainsi durant tout le temps qu'elle avait mis à glisser dans les profondeurs de l'océan.

Ce travail accompli, le photographe voulut éprouver l'action du fixateur. Si la solution n'avait pas protégé également toutes les parties de l'agrandissement, celui-ci risquerait, sous les projecteurs des théâtres, de se marbrer de taches. Zeppe et Lebens emportèrent donc la photo encore détrempée dans la cour qui jouxtait l'atelier. Là, après l'avoir accrochée aux branches d'un saule avec des pinces à linge, ils l'exposèrent aux derniers rayons du soleil.

Ils s'assirent et, se partageant un cigare que Zeppe avait volé chez l'antiquaire au tub, ils attendirent. A l'approche du soir, un vent léger s'élevait de la mer vers les hauteurs de la ville, faisant frissonner Marie.

– C'est malheureusement ce que je craignais, déplora le photographe, la dame est floue.

– A croire qu'on la regarde après avoir pleuré, dit Zeppe.

Le lendemain, Zeppe revint chez Lebens avec une longue et mince planche de bois. Les deux hommes y collèrent la photo de Marie qui avait passé toute la nuit à se balancer sous son saule, exposée successivement à la lumière de la lune, à celle des réverbères, puis au soleil levant. Elle ne s'était dégradée d'aucune façon.

Ils découpèrent la planche selon les contours de la photo et, dans un bloc de bois, ils creusèrent une profonde encoche où ils encastrèrent la planche. De cette façon, Marie tenait debout.

Construit sous le Second Empire, dédié à Eugénie de Montijo dont un médaillon sculpté ornait le frontispice, le Grand Théâtre fermait de sa longue façade crémeuse une des extrémités de la place du Marché.

Des marchandes de violettes déambulaient entre les marronniers encore frêles qu'on avait plantés pour célébrer la naissance du nouveau siècle et la colonnade qui, aux entractes, servait de promenoir aux spectateurs fourbus par l'inconfort des sièges. Les fleuristes s'arrêtaient parfois près de la fontaine, présentant leurs bouquets à la poussière d'eau pour les rafraîchir.

Selon une tradition datant, disait-on, de l'impératrice, leurs violettes étaient cultivées par les détenues de la prison de femmes dont la haute enceinte longeait, derrière le théâtre, la venelle où s'ouvrait la porte de l'entrée des artistes. Les jours de représentation, les prisonnières dont les cellules donnaient sur cette ruelle s'agglutinaient derrière leurs barreaux pour apercevoir les chanteurs ou les comédiens.

Elles firent une sorte d'ovation à l'image de Marie quand Zeppe la descendit du fiacre et la déposa un instant contre le mur du théâtre, le temps de payer son cocher. Zeppe crut comprendre que les détenues prenaient la photo géante pour une cible sur laquelle on allait lancer des couteaux. Des lucarnes à barreaux partirent d'ailleurs quelques fourchettes et des cuillères aux manches clandestinement aiguisés pour servir de lames. Toute cette ferblanterie, maladroitement envoyée, ricocha contre le tablier de la femme de chambre et tomba à ses pieds. Zeppe se dit alors que ce serait peut-être une bonne idée de suggérer à Horty de terminer son histoire par une vision de ce genre : Marie tournoyant vers les abîmes, environnée d'une pluie de couverts de vermeil ou d'argent échappés aux vaisseliers du *Titanic*.

Il prit la photo dans ses bras et, sous les vivats des prisonnières, poussa la porte de l'entrée des artistes.

Quant Horty vit Marie debout, si grande et si vraie, immobile et rêveuse comme si elle gardait la pose, il eut l'impression de se retrouver plusieurs semaines en arrière, chez le photographe chinois des quais transatlantiques de Southampton. Les coulisses du Grand Théâtre sentaient pareillement le bois blanc et la toile peinte surchauffée par le feu des projecteurs. Derrière le rideau encore baissé, la rumeur des spectateurs cherchant leur place se confondit dans sa mémoire avec le piétinement et les rires des passagers marchant vers le paquebot.

– Ainsi, expliqua Zeppe, on la verra de loin, même dans

la pénombre. Les gens ne seront pas obligés de s'approcher comme l'autre soir au bois des Halphen, ni vous de perdre du temps à leur décrire son visage et son costume. Vous pourrez entrer tout de suite dans le vif de l'histoire – ce que vous allez devoir faire aujourd'hui parce que, ne l'oubliez pas, nous passons en lever de rideau. La salle est pleine, mais ne vous y trompez pas : ils sont tous venus entendre leur progéniture jouer de la musique. De vous à moi, Horty, ils se fichent éperdument du *Titanic*, de Marie et de vous. Le directeur vous recommande d'ailleurs d'éviter les détails scabreux. Vous n'êtes pas ici à la Tête d'Écaille, personne ne se soucie de savoir comment étaient les seins ou les fesses de Marie. N'insistez pas trop non plus sur sa bouche, je vous en prie. Va pour un baiser ou deux, mais laissez de côté toutes ces espèces de léchouilles sur lesquelles, d'habitude, vous vous étendez longuement. Les gens n'aiment pas ça, je vous assure. Vous avez un public aux lèvres sèches : dans ce monde, Horty, on garde son gant pour se faire baiser la main, sa voilette quand on tend la joue. Ne croyez donc pas faire rêver qui que ce soit avec la bouche d'une femme de chambre. Geirard était d'ailleurs tenté d'annuler quand il a appris que le clergé de Saint-André avait réservé tout le douzième rang d'orchestre. Mais quelle perte sèche, n'est-ce pas ! Avec quel argent aurions-nous pris nos billets pour Amiens ? Car je compte bien être dès lundi soir à Amiens où je connais un excellent petit hôtel dont le jardin d'hiver, à condition de déplacer quelques palmiers en pots, pourrait accueillir une centaine de personnes – l'hôtel comptant déjà une cinquantaine de pensionnaires, il ne serait certainement pas trop difficile de rameuter cinquante spectateurs de plus.

Horty l'écoutait à peine. Il s'était approché de Marie. Il la toucha. A cause des puissantes lumières du théâtre, elle était tiède. Allait-elle continuer à se réchauffer ainsi, et jusqu'où ? Un excès de chaleur ne risquait-il pas de la décoller de la fine planche de bois contre laquelle Zeppe et Lebens l'avaient fixée ? Horty allait probablement devoir prendre soin de cette femme de chambre en papier comme il avait pris soin de la vraie, au Calcutta, sur l'escalier de fer de Harston & Harston, et dans la triste chambre de l'hôtel de la Rade de Spithead.

— A propos de cette grande photo, poursuivit Zeppe, il m'est également venu à l'idée que nous pourrions la scier par le milieu, mettons au niveau du nœud du tablier où vous êtes en train de poser la joue. Avec un système de charnières, rien n'empêcherait alors de la plier en deux. Ce serait tellement plus commode pour la transporter en chemin de fer.

Horty disposa lui-même l'agrandissement sur la scène, non pas dans le cercle de lumière mais juste à sa frange. Il avait surtout connu Marie dans la pénombre, les autres devaient la voir ainsi. Il s'assit à côté sur une chaise noire, légèrement plié en avant, les mains nouées et enfouies entre ses cuisses, comme un homme entré dans un cimetière pour passer un moment près d'une tombe. Parce qu'il avait le visage penché, on n'entendit d'abord pas très bien ce qu'il disait, alors des voix s'élevèrent dans la salle pour réclamer qu'il parle plus haut, mais il n'éleva pas le ton, et les gens durent faire un effort de silence pour saisir ses paroles.

Horty occupa la scène de quatorze heures trente à quinze heures quarante. C'était beaucoup plus que les vingt minutes accordées par le directeur. Aussi, ce délai dépassé, Geirard rejoignit-il Zeppe dans la coulisse :

– Arrêtez-le, Brassatto. Vous n'avez pas l'air de penser que j'ai encore, derrière ça, douze petites pianistes et cinq flûtistes. Est-ce que vous vous sentez capable de maîtriser la situation, oui ou non, signor Zeppe ?

Zeppe préféra ne pas répondre. Il comprenait enfin ce qui lui avait échappé lors de la fête de charité de Jeanne de Waltorg ; le silence d'une foule était la forme la plus accomplie par laquelle elle manifestait son émotion, et le silence qui s'était peu à peu installé dans la salle du Grand Théâtre était le plus assourdissant que Giuseppe Brassatto ait jamais entendu – il n'en connaissait qu'un qui puisse lui être comparé, celui de Venise sous la neige.

Visiblement exaspéré, Geirard fit signe au régisseur de baisser le rideau. Parmi tous ceux qui descendaient des cintres, l'homme isola un long filin de chanvre. Là-haut, il y eut un grincement. Les franges d'or du rideau frissonnèrent et commencèrent à descendre en se heurtant les unes les autres avec un léger crissement. Alors dans la salle un homme se leva, frappa du pied avec violence et exigea qu'on fasse aussitôt cesser ce bruit intolérable.

A cet instant, Horty, qui n'avait tenu aucun compte des recommandations de Zeppe, parlait de la langue de Marie. Il essayait, avec le vocabulaire limité qui était le sien, de dire l'impression qu'il avait éprouvée lorsque, pour la première fois, cette langue avait glissé sur sa peau. Ses efforts pour trouver le mot juste faisaient saillir les veines de ses tempes. Elles étaient aussi noueuses et bleues que lorsqu'il enlevait une charge sur ses épaules. Et lui, Horty, éprouvait la même sensation d'asphyxie et de feu dans la poitrine qui, si souvent, lui avait fait croire qu'il allait mourir avant d'atteindre la cale du cargo et de s'y délivrer. Le rideau remonta et resta là-haut jusqu'à la fin.

D'une certaine façon, comme l'écrivirent par la suite les correspondants du *Télégramme de N.*, de *La Lanterne du Nord* et de *La Dépêche des Estuaires* (ils s'étaient dérangés pour entendre les enfants musiciens, mais finalement n'en parlèrent presque pas du tout), Horty vécut l'histoire plutôt qu'il ne la raconta, et tout le monde eut l'impression de la vivre avec lui. Et cependant cette histoire n'était pas grand-chose, remarquèrent les journalistes ; elle ne témoignait pas d'une pensée originale, ne vous enseignait rien, ne faisait la synthèse de rien, n'annonçait rien de nouveau. On aurait aussi bien pu vivre sans l'entendre, et pourtant, de l'avoir écoutée, on allait vivre autrement, aussi longtemps qu'on s'en souviendrait. C'était l'histoire d'un homme extraordinairement simple, et même un peu fruste, qui aimait – et qu'aimait – une jeune femme très simple elle aussi. L'histoire s'arrêtant avant le naufrage, ils se séparaient donc sans qu'aucun événement considérable ait contrarié leur amour – ils se quittaient parce qu'ils devaient repartir chacun de son côté, voilà tout. Ils n'espéraient ni ne désespéraient de se revoir. Ils semblaient assez riches des heures brèves qu'ils avaient passées ensemble, bien qu'ils n'aient échangé que des paroles aussi humbles qu'eux-mêmes. Ils avaient seulement épuisé tout ce qu'il y avait en eux, ils s'étaient tout donné, jusqu'à ces petites gouttes de salive ou d'urine qui d'habitude provoquent la répugnance, mais dont ils avaient fait des cadeaux aussi bouleversants que les bouts de papier pliés sans rien dedans, ou les cailloux inutiles, que les enfants parfois offrent aux grandes personne, et que les grandes personnes

gardent longtemps au fond d'un tiroir, et plus longtemps
encore dans leur mémoire.

Il n'y eut pas d'applaudissements. Les spectateurs du
Grand Théâtre prolongèrent la fuite d'Horty vers les
coulisses du même étourdissant silence qui avait accompagné son récit.

Ce n'est qu'une fois Horty disparu et la grande photo
emportée par deux machinistes qu'il se fit un mouvement
dans la salle. Les gens s'en allaient. Les mères se hâtaient
de jeter un manteau sur les épaules des petits solistes.
Geirard dépêcha le régisseur sur le devant de la scène pour
rappeler au public que ce n'était pas fini, que les épreuves
du Jeune Conservatoire allaient se disputer maintenant.
Mais, pour tout le monde, quelque chose venait de
s'achever qui faisait qu'on ne pouvait pas rester là. Et le
Grand Théâtre se désemplit tranquillement. Les gens se
dispersèrent sur la place du Marché où il faisait assez beau
encore, prenant de court les marchandes de violettes qui
n'avaient pas prévu que la matinée s'achèverait si tôt, qui
s'étaient éparpillées dans les cafés environnants – alors, le
temps de régler leurs consommations et de rassembler
leurs bouquets, il n'y avait déjà plus personne à qui vendre
des fleurs.

Horty et Zeppe filaient à bord d'un fiacre. Au cocher,
Zeppe avait dit :

– Quelque part où l'on peut avoir du champagne au
milieu de l'après-midi. De préférence avec vue sur la mer,
qu'on reste dans l'ambiance.

Comme le cocher dévalait le boulevard en corniche – on
était en train d'en changer le pavement pour permettre aux

automobiles de l'emprunter en toute sécurité –, Horty espéra qu'il prendrait ensuite par la rue de La Villemarqué en guise de raccourci. Zoé le verrait peut-être passer, affalé sur sa banquette comme un nabab ; elle comprendrait alors que Marie n'apportait pas que du mal.

Mais Zoé n'était pas sur son seuil, ni derrière ses carreaux. Bien que le fiacre ait dépassé la maison sans ralentir, Horty avait eu le temps de constater que Zoé avait rentré les plantes et fermé les volets. L'idée l'effleura, déconcertante, qu'elle avait pu quitter la ville. Toujours est-il que la maison sans fleurs et sans fenêtres visibles ressemblait à ce qu'elle serait un jour, quand Zoé et lui auraient quitté ce monde.

Un soir, ils avaient longuement discuté de ce que deviendrait la maison après eux. Issus l'un et l'autre de familles à présent éparpillées, ils ne connaissaient personne en particulier à qui la léguer. Sauf peut-être Blaise et Maurice, des cousins de Zoé qui habitaient sur les bords de la Loire et faisaient le pèlerinage du Nord une fois l'an, à la Toussaint. Mais Blaise et Maurice n'avaient jamais manifesté le moindre intérêt pour la maison – il semblait même qu'ils n'aient pas remarqué son existence, bien que Zoé ne manquât pas de les y inviter à déjeuner après la visite au cimetière. Si Horty et Zoé les désignaient finalement comme leurs héritiers, ils n'auraient rien de plus pressé que de mettre la maison en vente avec tout ce qu'elle contenait. Et le temps qu'un acquéreur se présente, la maison aurait cette allure d'abandon qu'Horty lui avait vu aujourd'hui, en passant en fiacre.

Il se demanda si, maintenant que Marie était morte, son amie Maureen avait gardé l'appartement qu'elles partageaient à Londres. Maureen s'était peut-être tout simplement choisi une nouvelle amie pour vivre avec elle et lui avait montré les objets ayant appartenu à Marie en lui disant : « Tu peux les prendre, à présent. » Ou alors, elles avaient profité d'un samedi ensoleillé pour aller les vendre sur un quelconque marché aux puces. Les jeunes gens, pensa-t-il, avaient une vision de la mort romantique mais inconstante. Les fillettes surtout, qui faisaient toute une histoire pour avoir une robe de deuil qui les avantage et qui s'impatientaient aussitôt de pouvoir la quitter. Horty ne se rappelait pas avoir été ainsi quand il était jeune. L'idée que ceux qu'il aimait puissent mourir le terrorisait. Mais, à bien y réfléchir, peut-être était-ce de sa part une réaction égoïste, où dominait l'angoisse de rester seul.

Marie était la première personne qu'il ait aimée dont le décès n'avait eu pourtant aucune conséquence directe sur sa vie à lui. En mourant, Marie n'avait rien emporté du présent ni de l'avenir d'Horty – les chances de la revoir un jour étaient de toute façon tellement infimes. C'était juste un morceau de sa mémoire qui avait disparu, une mémoire qui n'entraînait avec elle rien de ce qui avait été le monde familier d'Horty ; une mémoire qui aurait presque pu ne pas être la sienne, et c'est pourquoi il n'éprouvait aucun remords à dire l'histoire autrement qu'elle s'était passée en réalité. C'était comme ses rêves, ils n'étaient jamais assez cohérents pour qu'Horty ose les raconter tels qu'ils s'étaient déroulés ; il s'efforçait donc en les retraçant de leur donner une apparence de logique, et Zoé les écoutait alors avec plaisir – et quelle importance cela avait-il puisque, quelques heures plus tard, le souvenir même de ces rêves s'effaçait ?

Le fiacre passait maintenant devant la future maison où devaient habiter Jean-Marie Steuze et Bathilde quand ils seraient mariés. De l'extérieur, c'était la plus belle maison de la rue, avec quatre larges ouvertures exposées au sud d'où soufflaient les vents dominants et d'où venait aussi la lumière du soleil. Mais Horty savait que la bâtisse n'était encore qu'une boîte vide, un décor de théâtre derrière lequel il n'y avait que des pièces nues. La grande façade avait épuisé à elle seule toutes les économies des Steuze et des Buren.

Pourtant, un rideau clair flottait derrière une fenêtre ouverte et, dans le jardinet encore livré aux herbes folles, Horty crut reconnaître sa femme accroupie, en train d'activer un feu sous une lessiveuse.

Il se demanda si ç'avait été dans l'idée de Zoé de le peiner en fermant leur propre maison pour aller se réfugier chez Bathilde. Voulait-elle lui faire comprendre qu'en le repoussant l'autre soir, c'était en fait toute leur vie passée qu'elle rejetait, au point de ne plus supporter de dormir sous un toit où lui-même avait dormi, de préférer un couchage de fortune dans une maison en panne dont tout le monde riait du haut en bas de la rue ?

En fait, ce qui le blessa fut de penser au mal que se donnait Zoé pour l'humilier, à ce qu'elle acceptait d'endurer pour lui montrer qu'elle se considérait désormais comme son ennemie.

Son erreur avait été, la nuit où il avait appris le naufrage du *Titanic* et la mort de Marie, de suivre Sciarfoni et de se battre avec l'Italien au lieu de rentrer chez lui. Alors Zoé aurait vu combien il souffrait. Elle l'aurait aidé, comme elle n'avait jamais manqué de le faire.

Il se tourna vers Zeppe, et dut plisser les yeux pour le dévisager car le soleil faisait désagréablement scintiller les brandebourgs dorés du costume du garçon de piste.

– Zeppe, lui dit-il, laissez-moi descendre – il faut être heureux pour dépenser de l'argent à boire du champagne.

– Le champagne n'est pas forcément le vin du bonheur, dit Zeppe, c'est le vin de la réussite.

– Je n'ai rien réussi, dit Horty.

– Écoutez, dit Zeppe avec une sorte de lassitude dans la voix, j'ai déjà assisté à un triomphe. C'était à Venise, au théâtre de la Fenice, et j'ai vu la salle entière se lever, hurler son enthousiasme, et la cantatrice a été obligée de fuir tellement il y avait de roses qui pleuvaient sur elle. Mais ça n'était rien à côté de ce qui vous est arrivé tout à l'heure – et c'est à ça que nous allons boire.

– Eh bien, dit Horty, nous boirons aussi pour nous dire adieu. Je n'irai pas à Venise.

– On commence par Amiens, dit Zeppe sans s'émouvoir.

Il avait toujours sa voix lasse, comme s'il avait prévu toutes ces complications et s'était préparé à les affronter avec ennui mais efficacité.

– Amiens, ce n'est pas loin. Essayez Amiens. Si ça ne vous plaît pas, vous reviendrez. Et surtout, ajouta-t-il avec un sourire, essayez d'abord le champagne.

D'Amiens, ils allèrent à Compiègne, puis remontèrent sur Berck. Là il pleuvait, mais Horty fut heureux de retrouver la présence de la mer.

A Berck comme ailleurs, Zeppe passait ses journées dans les bureaux de poste, expédiant des dépêches à toutes les personnes susceptibles d'accueillir ce qu'il appelait désormais son « spectacle ». Il envoyait aussi à Zoé, de la part d'Horty, l'argent que celui-ci avait gagné. Après quoi, il rentrait à l'hôtel où il attendait les réponses. Il en recevait à presque toutes ses dépêches, même si elles n'étaient pas toujours positives. Zoé, elle, n'accusa jamais réception de l'argent.

L'itinéraire suivi par Horty et Zeppe ne les rapprochait pas de Venise. Au contraire, par une sorte d'ironie, les bourgades qui répondaient favorablement restaient toutes obstinément situées en deçà de l'Oise. On piétinait comme une armée qui multiplie les petites victoires locales mais ne parvient pas à effectuer sa trouée décisive – il arrivait même qu'on repasse par une ville qu'on avait quittée trois jours auparavant.

Zeppe ne paraissait pas contrarié pour autant. S'il n'alignait pas les kilomètres prévus en direction du sud, du moins arrondissait-il notablement son petit pécule. Le « spectacle », à s'incruster ainsi, y gagnait une sorte de réputation familière qui évitait à Zeppe de devoir s'expliquer longuement sur son contenu, ce qui avait aussi pour effet d'alléger les frais de télégraphe.

Les pensions du début, dont il avait souvent fallu partager les chambres grincheuses avec des insectes, cédèrent la place à des hôtels modernes où les voyageurs de commerce se révélaient pour Zeppe une inépuisable source de renseignements.

Les soirées dans des théâtres restaient exceptionnelles. La plupart du temps, Horty se produisait dans des écoles, des gymnases, parfois sous des halles couvertes. Il n'était besoin que de quelques lampes à pétrole pour éclairer la grande photo de la femme de chambre. Horty préférait rester dans la pénombre. Ce n'était pas lui qui comptait, mais les mots qu'il disait, de son étrange voix rauque et basse qui, d'emblée, obligeait le public au silence. Les gens l'écoutaient debout, le chapeau sur la tête. Mais bientôt – eux-mêmes n'auraient peut-être pas su expliquer pourquoi – tous finissaient par se découvrir.

Une chose étonnait Zeppe. Dès le début, Horty lui avait avoué qu'il mentait. Zeppe l'aurait deviné de toute façon : il était impossible qu'une femme jeune et belle comme Marie ait pu aimer si vite – le temps de monter un escalier, d'ôter un manteau mouillé, de parcourir du regard une chambre banale – ce grand homme rugueux qui s'endormait sur le dos, les bras allongés, rigide, gardant les yeux ouverts sur le plafond jusqu'à ce que le sommeil le prenne, et dont le corps n'était fait que de saillies malsaines – veines nouées, boursouflures de cicatrices, masses musculaires excessives qui poussaient sous la chair.

Or Zeppe savait, pour être menteur lui-même, que la tentation de mentir à l'intérieur d'un premier mensonge finit toujours par être la plus forte. Il s'était donc attendu à ce qu'Horty modifie peu à peu son récit. Mais celui-ci n'apportait à l'histoire que des variantes imperceptibles. Peut-être avait-il fini par y croire lui-même.

Avant de paraître devant les spectateurs, Horty se recroquevillait, son front descendait jusqu'à toucher ses genoux resserrés, sa grande charpente si sèche et si massive donnait l'impression de devenir aussi souple que le corps des contorsionnistes que Zeppe avait vus travailler au cirque Continentali. Alors, Horty demeurait de longues minutes ainsi ramassé. Il semblait dormir. Mais ses yeux étaient ouverts et, parfois, en se penchant pour lui dire que les spectateurs s'impatientaient, Zeppe avait surpris des larmes sur ses joues. Comme c'est déconcertant, pensait-il, les vrais menteurs pleurent en scène, pas en coulisse.

Tout cela forçait le respect de Zeppe ; il soûlait Horty sans en éprouver de remords, mais ne parvenait pas à le tutoyer.

Quand l'histoire s'achevait, Horty reprenait son attitude de nymphe endormie. C'était même à cela qu'on savait que l'histoire était dite, car Horty avait repoussé avec colère les suggestions de « final » que lui avait faites Zeppe, et il s'interrompait comme à son habitude, tout soudain, au terme d'une phrase banale.

Zeppe attendait que tout le monde soit sorti, et il s'approchait avec une bouteille de vin. Il annonçait joyeusement le montant de la recette. Mais Horty l'écoutait à peine – pour Zoé, disait-il seulement. Le regard fixe, il buvait d'un trait tout le contenu de la bouteille, et presque toujours il en redemandait une autre qu'il vidait de la même façon mécanique. Ensuite, il s'en allait seul.

– Saurez-vous retrouver l'hôtel ? s'inquiétait Zeppe. C'est dans une de ces ruelles minuscules, souvenez-vous, juste derrière la cathédrale.

Horty retrouvait toujours l'hôtel – quoique parfois bien tard dans la nuit. Qu'avait-il fait dans l'intervalle ? S'était-il simplement égaré, ou bien avait-il passé un moment dans un bordel ? Zeppe n'avait jamais réussi à le savoir.

En fait, Horty n'allait nulle part Il s'asseyait sur un banc ou sur un mur bas quand il n'y avait pas de banc, sous le halo d'un réverbère ou sous la lune quand il n'y avait pas de réverbère. Il attendait. Et presque toujours, sortant de l'ombre, une femme s'approchait de lui. C'était souvent une petite femme sans importance, sans mari, sans fortune. Une servante, la plupart du temps.

– C'est bien vous, monsieur ? disait-elle tout bas.

– Eh oui, disait Horty.

– J'étais là ce soir, disait alors cette femme sans importance. Mes patrons m'ont payé le spectacle. Ce sont de bons patrons. Et c'était un beau spectacle.

– Non, disait Horty, ce n'est pas le spectacle qui était beau, c'est ce qui est arrivé à Southampton qui était beau.

– C'est aussi ce que je voulais dire, murmurait la servante.

Elle s'approchait plus près encore. Horty savait qu'elle allait s'asseoir près de lui, et elle s'asseyait. Horty savait aussi ce qu'elle allait dire ensuite, et elle le disait en effet :

– J'ai dû connaître cette jeune fille que vous évoquez, monsieur. Dans une autre ville où j'ai été placée avant. Ne vous a-t-elle jamais parlé de la pâtisserie Bigot ? Je suis quasiment sûre de l'avoir rencontrée à la pâtisserie Bigot.

Il y avait, ainsi toujours, dans ces petites cités placides où Zeppe et lui s'arrêtaient, une femme qui prétendait avoir connu Marie Diotret. Ce n'était pas vrai, bien sûr. En réalité, cette femme aurait juste voulu être Marie Diotret. Et, quand elle était jolie, Horty la laissait devenir un peu Marie Diotret. Comme elle avait très attentivement écouté l'histoire, elle était capable de prodiguer au visage d'Horty, avec ses mains et avec sa bouche, les mêmes caresses que Marie Diotret.

– Oh ! je vous aime, chuchotait-elle, un homme comme vous ne devrait pas rester seul avec des souvenirs aussi terribles.

C'était déjà l'été. Il faisait doux, même s'il y avait quelquefois du vent à cause des orages dans le lointain. Horty était parfois tenté d'essayer cette manière d'embrasser que Zoé lui avait enseignée juste avant qu'il s'en aille voir appareiller le *Titanic*. Mais il n'osait pas, ignorant comment la servante prendrait cela. Un beffroi sonnait minuit, et la servante s'affolait à l'idée de devoir rentrer seule, si tard. Horty se levait pour la raccompagner. Il était agréable de marcher ainsi dans la nuit, au bras d'une femme dont il ne savait même pas toujours le prénom, mais dont il sentait sécher sur son visage la trace des baisers naïfs.

L'histoire qu'il racontait le soir donnait raison à l'amour, puis à la mort.

Tandis que cette promenade donnait raison à la vie.

Un soir, Horty se produisit dans les faubourgs de Boulogne. Un chapiteau de toile avait été dressé sur un terrain vague, à proximité d'un canal. Environ trois cents personnes avaient pris place sur les gradins de bois.

Il s'agissait d'un spectacle complet, dont Horty et son histoire n'étaient qu'un des nombreux numéros – il y avait entre autres un Américain avaleur de feu, de sabres, de lames de rasoir, et de tout ce qu'on voulait bien lui donner à ingurgiter, une femme qui utilisait de ravissantes marionnettes pour présenter la dernière mode de Paris, chapeaux, souliers et bijoux compris, et même une courte démonstration de cinématographe – l'opérateur projeta un film sur l'hiver en Prusse, dont les images de neige remportèrent un succès de contraste dû au fait qu'il régnait une chaleur insupportable sous ce chapiteau trop hermétique pour laisser circuler l'air de la nuit, et pas assez pour empêcher les moustiques du canal de s'y infiltrer et de mettre les spectateurs au supplice.

L'organisateur avait loué pour les artistes un train de cinq roulottes foraines.

– Inutile pour moi, s'était d'abord récrié Horty qui

n'avait besoin ni de se grimer ni d'endosser un costume de scène.

Mais, Zeppe mourant d'envie de renouer, ne fût-ce que quelques heures, avec ces étroites maisons, malcommodes et brimbalantes, qui l'avaient amené de Venise jusque dans cette France du Nord dont il n'arrivait pas à se dépêtrer, qui semblait se jouer de lui comme un enfant d'un yoyo, Horty et lui s'installèrent dans la dernière roulotte.

Zeppe s'y trouvait si bien à son aise qu'il décida de déroger, pour une fois, à son habitude d'aller dans la coulisse écouter Horty raconter l'histoire.

Alors qu'il faisait à présent tout à fait nuit, il vit apparaître derrière les rideaux de la roulotte une femme qui toquait au carreau. Zeppe se leva et alla ouvrir la porte. La femme n'était pas seule. En bas du marchepied, il y en avait six autres qui lui ressemblaient comme des sœurs, habillées elles aussi d'une robe noire et d'un tablier blanc à bavette ourlée de dentelle.

Elles n'assistaient pas au spectacle car, suivant Horty de ville en ville, elles connaissaient maintenant par cœur l'histoire de la femme de chambre du *Titanic*. Elles désiraient juste que le docker puisse les voir et, peut-être, choisir l'une d'entre elles.

– Choisir ? s'étrangla Zeppe. Choisir pour faire quoi ?

Elles ne savaient pas, dirent-elles. Ce n'était pas à elles de décider. Récemment, employées dans une filature qui avait fermé ses portes au début de l'été, les condamnant au chômage, plus rien ne les retenait. Elles avaient conscience de n'être que des copies très approximatives de Marie Diotret, qui était si fragile, si blonde et si jolie, alors qu'elles avaient la taille épaisse, des cheveux indéfinis et

les traits épatés. Mais elles étaient toujours plus vivantes
qu'une grande photographie, par ailleurs un peu floue. Si
Horty le souhaitait, celle qu'il choisirait pourrait remplacer sur scène le portrait de la femme de chambre, ou même
tenir dans la vie nomade du docker la place que Marie
n'avait pas eu le temps d'occuper, sauf au cours de la nuit
mémorable à l'hôtel de la Rade de Spithead.

N'ayant plus de ressources, ç'avait été un lourd sacrifice
pour elles de se procurer ces costumes de femmes de
chambre. Celle qu'Horty choisirait pourrait avoir – c'était
entendu comme ça entre elles sept – les costumes des autres
filles, qui lui serviraient de rechanges. Ainsi l'heureuse
élue serait-elle toujours nette, stricte, et impeccable.

Bien sûr, il allait être très triste pour celles qui seraient
laissées pour compte de s'en retourner comme ça, après
avoir mis tant d'espoir dans leur démarche. Mais elles s'y
étaient préparées, et elles promirent à Zeppe qu'il n'y
aurait pas de larmes. Elles avaient appartenu au même
atelier de filature, marché main dans la main en tête du
cortège lors de la grève du 29 juin, fui ensemble devant la
charge des soldats, on les avait licenciées le même jour.
Tout cela avait fait d'elles des amies qui se réjouiraient
sincèrement qu'une seule soit heureuse.

Et puisque le signor Brassatto était pour Horty lui aussi
un ami, un intime qui savait tout de lui, pouvait-il leur
dire, sans en désigner aucune en particulier, si au moins
l'une d'entre elles avait sa chance ?

Zeppe était plus troublé qu'il n'aurait voulu le laisser
paraître par ces filles déguisées en qui, malgré ce qu'elles
avaient vécu d'impitoyable, de cruel peut-être, subsistait
néanmoins un peu de puérilité, qui se montrait dans cette
façon qu'elles avaient d'avancer leurs figures, rondes de

forme mais aux joues hâves, comme des enfants attendant un baiser.

Mais, au silence qui s'était fait soudain dans le chapiteau proche, Zeppe devina que le docker venait d'achever son histoire. Il fut lâche :

– Il va venir. Vous lui demanderez. C'est un homme bon.

– Vous aussi, signor Brassatto, vous êtes bon. Qu'est-ce qu'il serait devenu sans vous ?

C'était une question que Zeppe avait toujours soigneusement évité de se poser. Il rentra dans la roulotte.

Horty aperçut les fausses femmes de chambre, mais il ne leur adressa pas la parole. Il était encore dans son histoire, il avait besoin d'un certain temps pour se réaccoutumer à la réalité. Et elles, impressionnées soudain par sa présence, n'osaient rien dire non plus – l'une d'elles essaya de lui sourire, mais il ne la vit pas.

Elles pensèrent que Zeppe parlerait à leur place, qu'il ne pourrait faire autrement que d'expliquer au docker pourquoi elles étaient là, sept femmes chuchotant dans la nuit.

C'est bien ce que fit Zeppe. Mais les quelques minutes écoulées depuis qu'il était rentré dans la roulotte avaient suffi à lui rendre son calme et sa lucidité.

Il n'était manifestement pas assez riche pour entretenir une de ces filles jusqu'à Venise, si d'ailleurs il y arrivait jamais : à force de manipulations, la grande photo s'abîmait, exigerait bientôt d'être refaite, et l'investissement serait d'autant plus coûteux que tout le monde savait à présent quel usage en faisait Zeppe.

Il dit à Horty qu'il avait essayé de chasser ces pauvres filles, mais qu'elles revenaient sans cesse frôler les flancs de la roulotte, obstinées comme des papillons de nuit. Elles tenaient des propos incohérents et elles sentaient mauvais. Il ajouta qu'il s'agissait probablement de folles qui s'étaient sauvées de leur hôpital ; cela arrivait parfois dans l'arrière-saison parce que le personnel des asiles ne se méfiait pas assez de la nuit qui se mettait soudain à tomber plus vite, et les malades profitaient du chien et loup pour escalader le mur.

— Nous ferions aussi bien de fermer les volets, dit Zeppe. Je suppose qu'elles finiront alors par s'en aller.

— Mais je me demande, dit Horty, pourquoi elles se sont habillées de cette façon ?

— La gloire, mon cher, dit Zeppe en ouvrant les fenêtres de la roulotte et en tirant vivement les volets à lui. Vous êtes devenu célèbre jusque chez les fous.

— Je suis peut-être fou moi-même, dit Horty après un de ses silences si interminables que Zeppe en oubliait parfois de quoi parlait le docker. Vous qui avez beaucoup voyagé, Zeppe, à quoi reconnaît-on un fou ?

Il s'était assis sur le bord d'un bat-flanc et tétait la bouteille de vin que Zeppe s'était hâté de lui donner de ce même geste furtif qu'avait le dompteur du cirque Continentali pour offrir un morceau de viande fraîche à ses lions.

— Voilà une question intéressante, dit Zeppe en fermant avec soin le dernier volet.

La plupart des gens l'interrogeaient sur les mœurs des artistes du cirque : que devait manger la femme la plus grosse du monde pour respecter son contrat qui exigeait qu'elle pesât quatre cents livres au moins, les trapézistes faisaient-ils systématiquement contrôler leur vue par des opticiens et arrivait-il aux jongleurs, dans la vie de tous les jours, de casser un verre ou une assiette ? Mais personne n'avait jamais questionné Zeppe sur lui-même, ni sur ce qu'était – peut-être – le monde.

Pour porter un habit rouge et or et subir d'éprouvantes crises d'urticaire provoquées par une allergie à la sciure de la piste, Zeppe n'en était pas moins un homme comme les autres, capable d'émettre une opinion valable sur un grand nombre de sujets n'ayant rien à voir avec le cirque.

Il se sentit donc flatté qu'Horty lui demande son avis à propos des fous. Ce n'était pas un sujet tellement plus futile que l'élégance outrancière du Kronprinz, dont les journaux faisaient des gorges chaudes. Mais il ne pouvait pas répondre à sa question sans le blesser – car Zeppe pensait précisément qu'Horty était fou.

Zoé, si elle le désirait, par esprit de vengeance ou pour s'approprier les maigres biens d'Horty, devait pouvoir obtenir l'internement de son mari : il ne lui serait pas difficile de démontrer qu'un homme prenant l'univers à témoin d'un amour immense mais qui n'avait jamais existé méritait, sans être forcément dangereux pour la société, d'être étroitement surveillé et soigné. Peut-être avait-elle entrepris déjà, affectueusement chaperonnée par le président Siméon, les premières démarches dans ce sens. Et Zeppe redoutait de voir surgir un soir des hommes venus pour s'emparer d'Horty. S'ils intervenaient à l'issue d'une représentation, ils n'auraient aucun mal à emmener le docker dans leur voiture, car à ce moment-là il était comme un petit enfant.

Cela faisait partie de la fatalité des spectacles impliquant des êtres étranges, hommes ou animaux. Zeppe l'avait appris des montreurs de singes et de chiens savants qui ne perdaient jamais de vue que leurs bêtes finiraient par être malades et mourir avant eux. Et c'est pourquoi Zeppe, bien qu'il ait maintenant gagné assez d'argent pour pouvoir prendre deux chambres séparées, continuait de n'en louer qu'une seule pour le docker et lui, afin de mieux veiller sur Horty et de le protéger aussi longtemps qu'il le pourrait.

Donc, après avoir dit que la question sur les fous était intéressante, Zeppe garda le silence – un silence prudent dont il essaya tout de même de souligner le côté pensif en hochant gravement la tête.

– Oui, oui, fit Horty, je vois.

Et lui aussi se mit à hocher la tête.

– Allons, dit Zeppe en débouchant une nouvelle bouteille, buvez encore – qu'est-ce qui vous arrive ce soir, vous n'avez donc pas soif d'avoir tant parlé ?

Quand ils quittèrent enfin la roulotte, les femmes de chambre étaient parties. Il ne restait d'elles que des bouffées du parfum bon marché dont elles s'étaient inondées, alors Zeppe regretta furtivement d'avoir menti à Horty en lui disant que ces femmes sentaient mauvais, ç'avait été une de ces petites méchancetés dont il se savait la tête pleine, qu'il s'efforçait généralement de repousser mais qui réussissaient toujours à lui échapper à un moment ou l'autre de la journée, quand il était désœuvré, somnolent ou au contraire trop tendu, et ensuite le souvenir de sa mesquinerie le poursuivait des heures durant, comme le rappel d'une beuverie mal digérée.

Par manière de compensation, il chercha à dire quelque chose de gentil à propos de ces pauvres filles, et ne trouva rien – mais, après que la signora Antonella et ses écuyères l'eurent chassé, quelqu'un du cirque s'était-il préoccupé d'avoir des paroles de sympathie envers lui ? Probablement pas, non, ils avaient simplement dû commencer à démonter le chapiteau en essayant de se dépêcher parce que des nuages bas masquaient les étoiles, il n'allait pas tarder à pleuvoir, alors la toile gorgée de pluie serait bien plus lourde à manier, l'opération de démâtage et de pliage prendrait peut-être une heure de plus, et tout le monde avait terriblement sommeil – ceux qui aimaient bien Zeppe comme ceux qui le méprisaient.

La foule s'écoulait lentement. Les gens avaient eu très chaud, ils remontaient le long du canal en quête d'un peu de fraîcheur.

Horty s'immobilisa soudain. Il ouvrit la bouche comme pour parler, mais renonça et resta planté là, à se dandiner d'une jambe sur l'autre.

– Eh quoi ! s'impatienta Zeppe. Avancez. Il va être une heure du matin, et notre train part à six.

– Là-bas, dit enfin Horty, là-bas près du canal, j'ai vu quelqu'un. Une femme avec une robe verte et une ombrelle.

– A quoi servirait une ombrelle dans la nuit ? fit Zeppe. Encore une folle, ajouta-t-il en riant.

Horty ne répondit pas. Malgré les bourrades que lui assenait Zeppe pour l'entraîner, il fixait la rive du canal avec une sorte d'incrédulité.

Il n'y avait pas que la couleur de la robe et la présence incongrue d'une ombrelle qui l'avaient frappé. Parce que c'était à sa façon de marcher qu'on devinait les qualités ou les défauts d'un docker, Horty ne manquait jamais, chez toute personne qu'il rencontrait, de remarquer d'abord le rythme de ses pas, sa raideur ou sa souplesse. Et, quand il avait vu quelqu'un marcher, il ne l'oubliait jamais. Or son regard venait d'isoler, parmi la centaine de spectateurs longeant le canal en direction de la ville, une personne qui déambulait gracieusement, comme la jeune femme en vert amande à laquelle il avait prêté quelques pence pour prendre un omnibus, et qui s'était finalement embarquée sur le *Titanic* pour aller écumer les hôtels et les grands express américains.

Un homme la tenait par la taille. Cet homme aurait dû être son compagnon, enfin son complice, enfin celui qui se faisait appeler Duncan, Edmond, Helmut ou Gemmo, selon les pays où il officiait. Mais il n'avait pas la prestance un peu hautaine du tricheur, ni sa démarche élégante et feutrée. Le personnage qui accompagnait la femme en vert était un bonhomme rabougri, presque simiesque. Il portait un monocle sur le verre duquel dansait parfois, brièvement, la lumière de la lune. C'était Mr. Cheapman, de Thedford dans le Nebraska.

Si Mr. Cheapman et la femme en vert avaient reconnu Horty, ils n'en laissèrent rien paraître. Ils continuaient de s'en aller vers la ville, la femme en vert faisait tournoyer son ombrelle et, de temps en temps, un éclat de rire renversait son visage. Mr. Cheapman semblait être resté l'incorrigible boute-en-train de l'hôtel de la Rade de Spithead.

Horty ne se rappelait pas avoir relevé le nom de Cheapman parmi la liste des rescapés. Mais peut-être l'avait-il lu sans y prêter attention, car ce n'était pas ce nom qu'il était venu chercher. Quant à la femme en vert, elle ne lui avait révélé que son prénom, Camille, et la liste portée sur l'ardoise par les agents de la White Star ne comportait de prénoms qu'en cas d'homonymie.

Horty les suivit des yeux jusqu'à ce qu'ils s'engagent sur

la passerelle au-dessus du canal et disparaissent de l'autre côté du dos-d'âne. Il aurait voulu courir derrière eux, les rejoindre, leur demander ce qu'ils faisaient là, parmi des gens qui s'amusaient. Mais il se retint, car il n'aurait pas supporté que Mr. Cheapman se moque de lui et que la femme se mette à rire plus fort en le dévisageant.

Plus tard, quand ils furent dans leur chambre d'hôtel, Zeppe dit à Horty qu'il était assez normal, statistiquement parlant, qu'il finisse par rencontrer des hommes et des femmes ayant survécu au naufrage – et cela précisément dans des lieux où l'on venait pour se divertir et oublier.

– Mais je ne les ai pas divertis, gronda Horty. J'ai raconté une histoire qui aurait bien dû leur rappeler les choses terribles qu'ils ont vécues. Et pourtant, comme ils riaient en s'en allant !...

Il était impossible que Mr. Cheapman n'ait pas croisé Marie dans les coursives du paquebot, qu'il n'ait pas reconnu en elle la jeune femme dont il s'était si misérablement moqué lorsqu'elle était attachée par les poignets à l'escalier rouillé de Harston & Harston. Malgré quoi il avait écouté jusqu'au bout l'histoire d'Horty, il avait fait silence avec les autres spectateurs, et ensuite il s'était éloigné comme si de rien n'était, en faisant rire une jolie femme, et à présent il allait peut-être offrir à cette jolie femme un souper fin, et tous deux parleraient sans aucune pudeur d'Horty et de sa nuit avec Marie. Cela leur donnerait peut-être envie d'en faire autant, et dans une chambre quelconque la femme déposerait son ombrelle, ôterait sa robe vert amande et parodierait, toujours en riant, les gestes de Marie.

N'auraient-ils pas dû plutôt, après la représentation,

chercher à rencontrer Horty pour lui apprendre ce qu'ils savaient de la façon dont Marie Diotret était morte ?

— Qui vous dit qu'ils en savent quelque chose ? rétorqua Zeppe. Ils étaient peut-être déjà loin, sur une des chaloupes. Et qui fait attention à une simple femme de chambre en temps ordinaire ? Alors, dans ces circonstances...

— Elle était en train de mourir, dit Horty.

— Bon Dieu, s'énerva Zeppe, c'est exactement ce que je vous dis : qui va faire attention à une femme de chambre en train de mourir ?

Zeppe avait admis depuis longtemps que la souffrance et la mort d'un être humain n'étaient pas des événements assez considérables pour empêcher d'autres êtres humains de continuer à s'étourdir — et probablement n'existait-il aucun événement assez fort pour ôter au monde son formidable goût de vivre, et c'était après tout ce qui permettait à celui-ci de rebondir joyeusement, comme une grosse balle qu'il était, au milieu d'un vide infini. Et Zeppe lui-même devait désormais faire un effort pour se rappeler que Marie Diotret, dont il déménageait le grand portrait sur son dos, de ville en ville, et qu'il frottait doucement chaque soir avec une peau de chamois pour éviter que l'humidité le fît gondoler, avait été une personne vivante. Elle était devenue pour lui l'accessoire d'un spectacle, au même titre que le fichu tunnel grillagé par où entraient et sortaient les lions du Continentali, et dont il avait omis un jour de vérifier le verrouillage.

Cette nuit-là, au lieu de s'allonger, Horty approcha une chaise de la fenêtre ouverte, et il resta assis à surveiller le canal qu'on apercevait au loin, guettant l'improbable réapparition de Mr. Cheapman et de la femme en vert. Mais seuls de rares chalands s'en allant vers les bassins maritimes glissaient sur ce canal, tirés par des chevaux, parfois par une femme.

Depuis le lit, Zeppe ne voyait que le dos légèrement courbé, la nuque envahie d'une épaisse fourrure de cheveux gris et les épaules énormes de l'ancien docker. De temps à autre, un frisson parcourait cette grande masse inerte, la chaise grinçait un peu, et Horty laissait échapper une sorte de râle qui était sans doute un sanglot.

En cherchant le sommeil, Zeppe pensa que si Zoé ne tentait rien pour faire interner Horty, ce serait peut-être lui, Giuseppe Brassatto, qui d'une façon ou d'une autre devrait se séparer du docker.

Il calcula mentalement ce qu'Horty lui avait rapporté jusqu'ici. C'était beaucoup plus qu'il n'en avait gagné auprès de la signora Antonella depuis que le cirque Continentali avait quitté l'Italie. La tristesse d'Horty s'était révélée rentable, mais qu'en serait-il si cette tristesse tournait au désespoir ? Au mieux, le docker serait incapable de continuer à raconter l'histoire avec la dignité qui bouleversait ses auditeurs et leur imposait ce silence par lequel, debout quelquefois, ils saluaient sa sortie ; au pire, il risquait de devenir un homme dangereux. Zeppe, qui s'en était si bien tiré jusque-là, ne ferait-il pas mieux de cesser de tenter le diable et de prendre seul la route de Venise ?

Mais il devait d'abord honorer un engagement pour une série de nouvelles représentations au Grand Théâtre de la Ville-Haute, dont Edmond Geirard venait de lui envoyer confirmation par une dépêche – évidemment, pensa-t-il, s'il choisissait de tout arrêter là-bas, Horty serait chez lui et Zeppe n'aurait pas le souci de lui payer un billet de retour en chemin de fer. Cette réflexion l'aida à s'endormir, tandis que l'orage éclatait enfin sur Boulogne.

Après un crochet par Roubaix et une petite ville de la frontière belge – où, au sortir de la gare, ils affrontèrent des rafales dont la violence cintra légèrement la planche sur laquelle était collé le portrait de la femme de chambre du *Titanic* –, ils furent de retour à N... aux premiers jours de l'hiver. Tandis que Zeppe se rendait au théâtre pour y mettre en sécurité la photo de Marie, Horty alla rôder sur le port.

A la Tête d'Écaille, Caraïbe repeignait et graissait son enseigne en prévision des ventées. Il accueillit Horty avec empressement, lui offrit une bouteille de vin cacheté et lui fit le récit d'un été qui n'avait pas manqué d'être fertile en événements : à bord d'un wagon de bestiaux loué par le président Siméon, qui paraissait décidément se plaire à organiser des voyages, quelques dockers méritants s'étaient rendus au chef-lieu où, dans la lumière incertaine de l'aube et d'assez loin car il y avait du monde, ils avaient vu guillotiner Sciarfoni ; Bathilde, dont le mariage avec Steuze semblait avoir été moins fastueux, et surtout moins heureux que prévu, remplaçait le soir à la taverne Gloria-l'Agneau dont le joli corps s'était soudain couvert de marbrures étranges et mis à brûler de fièvre ; la tombe d'Aïcha avait été profanée à deux reprises, une fois par des chiens errants que les gendarmes avaient poursuivis et abattus sur la lande, une autre fois par des gens de la République qui s'étaient persuadés qu'on n'enterrait pas une Turque sans la parer de tout un tas de bijoux exotiques ; Al Bazeiges s'était réveillé un matin privé de parole, paralysé du côté droit, et il avait eu beau griffonner sur un bout de papier qu'il désirait s'entretenir avec un curé, les prêtres de Saint-André ne se pressaient pas d'aller au chevet du vieil homme dont les idées de libre penseur leur étaient trop bien connues – Al Bazeiges n'avait-il pas juré de mettre son équipe de dockers à la disposition du premier député assez audacieux pour proposer la démolition des églises de la Ville-Basse ?

– Et ma maison ? demanda Horty.

Le mulâtre comprit que la vraie question que l'ancien docker voulait poser était : et Zoé ?

– Ta femme l'occupe à nouveau, dit Caraïbe. Bathilde va y coucher quelquefois, quand elle se dispute avec Steuze, et c'est de plus en plus souvent. Bathilde m'a dit que ta Zoé avait bien fait les choses : il y a des rideaux neufs et un deuxième poêle, dans la chambre celui-là.

– Oui, dit Horty, c'était une chambre où il faisait froid.

– Il fait froid partout, maintenant, dit Caraïbe en essuyant machinalement une vitre – au-dehors stagnait un brouillard dense et gris, qui noyait le faîte des grues ; on entendait la sirène de brume du bateau pilote gagnant le large.

– D'après Bathilde, reprit le mulâtre, Zoé te croit mort. En tout cas, elle fait comme si.

– Les morts n'envoient pas d'argent, dit Horty. Zoé est riche, à présent. Enfin, riche comme peuvent l'être des gens comme nous.

Caraïbe approuva. En plus des rideaux neufs et du poêle dans la chambre, Zoé se montrait parfois, le dimanche, dans de jolies toilettes fraîches qui, cette fois, n'étaient plus des robes de Bathilde retaillées pour elle.

— Vas-tu tout de même rentrer chez toi ou bien veux-tu dormir ici dans la soupente ?

— Zeppe est riche aussi, répondit indirectement Horty, il nous paye l'hôtel.

La bouteille était vide. Caraïbe en ouvrit une autre. Les deux hommes burent un moment en silence. Puis Horty dit au mulâtre de faire savoir à Zoé, par l'intermédiaire de Bathilde, qu'il serait heureux de la revoir. Peut-être accepterait-elle, un soir ou l'autre, de venir au théâtre. Il l'emmènerait souper dans un de ces restaurants ouverts jusque tard dans la nuit, dans les petites rues amusantes qui s'enchevêtraient derrière la place du Marché. Il n'avait pas besoin d'une réponse précise fixant le jour et l'heure. Avant de commencer l'histoire, il regarderait dans la salle. Si Zoé s'y trouvait, il la reconnaîtrait même si elle portait une robe et un chapeau qu'il ne lui avait jamais vus, et alors il ferait en sorte de se dépêcher – Zeppe lui avait enseigné, selon la nature des spectacles auxquels il participait, à abréger l'histoire ou à la faire durer une heure et plus.

— Zeppe est pour moi comme un père, dit Horty, qui ajouta avec fierté : tu sais, il n'est plus jamais en rouge et or, parce que dans un bel hôtel où nous étions quelqu'un l'a pris pour le portier, alors il s'est acheté un long costume noir, une chemise blanche et une cravate grise avec une perle au milieu.

— Qu'est-ce que tu crois ? dit Caraïbe en débouchant une troisième bouteille sous prétexte de célébrer l'élégance de Giuseppe Brassatto. Ici aussi, il y a du nouveau – tu verrais ça, si tu n'étais pas retenu par ton théâtre : j'ai demandé à Bathilde de se déguiser comme ta belle amie de Southampton. Dommage qu'elle ait le poil si noir. Mais ça, poursuivit-il en riant de toutes ses dents, je suis mal placé pour le lui reprocher.

— Mais attends un peu, dit Horty en frappant du plat de la main sur le comptoir, je ne sais pas si tu as le droit de faire ça : les femmes de chambre ne travaillent pas dans les tavernes, vraiment non, ce ne sont pas des endroits pour elles.

— Ça se peut, rétorqua le mulâtre, mais les hommes s'en fichent, ça leur plaît à regarder. Peut-être, ajouta-t-il d'un air malicieux, qu'ils espèrent faire avec Bathilde ce que tu as fait avec Marie.

Il fit signe à Horty de le suivre, l'entraîna dans le réduit où il mettait ses tonneaux en perce. Il ouvrit un étroit placard encastré dans la pierre des murailles. Dans la pénombre du cagibi, Horty vit une robe noire, un tablier blanc avec une longue ceinture permettant de faire un gros nœud bouffant sur les reins, et une petite coiffe empesée.

Juste alors, sur la rade, la sirène d'un bateau retentit, si rauque et si proche que les bouteilles de vin alignées sur leurs claies s'entrechoquèrent.

Horty avança les mains, attirant à lui les étoffes inhabitées. Il y enfouit son visage. Elles sentaient Bathilde. Il chercha à se rappeler quelle avait été l'odeur de Marie, mais ne la retrouva pas. Marie n'avait pas vraiment eu d'odeur, sauf une, assez vague, de charbon et de cheveux mouillés, mais c'était sans doute à cause des fumées des paquebots et de la pluie sur Southampton, ce n'était pas son odeur à elle, celle qu'il inventait quand il racontait l'histoire, et qui attisait si bien l'imagination des hommes venus l'écouter.

— Où as-tu eu ça ? demanda-t-il.

— Eh ! fit Caraïbe, par une annonce que j'ai mise : *Tête*

d'Écaille recherche pour son personnel tenue complète de femme de chambre. Bon état exigé. Écrire au journal qui transmettra. Une proposition est arrivée dès le surlendemain. C'était un prix raisonnable, je n'ai pas discuté. Je n'ai pas vu la fille, elle a envoyé un gamin livrer le paquet, et moi j'ai donné l'argent au petit. C'est comme ça que ça s'est passé, et personne n'a été floué. Sauf que Bathilde a dû découdre les ourlets, tout ça était trop court pour elle.

— Il manque les bottines, remarqua Horty en laissant retomber la robe et le tablier.

Caraïbe dit que les bottines faisaient partie du lot, mais qu'il s'en était débarrassé. Elles étaient abîmées, tachées comme si elles avaient été inondées.

— Les bottines d'une femme de chambre maladroite, dit-il en riant, qui devait se renverser de l'eau sur les pieds. Le soir, ces filles font le tour des chambres pour préparer les lits, tapoter les oreillers et déposer sur les tables de nuit une carafe avec un verre — tu vois, j'en sais presque autant que toi. A mon avis, celle qui m'a vendu ça avait servi dans un château où elle avait renversé beaucoup de carafes à côté de beaucoup de lits.

Mais Horty ne croyait pas que la femme de chambre dont Caraïbe avait acheté l'uniforme ait travaillé dans un château.

Sur un des pans de la longue ceinture, ainsi que sur l'envers de la coiffe empesée, il avait remarqué la présence d'une petite étoile rouge. L'emblème de la White Star Line aurait dû apparaître au contraire sous la forme d'une étoile blanche sur fond rouge, mais la brodeuse avait peut-être jugé plus commode de faire ainsi, et d'une certaine façon elle avait eu raison puisque cette inversion des couleurs de l'étoile n'avait pas empêché Horty de deviner d'où venaient cette coiffe, ce tablier, et sans doute aussi la robe noire, bien que cette dernière ne soit pas marquée.

Il n'éprouva toutefois pas la même émotion désordonnée que lorsqu'il avait reconnu Camille et Cheapman marchant le long du canal. Ces vêtements pouvaient provenir de n'importe quel navire de la White Star et n'avaient évidemment pas été portés par Marie, puisque celle-ci s'était noyée en costume de femme de chambre – peut-être était-elle nue ou en chemise de nuit lorsque le *Titanic* avait heurté l'iceberg, mais elle s'était vite habillée pour monter sur le pont, attrapant ce qui lui tombait sous la main, et c'était nécessairement sa tenue de travail qui se balançait à une patère.

Horty survivait dans un mensonge, pas dans un rêve.

Une nuit, la température chuta en dessous de zéro. Au matin, un gel blanc poudrait les trottoirs, alourdissant les feuilles mortes qui se mirent à tomber par brassées. Les tambours municipaux se postèrent aux carrefours pour lire un arrêté interdisant la circulation des voitures automobiles pour raison de sécurité. Des cheminées de la Ville-Haute s'élevèrent d'épaisses fumées qui, se mêlant aux nuages, recouvrirent tout d'une sorte d'ouate immobile, si pesante qu'elle s'accrochait aux immeubles, dissimulant les toits et donnant ainsi à la ville un aspect de cité décapitée par un bombardement. Les habitants de la Ville-Basse, eux, ne se chauffaient pas encore, mais une vapeur grise monta de la mer plus tiède que la terre et, finalement, les deux villes se confondirent sous un même voile pâle et pulvérulent comme une poussière de craie.

Ces signes annonciateurs d'un hiver précoce, associés à une toux rebelle dont aucun sirop ni cataplasme ne semblait devoir venir à bout, incitèrent Zeppe à accélérer les préparatifs de son départ pour Venise. Il s'ingénia donc à tirer d'Horty, pour le temps qui lui restait, autant d'argent qu'il pourrait.

La brièveté des jours et le froid détournèrent les

habitants de leur distraction favorite qui était de se promener sur le boulevard de la mer, et ils furent chaque soir plus nombreux à fréquenter le Grand Théâtre. La recette devint plus qu'honorable, au point que Geirard parla d'une éventuelle prolongation jusqu'au 10 décembre – après quoi, l'approche des fêtes l'obligerait à programmer quelque chose de plus riche et de plus joyeux.

Horty se produisant en soirée, Zeppe eut l'idée d'utiliser le temps mort de l'après-midi pour proposer *La Femme de chambre du Titanic* à des associations charitables qui cherchaient à pallier les effets de cette période maussade sur des populations déjà naturellement attristées.

Il était évidemment dommageable pour la grande photo d'être ainsi déplacée d'un point à l'autre de la ville, parfois sous l'averse ; mais, de loin, on ne remarquait pas qu'elle se décollait, se fripait, se ternissait, perdait de ses contrastes à mesure que le fixateur se dégradait. Lebens l'avait longuement examinée, essayant de retoucher au pinceau les parties les plus effacées, mais il ne pouvait rien faire pour empêcher l'image de Marie de s'affadir, de pâlir jusqu'à se dissoudre inexorablement.

Horty raconta l'histoire dans les ateliers de la prison pour femmes qui jouxtait le théâtre. A l'issue de la représentation, Zeppe lui reprocha de n'avoir pas été aussi émouvant que d'habitude – la fin de son récit n'avait-elle pas été accueillie par des cris et des applaudissements frénétiques au lieu du silence habituel ? Horty dit que c'était à cause des courants d'air glacial qui s'engouffraient dans cet atelier dont plusieurs vitres de la verrière étaient brisées. Les religieuses chargées des prisonnières portaient des mitaines et des mantelets de laine noire, mais les détenues n'étaient habillées que de minces robes grises, elles avaient eu bien trop froid pour se laisser gagner par l'émotion et avaient applaudi pour se réchauffer.

Horty parla aussi dans les salles communes de l'hôpital, et là encore sa prestation ne fut pas aussi brillante que sur la scène du Grand Théâtre. Mais, cette fois, cela ne tenait pas tant au public qu'au docker lui-même : il ne pouvait détacher ses yeux du lit où Gloria-l'Agneau était en train de mourir sans le savoir. Elle souriait comme elle l'avait toujours fait en subissant les sévices de ses clients, mais ce sourire découvrait à présent des gencives boursouflées et sans dents.

– La vérité, dit Horty en sortant, c'est que ça n'est pas une histoire pour des gens dans le malheur.

Zeppe haussa les épaules : aucune histoire n'existait en soi, pas plus celle-ci que les autres, elles ne valaient que par le souffle dont on les animait, c'est-à-dire la manière dont on les racontait – et, parce que le Grand Théâtre avait un plafond doré d'où pendait un lustre magnifique, Horty s'imaginait-il que les spectateurs qui s'asseyaient sur ses sièges de velours rouge étaient tous heureux ?

– Il y a aussi ceux qui ne sont ni heureux ni malheureux, dit le docker. Ils sont les plus nombreux. Ils sont presque tout le monde. Ils ne sont rien.

Zeppe se demanda si Horty se considérait comme n'étant rien, lui non plus. Il le regarda descendre le boulevard, le cou enfoncé dans le col de sa vareuse, marchant paisiblement avec la grande photo jetée sur l'épaule, comme quelqu'un qui ne va nulle part en particulier.

Bientôt, un train emporterait Zeppe vers Venise. Sans doute n'habitait-il pas là-bas un palais rutilant sur le Grand Canal, mais un logement humide au rez-de-chaussée de la via del Ghetto, et la plupart des paysans dont il allait traverser les campagnes pourtant arides et déshéritées n'auraient jamais consenti à s'enterrer entre les quatre murs suintants qui constituaient l'essentiel de la maison de Giuseppe Brassatto.

Mais ces murs étaient à Venise, et ce nom seul suffisait, dans la nuit hâtive qui tombait, à exalter Zeppe. Existait-il un nom, n'importe quel nom, capable d'exalter aussi Horty, les détenues de la prison de femmes ou Gloria-l'Agneau ?

Un mot tel qu'avenir aurait-il le pouvoir de leur arracher autre chose que cette petite vibration ténue, apparemment sans pics ni abîmes, qu'ils appelaient leur vie ? Zeppe en doutait. Tous, ils allaient maintenant entrer dans l'hiver sans autre horizon que d'en sortir, et sans pour autant rien faire pour cela, acceptant la disparition du soleil comme ils acceptaient tout le reste.

— Horty, demanda brusquement Zeppe, que ferez-vous quand je serai parti ?

— J'essayerai de rentrer chez moi. Zoé n'est pas si dure.

— Mais une fois chez vous, insista Zeppe, que ferez-vous ?

Horty s'arrêta pour le dévisager. C'était vraiment une drôle de question – être de nouveau avec Zoé, la réchauffer quand elle aurait froid malgré le poêle qu'elle avait installé dans la chambre, est-ce que ça n'était pas être quelqu'un, c'est-à-dire plus encore que faire quelque chose ?

— Ah ça, dit-il, je verrai bien.

Il fit passer la photo de Marie d'une épaule sur l'autre et se remit en marche.

— Je serais vous, dit Zeppe en remontant à sa hauteur, je continuerais à raconter des histoires. Vous en avez inventé une, rien ne vous empêche d'en inventer une autre. Est-ce que l'assassinat de la petite Turque – comment s'appelait-elle déjà ? – n'en fournirait pas une excellente ? Il suffirait d'arranger un peu les choses, par exemple de laisser entendre que Sciarfoni était tout chamboulé par les jambes nues et l'odeur forte de cette jeunesse. Je dis ça parce que vous décrivez bien ce genre de détails – les odeurs surtout. Je pourrais revenir l'été prochain, et nous repartirions ensemble, avec l'histoire de Sciarfoni et de la Turque.

– Non, dit Horty, ne revenez pas.

Il accéléra le pas, laissant derrière lui Zeppe qu'une quinte de toux pliait en deux et qui fouillait dans les poches de son habit noir à la recherche de son flacon de sirop.

Ce soir-là, Zeppe, malade et vexé, ne vint pas chercher Horty à l'issue de la représentation. Après l'avoir attendu, le docker quitta donc seul le théâtre, empruntant pour une fois le grand escalier réservé au public. Une vieille femme éteignait les lanternes de la façade. Il tombait une sorte de neige fondue.

Alors, Horty vit Marie Diotret.

Elle se tenait à l'autre bout de la place du Marché, sur un cheval bai qu'elle montait en amazone, et ses jambes se balançaient avec une sorte de nonchalance charmante sous une longue jupe d'un bleu sombre, et quelques mèches de ses cheveux blonds s'échappaient d'un large béret dont un côté se relevait avec élégance. Son regard s'arrêta sur Horty sans avoir marqué la moindre hésitation, comme si elle avait prévu qu'il apparaîtrait à cet instant et en cet endroit précis. Elle lui sourit et, de sa main qui tenait une cravache, lui adressa un petit signe. Puis, d'un coup de talon, elle lança son cheval. Elle disparut dans l'ombre des ruelles.

A bout de souffle, le cœur dans la gorge comme lorsqu'il avait longtemps couru avec un veau affolé en travers des épaules – et pourtant il n'avait pas eu le temps d'esquisser un mouvement et, même s'il en avait eu le temps, il n'aurait pas su quel geste faire –, Horty s'assit sur les marches du théâtre.

La vieille femme qui finissait d'éteindre les lanternes s'approcha, toucha son bras et lui demanda s'il ne se sentait pas bien, mais il dit que si, c'était juste le froid qui l'avait saisi, probablement.

Il resta là un long moment. La femme était rentrée dans le théâtre et Horty pouvait entendre le bruit des chaînes dont elle se servait pour cadenasser les portes.

Enfin, il n'y eut plus de bruit du tout, sauf le clapotis léger de la neige fondue qui courait en rigoles vers les caniveaux.

Cette première nuit, Horty se persuada qu'il n'avait pas réellement vu Marie.

Une femme qui lui ressemblait, mais de loin et dans l'obscurité, était venue caracoler devant le théâtre pour une raison qu'il ne s'expliquait pas, mais qui devait être aussi misérable que celle qui avait incité les sept ouvrières de Boulogne à se déguiser en femme de chambre pour le guetter près de la roulotte où il s'était affalé, sans avoir dit un seul mot à ces folles, buvant le vin que lui avait préparé Zeppe.

Mais il y eut une deuxième nuit, où la femme attendit plus longtemps avant de talonner sa monture. Cette fois, elle ne sourit pas, n'agita pas sa main qui tenait une cravache. Elle voulait juste se laisser admirer, semblait-il. Elle avait roulé ses cheveux en chignon, portait une robe plus claire, sablonneuse, soulignée au-dessus de l'ourlet par deux bandes brunes. Aussi immobile que la cavalière, Horty l'observa en silence tout le temps qu'elle resta sous les marronniers. Quand elle eut disparu, lançant son cheval d'un simple frémissement des jambes, il se dirigea vers l'extrémité de la place où elle s'était tenue. Sur le pavé mouillé, le cheval avait laissé du crottin. Horty l'effleura, le crottin était souple et tiède. Mais la preuve d'un cheval vivant n'était pas la preuve de Marie.

Il décida de ne rien dire encore à Zeppe. Il lui réclama seulement plus de vin que d'habitude. Zeppe, qui avait acheté le jour même son billet de chemin de fer pour Venise et constaté qu'il lui restait plus d'argent que prévu, était en veine de largesse. Il invita Horty à boire autant qu'il voulait :

– Je vous coucherai si vous tombez, je vous couvrirai comme vous le faites aux femmes que vous aimez.

Le lendemain, Marie était dans la salle, au promenoir. Elle s'éventait à l'aide de son large béret. Ce soir, ses cheveux blonds étaient libres et roulaient sur ses épaules.

Tout le temps qu'il raconta l'histoire, Horty essaya de tenir la jeune femme sous son regard, ne parlant que pour elle, mais il vit bien qu'elle se dérobait, arpentant le promenoir à grands pas impatients.

La représentation terminée, Horty se précipita dans les escaliers pour la rejoindre. Il se heurta à la foule des spectateurs qui refluaient et, quand il arriva là-haut, Marie n'y était plus. Il demanda aux ouvreuses si elles avaient vu sortir une femme ressemblant assez à celle dont le portrait agrandi était encore sur la scène, blonde, frêle et nerveuse, avec, pensait-il, des bottes de cuir et une cravache qu'elle dissimulait dans les plis de sa robe. Les ouvreuses dirent que non, elles n'avaient pas prêté attention aux gens dans la salle, elles s'étaient retrouvées près du vestiaire où elles avaient bu de la chicorée en tirant des horoscopes.

Horty tourna autour du théâtre, cherchant à repérer les traces du cheval bai que Marie montait en amazone. En raison du temps détestable, de nombreux fiacres avaient été hélés ce soir, et il y avait du crottin partout. Le docker se sentit soulagé que Zeppe ne soit pas là, à le regarder se pencher sur des excréments pour tenter d'y trouver le passage d'une femme. Il était un peu plus d'une heure lorsqu'il se décida enfin à regagner son hôtel. La vie, qu'il avait jusqu'alors tenue pour quelque chose d'injuste mais de cohérent, lui apparaissait dans toute son absurdité.

Zeppe l'attendait assis sur le lit, inquiet, la couverture remontée sur sa gorge qui recommençait à le faire souffrir. La chambre empestait le collutoire. Horty but un peu – mais pas trop, de peur que Zeppe ne s'imagine que c'était l'ivresse qui le faisait délirer. Il raconta ce qu'il avait vu trois soirs de suite.

– C'est Zoé, dit Zeppe quand Horty eut achevé son récit.

– Zoé n'est pas si jeune, pas si belle, Zoé est rousse et toute petite. Et ça ne peut pas être Marie non plus, ajouta le docker. Pas seulement parce que Marie est morte, mais parce qu'elle serait venue vers moi.

– Je ne prétends pas que vous ayez vu Zoé, et encore moins Marie, précisa Zeppe, mais je dis que Zoé a payé cette femme qui ressemble à Marie – de loin, n'est-ce pas, puisque vous notez vous-même qu'elle évite de s'approcher de vous.

– Pourquoi Zoé ferait-elle ça ?

– Pour vous blesser, dit Zeppe.

Horty ne le crut pas, mais Zeppe était sûr d'avoir vu juste : Zoé commençait ses manœuvres afin d'entraîner son mari dans un désarroi terrible qu'il serait aisé ensuite d'assimiler à une forme de démence.

Comme si de nommer le mal suffisait à le faire hésiter, Marie cessa d'apparaître au docker.

Au lieu d'en être soulagé, Horty en éprouva une sensation de frustration. Malgré des nuits de plus en plus humides et froides, il prit l'habitude de retarder son retour à l'hôtel, errant longuement dans les ruelles autour de la place du Marché. Il guettait un hennissement étouffé, un bruit de sabots ferrés sur les pavés, un cliquetis d'éperons ou le froissement soyeux d'une robe longue contre le flanc d'un cheval. Il n'entendait que la rumeur lointaine des bateaux dans le port et, quand il longeait la prison pour femmes, parfois le cri bref d'une détenue qui appelait.

Contrairement aux trois premières visions qu'il avait eues, si peu conformes à ce qu'il savait de Marie, l'absence d'apparitions lui faisait croire maintenant à la possibilité qu'elle soit vivante, comme l'étaient après tout Mr. Cheapman et la femme en vert : peut-être Marie se tenait-elle loin de lui parce que le naufrage l'avait défigurée – une pièce de métal s'était détachée du navire qui sombrait, lui arrachant le visage, ou bien, au moment où elle allait réussir à se hisser sur une chaloupe qui s'écartait, quelqu'un l'avait cruellement frappée avec une rame pour l'empêcher de surcharger l'embarcation ; elle sortait d'un long séjour dans un hôpital américain, elle avait voulu se montrer au docker afin de lui prouver qu'elle n'était pas morte, mais assez furtivement toutefois pour qu'il ne puisse pas déchiffrer ce que son visage était devenu.

Horty devait la retrouver, lui expliquer qu'il avait passé tant de soirées à lui parler d'amour, en regardant sa photo illuminée par les lumières des théâtres, que c'était ainsi qu'il continuerait à la voir. Peut-être était-il le seul homme dans ce cas, et cela valait bien qu'elle n'ait plus honte de rien, qu'elle s'approche de lui et le laisse faire ce geste dont l'avait empêché le policier des quais de Southampton : la prendre enfin dans ses bras – un autour de sa taille et l'autre sous sa nuque – et puis avancer sa tête à lui vers son cou à elle, avec ce lent balancement qu'avait dû avoir la tortue de la Tête d'Écaille en regardant les hommes avant de mourir, jusqu'à sentir sur ses lèvres le frôlement de ses cheveux clairs.

Il la respirerait, c'est tout. Il fermerait les yeux si elle l'exigeait. Cela durerait ce qu'elle voudrait bien. Il s'écarterait d'elle sitôt qu'elle le demanderait – en fait, elle n'aurait même pas la peine de le demander, il suffirait d'une simple crispation de sa part et il s'en irait.

Elle ne devait pas croire que tous les hommes avaient en tête de faire l'amour, quelques-uns pouvaient se contenter de beaucoup moins – de si peu parfois qu'ils n'osaient pas le réclamer de peur de passer pour des pervers –, d'un souffle sur leur visage, de quelque chose d'éphémère qui ne coûtait rien à celle qui le cédait, même pas toujours le souvenir de l'avoir donné.

Mais le docker eut beau guetter, il ne revit pas Marie. Une nuit, il fut pris à partie par les Bandes Noires d'un vapeur chilien. Ignorant que la Ville-Haute était tacitement interdite aux marins, ces hommes déjà ivres cherchaient dans le quartier des Colonies un établissement encore ouvert. Horty leur dit en mauvais espagnol de redescendre vers la Ville-Basse avant qu'une patrouille de vigiles ne les arrête, mais eux crurent qu'il parlait d'appeler les gendarmes, alors ils se mirent à le frapper avec sauvagerie et l'abandonnèrent, inconscient, devant la boucherie israélite d'Abel Cohen.

— Vous faites le jeu de Zoé, reprocha Zeppe en lavant ses blessures, le jeu de la folie. Qui vous a ramassé? Des gendarmes dont vous pouvez être sûr qu'ils ont fait un rapport sur vous : l'homme gisait dans le caniveau, baignant dans son sang et dans son vomi. Agressé par des soutiers? Quels soutiers? On n'a retrouvé personne. Obsessions d'un ancien docker licencié parce qu'il buvait trop, devenu clown triste, et qui croit voir partout le fantôme d'une pauvre fille morte sur le *Titanic*. Le bonhomme était fin soûl, voilà le vrai, et il s'est amoché le crâne tout seul en tombant sur l'arête du trottoir, et c'est tout ça que Zoé fera valoir contre vous – aussi sûr que je parle le grec comme le français et l'italien.

Le jour suivant était un vendredi. Marie Diotret frappa à la porte de la loge où Horty, seul et dans l'obscurité, se tenait ramassé sur lui-même avant de monter sur scène.

Comme Horty ne répondait pas, elle entra.

Il lui tournait le dos, recroquevillé sur un fauteuil. Il portait encore le pansement dont Zeppe lui avait entouré le crâne. Il ressemblait à une momie que les embaumeurs auraient abandonnée un moment, le temps d'aller chercher d'autres bandelettes blanches. Il n'eut d'ailleurs aucune réaction lorsque la porte s'ouvrit.

Marie s'arrêta sur le seuil, parcourant rapidement la loge du regard. La photo qui la représentait en grandeur nature était appuyée contre un mur. Un machiniste viendrait la chercher tout à l'heure pour la porter sur le devant de la scène.

D'où elle se tenait, Marie pouvait donc voir à la fois son image prise au printemps par le photographe chinois du bassin de l'Océan et, dans le miroir incliné au-dessus de la table à maquillage, le reflet de son visage tel qu'il était aujourd'hui. Elle était à un âge où quelques mois en plus ne modifient pas l'apparence d'une femme. Peut-être, se dit-elle, ses traits s'étaient-ils tout de même affirmés, perdant ce côté encore un peu brouillé qu'ils avaient à Southampton. Mais il est vrai qu'elle était arrivée là-bas au bout de ses forces.

Marie s'avança vers l'agrandissement et, levant sa cravache, l'abattit dessus avec violence. Le coup résonna sèchement, à la manière d'une détonation. Une longue déchirure transversale marqua la photo, s'étendant de la coiffe blanche à la base du cou – là où s'évasait le petit col bordé de dentelle.

Alors Horty déplia lentement son corps et ses membres, et il ouvrit les yeux. Il n'eut pas besoin de se retourner, il voyait tout dans le miroir face à lui – il vit notamment Marie qui le regardait, essuyant vivement sa cravache comme si elle l'avait ensanglantée en frappant un être véritablement vivant.

La joie envahit le docker en découvrant que le visage de Marie était intact. Sur l'instant, cela lui parut presque plus merveilleux que le fait qu'elle soit vivante – sans doute parce qu'il s'était habitué à l'idée de sa disparition, mais que, connaissant les dégradations hideuses subies par les noyés, il avait été épouvanté en imaginant ce que la mer avait pu faire de Marie. Ce fut un bonheur fulgurant et il faillit hurler, le même cri qu'il poussait quand il était enfant et que quelque chose qu'il n'espérait plus arrivait malgré tout.

La plupart des gens qui voyaient sa photo trouvaient Marie fraîche et charmante – mignonne, disaient-ils le plus souvent, sur ce ton à la fois amusé et attendri qu'on a pour parler d'un petit être, plantule ou bébé animal. Pour Horty, Marie représentait bien plus qu'une jolie fille, elle était la forme de vie la plus parfaite qu'il ait jamais approchée. Et c'est pourquoi il n'avait pas cessé d'aimer Zoé qui, elle, avec ses failles de plus en plus profondes mais aussi de plus en plus touchantes, était une femme à la mesure de ce qu'il concevait raisonnablement en matière de beauté – Zoé était quelqu'un qu'il pouvait empoigner, écarteler et pénétrer, même quand il était plein de crasse, que sa chemise était trempée de l'urine d'un veau, que son gosier sentait le vin. Il était un homme sale et brutal se couchant sur une petite femme imparfaite et lasse, et c'était bien ce qu'il avait toujours vu pratiquer autour de lui, dans les deux rues où il faisait l'amour, la rue Solidor et la rue de La Villemarqué.

Il tendit les mains vers le miroir, comme pour retenir le reflet de Marie. Car, maintenant qu'il y pensait, Marie n'était encore qu'un reflet. S'il se retournait, peut-être allait-elle disparaître.

Mais elle restait là, arpentant nerveusement la loge, effleurant les rares objets du bout de sa cravache – elle toucha même les mains d'Horty pour les lui faire baisser, et il obéit.

– Il m'est arrivé une longue histoire, dit-elle enfin. Bien plus longue que celle que vous racontez tous les soirs. Sur la vôtre, la mienne a l'avantage d'être vraie. La salle est pleine, on ne va pas tarder à vous appeler, quand puis-je vous revoir ?

Il faillit dire demain, tellement il se sentait déjà comblé ce soir. Elle ne lui laissa pas le temps de répondre :

– Tout à l'heure, décida-t-elle. Mais pas à votre hôtel, il y a là-bas cet Italien et je ne veux pas avoir affaire à lui, du moins pas encore. Je vous attendrai ici.

Un machiniste entra sans frapper, il venait chercher la photo. Il remarqua qu'elle était abîmée et dit qu'il faudrait songer à commander un nouvel agrandissement, surtout si l'on prolongeait jusqu'au 10 décembre. Il vit Marie, mais ne fit apparemment aucun rapprochement entre elle et le portrait photographique. Horty se demanda si Marie avait tellement changé. Pour lui, sauf qu'elle s'était exprimée avec la voix cassée qu'elle avait eue une fois à Southampton et qu'il n'avait pas aimée, elle était toujours la même.

De loin, les spectateurs ne pouvaient discerner la longue estafilade que Marie, d'un coup de cravache, avait infligée à sa propre image. Mais Horty, tout le temps qu'il passa sur scène à côté de la photo, ne vit que cela.

Marie, pensa-t-il, avait honte du temps où elle était femme de chambre – il ignorait ce qu'elle faisait à présent, mais elle montait à cheval et portait des toilettes luxueuses, ce qui n'était évidemment pas le fait d'une servante – alors elle avait eu le geste rageur de fouetter ce passé comme on déchire la dernière lettre de quelqu'un qu'on n'aime plus.

Ce soir-là, il raconta l'histoire de façon machinale et probablement lamentable.

A deux ou trois reprises, comme il répétait les mêmes

choses qu'il avait dites un instant auparavant, et donnait de surcroît l'impression de chercher ses mots, le balcon le siffla.

Des dames se mirent à chuchoter en jouant avec les renards qu'elles portaient autour du cou. Un homme rit. A divers remuements dans la salle, Horty sut qu'il ne tenait pas son public.

Les mots pourtant étaient les mêmes, et la progression dramatique inchangée. La rupture ne se situait pas au-dedans de l'histoire, mais au-dedans d'Horty.

Jusqu'alors, chaque soirée lui apprenait quelque chose de nouveau sur Marie, car chaque soir il précisait davantage la jolie lenteur de ses gestes, la tiédeur apaisée qu'il avait senti monter d'elle après qu'il eut ramené la couverture sur son corps assoupi, son odeur de peur quand il l'avait liée à l'escalier de Harston & Harston, puis le parfum exquis qu'elle avait vaporisé sur la bavette de son tablier et derrière ses oreilles, le lendemain matin, avant de se présenter à bord du *Titanic,* et cette manie charmante qu'elle avait de pousser un bout de langue entre ses lèvres avant de dire quelque chose, même tout simplement oui ou non, sa façon d'écouter en inclinant un peu la tête sur le côté, son éclat de rire enfantin lorsqu'elle avait réussi du premier coup à décapiter l'œuf à la coque – et il détaillait aussi ce qui n'avait existé que dans son imagination, dont il se bouleversait lui-même en bouleversant les autres : la souplesse des deux jupons de Marie, si imprévisible après la sécheresse professionnelle de son uniforme amidonné, l'équerre de ses jambes nues, la douceur humide de la face interne de ses cuisses, les spasmes de son ventre large et plat, ses ongles labourant le drap rugueux, son cri soudain « Ne me retourne pas, docker ! », et son retournement quand même, ce petit peu de sueur dévalant son dos arqué, la chair de poule à ses épaules, la senteur musquée qui avait envahi la chambre du Spithead, et leur sommeil enfin jusqu'au matin.

Mais quelle émotion Horty pouvait-il espérer de cette grande photo éclairée, à l'odeur de colle et de bois chaud, dressée rigide près de lui, alors que Marie vivante l'attendait dans sa loge ? Que valait l'imagination d'Horty contre la réalité de Marie ? Tout à l'heure, comme il passait près d'elle, elle avait soufflé comme les chats quand ils sont agacés, il s'était dépêché de respirer ce petit peu d'haleine qu'elle rejetait, et il avait bien compris qu'il y avait des choses impossibles à raconter.

Alors il s'arrêta au milieu de son récit. Il se redressa. Ébloui par les lampes, il cligna des yeux et vacilla. Il vit les centaines de têtes tournées vers lui, comme des petites boules noires bien rangées, mais qu'un rien, un mot qu'il allait dire, suffirait à faire rouler en désordre :

— C'est fini.

— Attends ! hurla quelqu'un au poulailler. As-tu baisé la femme de chambre, oui ou non ? J'ai payé pour le savoir, docker !

— Ce soir, dit Horty, M. Giuseppe Brassatto n'est pas là parce qu'il tousse beaucoup. Mais il viendra demain, entre neuf heures et midi, et il rendra leur argent à tous ceux qui voudront être remboursés. C'est normal. Et si jamais Zeppe est trop malade, c'est moi qui viendrai avec l'argent.

Il sortit sous les huées. Le personnel du Grand Théâtre se précipita pour ouvrir les portes, répétant comme Horty :

— Allons, c'est fini, c'est fini...

— Je m'appelle maintenant Marie Derlanges, dit Marie Diotret. Les mêmes initiales, forcément, à cause du mouchoir que j'avais sur moi au moment du naufrage, et que je tenais encore à la main quand l'officier américain du service de l'Immigration m'a interrogée.

Sans la contrainte des initiales, elle aurait pu se choisir un nom n'ayant vraiment plus aucun rapport avec celui qui avait été le sien. Elle aurait dû laisser tomber son mouchoir dans la mer avant de débarquer à New York, ou dire à l'officier de l'Immigration que ces initiales ne signifiaient rien, que le mouchoir lui avait été prêté ainsi que toute la toilette qu'elle portait à présent ; les rescapés étaient vêtus d'une manière si grotesque, lorsqu'ils furent recueillis par le *Carpathia,* que tous avaient en effet reçu des habits cédés par les passagers du paquebot accouru pour les sauver — alors pourquoi pas un mouchoir, d'autant que les survivants étaient nombreux à avoir pris froid dans leurs chaloupes dérivant pendant des heures sur un océan ironiquement calme et laiteux, mais infesté de glaces ?

La voyageuse du *Carpathia* qui prit Marie en charge était une Américaine, une veuve ayant choisi de visiter l'Europe pour s'étourdir après la mort de son mari. A Rome et à Paris, elle avait acheté plusieurs robes trop voyantes pour une femme en deuil. Elle proposa donc d'en offrir une à Marie. Une sorte de pénitence qu'elle s'imposait peut-être, pour racheter les instants de coquetterie auxquels elle s'était laissée aller.

– Elle m'emmena dans sa cabine. Elle me déshabilla. Je n'aurais jamais pu y parvenir toute seule. J'avais bien trop froid pour ça. Elle prit une grande serviette et me sécha. Elle commença par mes cheveux et mon visage. Cela suffit à inonder la serviette et elle dut appeler un steward pour qu'on lui en apporte une autre. Le steward mit un temps fou à revenir. Cette nuit-là à bord du *Carpathia*, tout le monde se jetait sur les serviettes et les couvertures.

La femme américaine se remit donc à éponger Marie. Elle lui frotta vigoureusement les épaules, la poitrine et le dos. Quand elle arriva aux cuisses, Marie crut qu'elle allait lui dire de continuer elle-même.

– Mais ça semblait lui plaire de me toucher. J'avais pourtant la peau glacée, et tavelée comme un fruit qu'on a rudement cogné. Je me voyais dans le miroir ovale au-dessus de la coiffeuse, je me trouvais laide et misérable. Mais cette femme m'embrassa gentiment et me dit de la laisser faire.

Margaret Knebworth avait des gestes lents et doux. Pour essuyer les jambes et les pieds de Marie, elle s'agenouilla. Marie respira avec plaisir la bonne odeur qui montait de ses cheveux sombres. C'était un parfum à base d'héliotrope, acheté à Paris lui aussi. Marie, elle, sentait le charbon détrempé et l'huile minérale qui, pour une raison inconnue, imprégnait le canot à bord duquel les marins l'avaient précipitée.

Mrs. Knebworth ouvrit ensuite une malle pour y chercher une robe qui puisse convenir à la taille et au teint de Marie. Elle en choisit une rose avec des broderies couleur cerise. Il y avait de bien jolies choses dans la malle, pas seulement des robes et des chemisiers, mais aussi des effets de toilette en ivoire incrustés d'argent, et des objets amusants que Margaret Knebworth rapportait d'Europe comme cadeaux. Malheureusement, elle referma la malle et la verrouilla avant qu'il ait été possible à Marie de voler un de ces objets.

— De toute façon, j'étais encore toute nue, alors où est-ce que j'aurais bien pu le cacher ?

Mrs. Knebworth habilla Marie avec les mêmes gestes caressants qu'elle avait eus pour sécher son ventre et ses cuisses. Margaret Knebworth avait toujours rêvé d'avoir une petite fille. Des années auparavant, elle avait accouché d'un enfant mort-né, qu'on avait emporté tout de suite sans le lui montrer. Plus tard, les médecins lui avaient affirmé qu'il s'agissait d'un garçon, mais elle pensait qu'ils avaient parlé d'un garçon pour la consoler. Elle était certaine d'avoir mis au monde une petite fille. La pierre tombale était gravée au nom de William, mais Margaret Knebworth, quand elle pensait à son bébé disparu, persistait à l'appeler Alicia. Elle ajouta que Marie ressemblait assez à l'idée qu'elle se faisait d'Alicia, à supposer qu'Alicia ait vécu vingt-deux ans.

Elle fit tourner Marie devant le miroir. Elle gardait ses mains jointes et répétait d'un air extasié : « *Oh ! so cute, so really cute !* »

— Je ne trouve pas, pourtant, que le rose m'aille si bien. Je suis trop blonde pour ces teintes fades. Je n'ai plus cette robe. Je l'ai vendue aux enchères, un soir, sur un trottoir de Brooklyn. Une Négresse me l'a achetée. Elle l'a enfilée tout de suite, par-dessus ce qu'elle portait déjà sur elle. Elle était si fine, si belle, que ça ne la boudinait même pas. Elle a fait deux ou trois pas, comme si elle allait se mettre à danser. Mais au bout de la rue on a vu, elle et moi, et plutôt elle avant moi, les policiers à cheval qui s'amenaient. Alors la Négresse s'est sauvée. Moi aussi. Cette Négresse m'a payé la robe rose sept dollars. Sans les policiers, elle serait montée à douze ou quinze. Et même peut-être jusqu'à vingt dollars. Facile, oui. Je sais ce qu'on peut tirer des gens, qu'ils soient négresses ou autre chose.

Mrs. Knebworth insista pour que Marie partage sa cabine. Elle lui abandonna son lit, affirmant qu'elle-même serait très bien sur le fauteuil. De toute façon, après ce qui était arrivé au *Titanic*, elle ne croyait pas pouvoir jamais réussir à dormir à nouveau sur un navire en route.

– Elle m'embrassait quelquefois, me touchait avec une timidité très drôle – oui, elle poussait de petits cris apeurés, elle savait bien que ce n'était pas correct de faire ça, mais elle n'exigeait pas que je lui rende ses caresses. La dernière nuit, je lui ai dit qu'elle pouvait m'appeler Alicia si elle voulait. Et, à deux ou trois reprises, elle a murmuré : « Oh ! Alicia, Alicia » – Alicia est le nouveau prénom que je me serais sans doute choisi si je n'avais pas été prise de court par les questions de l'officier de l'Immigration américaine. Et surtout si je n'avais pas été en train de me tamponner les yeux avec ce mouchoir dont la première initiale était un M.

Traversant tantôt des bancs de brume et tantôt des éclaircies radieuses, le *Carpathia* mit quatre jours pour atteindre New York. Il s'était transformé en une sorte d'immense kermesse de charité flottante. Presque tous les rescapés étaient des femmes dont les maris avaient trouvé la mort sur le *Titanic,* alors les passagers du *Carpathia* n'arrêtaient pas d'organiser des quêtes pour constituer des fonds de secours à l'intention des veuves.

– Mais moi, on ne m'a rien donné. Sauf la robe. Et c'est pourquoi je dis qu'il aurait été juste que la Négresse me la paye au moins vingt dollars. D'ailleurs, la belle robe n'a pas fait illusion bien longtemps. Les gens ont vite su que j'étais une femme de chambre. Quand je me promenais sur le pont, ils me donnaient des ordres. Je devais leur apporter une tasse de bouillon, repriser un accroc dans un loden, amuser les enfants qui avaient perdu leurs parents. Je pouvais faire tout ça, mais je ne voulais pas. A la fin de la traversée, presque tous disaient du mal de moi.

Il était à peine neuf heures du matin quand le navire commença de remonter l'Hudson, sous le vent puant des chalands d'ordures en route pour les îles de la baie. Une multitude d'embarcations transportant des reporters escortaient le vieux *Carpathia.* Les journalistes s'égosillaient, ils voulaient savoir comment les choses s'étaient vraiment passées, et ils photographiaient les chaloupes du *Titanic* que le *Carpathia* ramenait accrochées à ses flancs. Sur les rives, il y avait des dizaines et des dizaines de milliers de gens. Mais ceux-là se taisaient. Quelques-uns étaient à genoux autour d'un prêtre qui les aidait à prier. Les remorqueurs tirèrent d'abord le *Carpathia* jusqu'aux *piers* de la White Star où l'on débarqua les canots du *Titanic,* puis ils firent accoster le paquebot au quai de la Cunard.

L'officier du service de l'Immigration qui s'occupa de Marie était un très jeune homme. Il n'arrêtait pas de sucer sa lèvre inférieure, en produisant un petit bruit crispant. Il ne faisait pas très chaud sous la tente de la Cunard, pourtant cet officier était en sueur.

Il questionna Marie. Avait-elle pu conserver ses papiers d'identité sur elle? Elle dit que non. Avait-elle réussi à sauver quelques effets personnels? Elle montra le mouchoir. Alors, après avoir encore une fois éponté son front qui coulait, l'officier lui demanda comment elle s'appelait, afin de lui remettre une sorte de passeport provisoire.

Il avait déjà trempé sa plume dans l'encrier, en avait posé la pointe sur le registre et se préparait à écrire. Marie n'eut qu'une seconde ou deux pour se décider.

Elle répondit que son nom était Marie Derange, *Der* parce que c'était sa dernière chance, ou du moins ça y ressemblait, *ange* parce que Margaret Knebworth lui avait rabâché sans arrêt qu'Alicia était devenue un ange à présent, et c'est ce mot-là qui lui était tout de suite venu à l'esprit.

L'officier répéta plusieurs fois Derange, l'épela et demanda :

— Est-ce correct, mademoiselle?

Marie s'aperçut que Derange ne faisait pas très joli à entendre. Elle réussit à prendre un air exaspéré :

— Mais non, voyons, j'ai dit Derlanges. Il y a un *l* au milieu...

Elle s'était tordu le cou pour voir comment le jeune officier écrivait ça. Pour faire bonne mesure, elle précisa qu'il y avait aussi un *s* au bout de Derlanges. L'officier rajouta docilement le *l* et le *s*, chacun à leur place. Il consulta ensuite une liste dactylographiée et dit à Marie que le nom de Derlanges ne figurait pas parmi ceux des personnes ayant embarqué sur le *Titanic*, ni à Southampton, ni à Cherbourg, ni à Queenstown. Mais ça n'avait pas l'air de l'émouvoir beaucoup.

– Avez-vous une explication à cela, *miss* Derlanges ?

– Peut-être, *sir*. Vous cherchez mon nom sur la liste des passagers. Moi, j'étais juste une femme de chambre. Et pour tout compliquer, ajouta-t-elle en se forçant à rire, je suis montée à bord à la dernière minute, j'ai remplacé une titulaire obligée de débarquer pour raisons familiales.

Il dit que c'était une raison valable. Même si le naufrage du *Titanic* était particulièrement impressionnant, il y avait eu d'autres catastrophes avant lui, assez meurtrières elles aussi. A chaque fois, les secrétaires qui tapaient les listes étaient bouleversées comme tout le monde, et elles commettaient un nombre d'erreurs vraiment effarant. Mais, avec le temps, tout finissait par rentrer dans l'ordre.

– J'ai cherché son regard. Je voulais savoir s'il soupçonnait quelque chose. Ses yeux étaient d'un bleu tranquille et vide.

Marie suivit une rue large et grise, bordée de maisons de plus en plus élevées à mesure qu'elle remontait les premières pentes de Manhattan – si le vent de Londres faisait grincer des enseignes enluminées où étaient peints des chevaux, des lévriers, des renards, des baleines et des couronnes, celui de New York faisait claquer de grands drapeaux où il n'y avait que des couleurs, mais elles étaient gaies et soyeuses. Sur des escaliers étaient perchés des gosses qui lui crièrent des choses qu'elle ne comprit pas. Ils parlaient un anglais dévoyé. Elle se dit qu'elle allait devoir apprendre à s'exprimer comme eux. Elle venait de décider de rester en Amérique. Elle avait un nouveau nom, elle ne risquait rien à tenter de gagner quelques dollars en vendant à des journaux son témoignage sur la catastrophe. Les reporters finiraient par se lasser des jérémiades des millionnaires survivants, des précisions techniques et ennuyeuses des marins rescapés. Marie leur parlerait plutôt de l'insouciance de tous ces gens qui dormaient, jouaient aux cartes ou admiraient les étoiles, tandis que le paquebot fonçait vers l'iceberg. Elle décrirait la façon dont ils avaient peu à peu pris conscience de l'irrémédiable, comment certains s'étaient alors révélés d'une lâcheté repoussante et d'autres d'un courage absolu, comme cette femme inconnue qui frissonnait dans une robe jaune bien trop légère pour un naufrage sur l'Atlantique Nord, qui avait perdu un de ses souliers, et qui avait dit à Marie de prendre sa place dans la chaloupe – *Please, you're still a child* – oui, c'est vrai, elle avait dit *please* comme si elle demandait une faveur, et plus tard Marie avait aperçu son chapeau, bouton d'or comme sa toilette, qui flottait sur les vagues, elle raconterait l'affolement des petites Irlandaises prisonnières derrière les portes séparant le secteur des émigrants des escaliers donnant accès au pont des embarcations, elles se grimpaient dessus, se griffaient, se mordaient comme de jeunes chiots essayant de sortir d'un panier, Marie les avait vues à travers une sorte de verrière, elle leur avait crié de démolir la verrière, mais les Irlandaises n'avaient rien d'assez dur pour ça, juste des espèces de baluchons qui débordaient de chaussettes de laine blanche, de jupons de lin, de brassées de fleurs cueillies au bord des fossés sur la route de Queenstown, elle tordrait le cou aux rumeurs qui commençaient à courir et faisaient ressembler la nuit du dimanche 14 avril à une stupide cérémonie compassée, par exemple l'orchestre n'avait pas du tout joué le cantique *Plus près de toi mon*

Dieu, mais des airs de danse, c'était très entraînant, très joyeux, d'autant que les fusées d'alerte s'élevaient dans le ciel comme pour un feu d'artifice, et au début, avant que la poupe ne commence à se soulever, à se dresser vers le ciel en faisant dégringoler tout le monde, il y eut même deux ou trois couples qui s'essayèrent à danser.

Après quoi, quelques dollars en poche, elle prendrait un train de nuit pour l'État du Maine, ses maisons basses et longues dans la brume, ses hangars à bateaux d'acajou, ses rossignols, et surtout ses hommes riches et mal rasés, avec leurs bottes boueuses et pas de chapeau sur la tête.

Mais elle n'en était pas là, elle entrait tout juste dans New York.

Quand elle eut dépassé les enfants des escaliers, leurs chants graves pleins d'histoires bizarres de soleil, de coton et de Dieu, elle entendit descendre vers elle la rumeur de l'immense ville. C'était quelque chose de mat, un piétinement d'hommes et de chevaux, un ferraillement lourd et continu, presque orageux, entrecoupé de trompes et de sonneries, un souffle rauque de machines qui roulaient, arrachaient des charges, ouvraient des tranchées, balançaient entre ciel et chaussée des poutrelles avec des hommes à califourchon dessus qui les barbouillaient de minium, abattaient des arbres, les tronçonnaient, lançant dans le vent qui soufflait des avenues ouvertes sur la mer des tornades de sciure blonde, avec parfois le rire d'une femme, et parfois le cri d'un ouvrier qui se blessait, et il ne lui fallut pas longtemps pour apprendre à reconnaître le cri d'un Blanc du cri d'un Noir.

— La hauteur des immeubles devint affolante. Leurs parois semblaient se rapprocher. Les mâchoires d'une tenaille qui allaient m'écraser. Le vertige. A l'envers. Le vide était en haut. Bleu. Cette fois, vous n'étiez pas là pour m'aveugler. J'ai dû baisser les yeux.

Il faisait trop chaud du côté de la rue au soleil, tandis qu'un vent froid courait sur le trottoir à l'ombre, entraînant avec lui des monceaux de détritus.

– Quand on a les yeux baissés, on pense. J'ai pensé à Maureen. A tout le mal que nous nous étions donné, elle et moi, pour quitter l'Angleterre et disparaître. J'avais enfin disparu, moi. Le Nouveau Monde, Horty, avait surtout ça de nouveau que je m'y appelais Marie Derlanges. J'espère que Maureen s'en est sortie aussi. Même si tout est arrivé par sa faute, ce n'est pas une raison pour qu'on la pende – je ne sais pas s'ils pendent pour si peu, mais Maureen avait peur de ça.

Marie se mit à chantonner. Elle battait la mesure à coups de cravache contre ses hautes bottines étroitement lacées :

> *Une souris noire n'avait plus que trois jours,*
> *Une souris grise n'avait plus que deux jours,*
> *Une souris blanche n'avait plus qu'un seul jour,*
> *Mais quelle était donc la couleur de la souris*
> *que ces Messieurs de Londres pendirent à l'aube*
> *du dernier jour ?*

La chanson, dit Marie, semblait avoir été composée tout exprès pour Maureen-la-souris qui s'était faufilée dans le vestiaire du théâtre de Drury Lane comme dans un fromage riche et nourrissant – et qui à cause de ça était peut-être derrière des barreaux, maintenant, et Dieu sait pour combien de temps.

– Il faut vous dire, Horty, que c'était un théâtre où l'on

jouait surtout des comédies. Les pièces gaies mettent les gens de bonne humeur. Ils se bousculent en sortant, se donnent des coups de coude et se redisent les répliques les plus amusantes, en essayant d'imiter la voix et le ton des acteurs. Ils récupèrent leur vestiaire sans vraiment faire attention à ce qu'on leur met sur le dos, ni surtout à la façon dont on le leur enfile.

Maureen attendait que se présente une femme volubile, les joues roses d'excitation, qui riait et faisait de grands gestes. Quand elle l'aidait à passer son manteau, Maureen lui glissait les mains dans le cou pour dégrafer le fermoir de son collier. La seule difficulté consistait à récupérer le bijou sans le laisser tomber dans le corsage ni battre contre la gorge nue. Maureen était habile. La femme ne s'apercevait de rien, d'autant que Maureen se dépêchait de rabattre le col du manteau sur son cou :

— Il neige pas mal cette nuit, quel dommage si Madame allait prendre froid après une aussi bonne soirée.

Il arrivait qu'une femme volée revienne le lendemain matin, accompagnée de son mari ou de son amant. Tout le personnel du théâtre fouillait la salle, mais bien entendu on ne retrouvait jamais le collier : en quittant le théâtre, la veille, Maureen l'avait remis à Marie qui guettait son amie sous l'auvent, une main tendue comme une pauvresse attendant la dernière aumône de la nuit.

Marie gardait tous les bijoux dans une boîte à gâteaux. Quand la boîte était pleine, elle allait les vendre.

Le meilleur receleur de Londres en matière de pierres et de métaux précieux était originaire de Zurich. Il s'appelait Herr Mattheus Schmuggler et tenait un commerce d'articles pour coiffeurs dans une ruelle derrière les docks Sainte-Catherine.

Marie aimait Sainte-Catherine, sorte de petit lac paisible qu'animait parfois le mouvement majestueux d'un grand voilier de la route des Indes. Enchâssé au milieu de maisons solides et austères, le bassin avait lui-même une allure de gemme un peu clandestine.

Rubans au vent, Marie longeait les quais étroits en prenant l'attitude affairée d'une fille de capitaine qui se hâte de porter à son père en partance des pâtisseries confectionnées à la maison. Les bijoux qu'elle allait proposer à Herr Schmuggler étaient d'ailleurs enfouis comme des fèves dans des brioches encore tièdes.

Sur le conseil de Maureen, Marie s'était présentée au receleur comme une jeune personne venue retrouver à Londres un homme marié qui l'avait assurée qu'il divorcerait bientôt pour l'épouser. Mais des complications surgissaient sans cesse, retardant la séparation légale entre cet homme et sa femme. Marie ne réussissait à survivre qu'en se défaisant peu à peu, à l'insu de son amant, des bijoux qu'il lui offrait pour encourager sa patience.

Herr Schmuggler était d'autant moins dupe de cette fable que les bijoux que lui apportait Marie n'étaient pas du genre de ceux dont un homme, fût-il éperdument amoureux, couvre une aussi jeune maîtresse; mais ce roman permettait au receleur de se donner l'illusion de rendre service à une petite fille stoïque, ce qui le changeait agréablement des monte-en-l'air tristes et crasseux qui venaient déballer devant lui leurs sempiternels chargements d'argenterie; et, tandis qu'il examinait la joaillerie encore toute pelucheuse de miettes de brioche, Herr Schmuggler entretenait gravement Marie de la couardise des hommes mariés lorsqu'il s'agit pour eux de claquer la porte du foyer conjugal.

Ils passaient en somme de bons moments ensemble, dans l'arrière-boutique odorante, encombrée de lavandes et de cosmétiques divers, de rasoirs, de peignes et de tondeuses nickelées, se mentant l'un à l'autre avec une sorte de connivence affectueuse. Tandis qu'au-dehors s'épanouissaient les voiles des clippers, renvoyant parfois des flots de lumière blanche jusque dans les profondeurs de la boutique, ils traitaient leurs affaires avec le détachement affecté de deux personnes du monde parlant d'un livre qu'elles n'ont lu ni l'une ni l'autre. Et il suffisait que Marie prétende avoir trop chaud et dégrafe légèrement son corsage pour que le Zurichois juge aussitôt incomparables les bijoux qu'il venait pourtant de dévaluer.

Un mercredi à midi, Marie trouva la boutique fermée. Un policeman faisait les cent pas devant la porte. Il l'informa que Herr Schmuggler avait été arrêté aux premières heures de la matinée. Ce policeman ne douta pas un instant que Marie soit, comme elle le lui affirma sans se troubler, une apprentie envoyée par son patron pour acheter un peu d'essence de gardénia destinée à parfumer les shampooings.

Aussitôt prévenue de ce que Marie pensait encore n'être qu'un accroc, Maureen devint livide : Herr Schmuggler allait parler et, pour prouver qu'il ne traitait pas d'affaires louches, qu'il n'était regrattier que pour obliger d'honorables personnes dans le besoin, il livrerait Marie.

– Mais il ne connaît pas mon nom, protesta celle-ci, se sentant gagnée à son tour par l'affolement de Maureen.

– Ton signalement suffira. La patience de Scotland Yard fera le reste.

Deux heures plus tard, elles fuyaient Londres par le premier train au départ de Waterloo Station. C'était le train maritime de Southampton. Depuis des jours, il pleuvait à verse. Des inondations submergeaient le ballast, et le train dut ralentir considérablement. Les marchepieds des wagons rejetaient dans les fossés d'immenses gerbes d'eau.

Les banquettes étaient occupées par des marins regagnant leurs navires. Marie et Maureen se trouvèrent les seules femmes dans leur compartiment. Elles commencèrent par garder une réserve prudente, faisant mine de s'absorber dans la lecture d'un roman illustré que Maureen avait volé dans le hall de Waterloo. Mais la lenteur extrême du convoi favorisa les échanges de victuailles et les conversations. Il fut surtout question du *Titanic* qui devait appareiller la semaine suivante. D'après certains marins, le capitaine Smith allait tout faire pour enlever le ruban bleu au *Mauretania*; d'autres pensaient au contraire que le *Titanic* se traînerait pour ne pas supplicier, dans la houle, les estomacs des milliardaires. On critiqua aussi son appareil de propulsion – pourquoi la turbine Parsons à basse pression n'était-elle utilisable que pour la marche avant ?

Un officier s'excusa auprès des deux jeunes filles de parler aussi inconsidérément du navire à bord duquel elles allaient sans doute travailler – cet officier croyait avoir deviné en elles deux représentantes de ces jolies femmes de chambre ou serveuses de salle à manger dont la rumeur disait qu'elles seraient plus nombreuses sur le *Titanic* qu'à bord de n'importe quel autre transatlantique de la route de New York.

Maureen n'hésita pas : bien sûr, avoua-t-elle en y mettant une sorte de timidité fondante, son amie et elle avaient eu l'espoir d'être engagées sur le *Titanic*, mais elles craignaient qu'il soit trop tard à présent, et elles allaient à Southampton afin de donner le coup de grâce à ce rêve.

L'officier dit qu'il y avait toujours des défections de dernière minute. Il proposa de présenter Maureen – il ajouta tout de même, en posant un regard distrait sur Marie :

– Vous aussi, *miss*. Mais ils accorderont la priorité à une jeune femme anglaise, cela va de soi.

Le train atteignit enfin Southampton. L'officier invita Marie et Maureen à loger chez lui pour la nuit. Il habitait chez sa mère, une coquette maison de briques roses sur Lower Canal Walk, entre Town Quay et Ocean Dock. Marie pensait que Maureen avait attendu qu'elle soit endormie pour rejoindre l'officier dans sa chambre. Elle se rappelait avoir entendu craquer le plancher, et des rires étouffés. Toujours est-il que le lendemain Maureen fut engagée comme femme de chambre surnuméraire à bord du *Titanic*, et qu'il n'y eut pas de place pour Marie.

– Ça ne fait rien, dit celle-ci en relevant la tête, je me débrouillerai.

Quand la grève des mineurs s'achèverait, que les paquebots anglais pourraient à nouveau enfourner des tonnes de charbon dans leurs soutes et reprendre leur va-et-vient tranquille et lourd sur l'Atlantique, Marie embarquerait elle aussi comme femme de chambre sur un de ces navires. Elle ne commettrait certainement pas la bêtise de s'enfoncer dans le lacis des docks pour tenter de s'y perdre – et réussir surtout à s'y faire capturer au hasard d'un ramassage de pickpockets ou de prostituées –, elle s'évaderait vers le large, vers cette Amérique immense à laquelle elle n'avait pourtant jamais tellement pensé, et qui tout à coup cessait d'être un mythe et devenait pour elle le prochain endroit où elle allait enfoncer le talon de ses bottines.

Maureen toucha une avance qu'elle partagea avec Marie, et investit ce qui lui restait dans une chambre convenable où elle entreprit de se terrer jusqu'au jour de son embarquement.

— Elle a toujours été anxieuse, dit Marie, mais là elle était comme folle. Elle refusait que je sorte nous chercher à manger. Nous nous sommes nourries de thé sucré. Pour un peu, elle aurait aligné des sacs pleins de sable sur le rebord de la fenêtre pour se protéger des tirs de la police.

Avec sa part, Marie acheta tous les journaux parus et les éplucha pour voir si l'on parlait quelque part de Herr Mattheus Schmuggler et d'une jeune fille qui lui vendait des bijoux volés. Elle ne trouva rien à ce propos, mais Maureen dit que c'était peut-être une ruse de la police. Marie acheta aussi un guide de l'Amérique. N'ayant rien d'autre à faire, elle lut le descriptif de chacun des États, avec l'impression de parcourir un catalogue dont chaque article était à sa portée. Elle hésita longuement entre s'établir à La Nouvelle-Orléans à cause de la musique et des énormes haricots rouges (le régime unique à base de thé commençait à lui donner des crampes d'estomac) ou dans le Colorado pour ses chiens de prairie qui surgissaient tous en même temps un matin de printemps (elle avait aussi une faim violente de lumière). Un soir, alors que Maureen éteignait les lampes pour laisser croire que la chambre était inoccupée, Marie arrêta son choix définitif : elle irait dans le Maine.

— Pourquoi le Maine ? fit Maureen d'un ton soupçonneux.

— Parce que tu as tout éteint et que je n'y vois plus assez pour me chercher un autre État, dit Marie.

La veille du jour où elle devait embarquer sur le *Titanic*, Maureen eut une crise de larmes. Elle ne voulait plus y aller, redoutant d'y être reconnue par une des femmes qu'elle avait volées au vestiaire de Drury Lane, et qui pouvait parfaitement avoir pris passage sur le transatlantique.

Elle était bouleversée. Durant la nuit, elle avait pris conscience du risque auquel elle croyait s'exposer et décidé de retourner à Londres où elle trouverait plus facilement à se cacher.

Comme beaucoup de voleurs, Maureen était d'un sang-froid extraordinaire au moment d'accomplir son mauvais coup, après quoi elle s'effondrait et devenait d'une lâcheté écœurante.

Elle rendit les clefs de la chambre. Marie et elle se séparèrent sur le trottoir, brièvement, presque comme deux étrangères. Maureen s'éloigna sans se retourner, sans même agiter furtivement la main.

— J'ai descendu High Street jusqu'à l'auberge du Lion Rouge où j'ai tourné à gauche pour reprendre Lower Canal Walk. J'ai retrouvé assez facilement la maison de l'officier. Il n'était plus chez lui. Mais sa mère m'a reconnue et invitée à entrer. Je lui ai demandé si elle pensait que j'avais une chance quelconque d'obtenir la place de Maureen sur le *Titanic*. Elle a dit que oui, probablement oui. S'il s'était agi d'un échange d'officiers — quelqu'un à la place de son fils, par exemple — la Compagnie aurait évidemment refusé. Mais, après tout, ce n'était là qu'une histoire de femmes de chambre. Elle était bien plus petite que moi, pas vraiment naine mais pas loin, et pourtant j'avais l'impression qu'elle me regardait de haut. Il était quelque chose comme sept heures et demie. Elle me demanda de l'aider à préparer son petit déjeuner. Je l'ai servie. Elle ne m'offrit rien. J'avais faim, pourtant. Mais c'est elle qui m'apprit à ouvrir correctement un œuf à la coque.

A quelques heures de l'appareillage, les bureaux de la White Star à Southampton étaient en pleine effervescence.

L'ingénieur Thomas Andrews, directeur technique des chantiers de Belfast qui avaient construit le navire, ne cessait de réclamer des hommes et des moyens pour régler des problèmes de dernière minute ; il ne s'agissait parfois que de la vidange d'une baignoire qu'Andrews jugeait trop bruyante, mais l'ingénieur attachait à ces détails mineurs la même importance qu'à des questions plus préoccupantes concernant les essais de chauffage des cabines de deuxième classe, dont certaines atteignaient des températures de serre tropicale tandis que d'autres auraient pu servir de chambres froides. En plus des exigences légitimes de Thomas Andrews, les représentants de la Compagnie devaient affronter celles parfois moins justifiées des passagers de luxe déjà arrivés par le London Southwestern Railway, et canaliser le premier flot des immigrants se bousculant à la recherche d'un dortoir ou des médecins qui devaient leur faire passer la visite médicale d'embarquement.

Au milieu de cette perturbation générale, la proposition que fit Marie d'embarquer à la place de Maureen fut considérée davantage comme une manifestation de bonne volonté que comme un facteur de complication. Le remplacement d'une jeune femme de chambre par une autre donna juste lieu à quelques ratures sur des registres. Les affectations de service, d'uniforme, de cabine et de réfectoire resteraient les mêmes.

En sortant des bureaux, Marie s'avança sur les quais. Elle vit le *Titanic*. Il était gigantesque, mais moins rutilant qu'elle ne l'avait imaginé. Une poussière de suie rabattue par le vent, mêlée à la pluie fine et pénétrante qui s'était mise à tomber, faisait couler des ruisselets noirs et poisseux sur ses superstructures blanches. Des matelots armés de serpillières essayaient bien de nettoyer le bateau au fur et à mesure, mais il était évident que cette espèce de larmoiement boueux finirait par l'emporter. Il faudrait sans doute les grandes vagues de l'Atlantique pour rendre au navire son aspect immaculé. Pour le moment, il ressemblait plutôt à une pièce de chaudronnerie démesurée, encore fumante de la cuisson des fours, et qu'on aurait entreposée au bout d'une cour d'usine, là où elle ne risquait pas de trop gêner. Marie avait ri toute seule en songeant qu'elle allait habiter cette énormité pour jouer, chaque matin, avec de fragiles petites coquilles d'œufs à la coque. Elle s'était dit qu'il n'existait sans doute au monde rien de plus opposé que le *Titanic* et un œuf à la coque.

Quelques jours plus tard, à bord de la chaloupe qui s'éloignait du paquebot déchiré, elle s'était brusquement rappelé avoir eu cette pensée.

Marie retourna à la chambre où Maureen et elle étaient restées cloîtrées presque une semaine, à supputer leurs chances d'échapper à la police et à s'inonder l'estomac de thé beaucoup trop sucré. Mais la logeuse avait déjà trouvé à relouer la chambre à une famille d'émigrants serbo-croates. Et toute la journée, partout où elle se présenta, Marie buta sur des pancartes *no vacancies*.

Il était un peu plus de sept heures du soir quand elle se décida, sans y croire, à tenter fortune à l'hôtel de la Rade de Spithead.

– Je n'avais encore jamais approché d'homme tel que vous, Horty. Aussi âgé oui, et même bien plus, mais pas aussi rustaud, voilà ce que je veux dire. Vous avez sans doute deviné que Maureen et moi ne faisions pas que vendre des gaufres, à Dieppe. Les hommes s'ennuient, aux bains de mer. Ils se trempent le matin, avalent un ou deux portos pour se réchauffer, mais que croyez-vous qu'ils font l'après-midi ?

« Maureen s'occupait de tout, du prix de la passe, du temps que ça devait durer, des spécialités pour lesquelles j'étais d'accord. En fait, j'étais d'accord pour à peu près tout, du moment que l'homme était propre et qu'il avait un peu d'allure. Mais les Anglais ont presque tous cette allure à laquelle je pense. Voilà pourquoi j'envoyais Maureen chasser pour moi – parce qu'elle me rabattait surtout des Anglais.

« En vous voyant descendre l'escalier, je me suis dit que vous alliez accepter pour la chambre, mais à condition de la partager avec moi et de me faire l'amour. C'est pour ça que je me suis forcée à éternuer. C'est une astuce que j'employais déjà à Dieppe quand Maureen m'amenait un Anglais que je n'avais pas envie d'embrasser. Le client croit que vous êtes enrhumée, alors il détourne son visage ou l'enfouit dans l'oreiller, enfin il laisse votre bouche tranquille.

« Pourquoi ne m'avez-vous pas touchée, quand nous sommes montés là-haut tous les deux pour visiter la chambre ? Je vous regardais aller et venir, faire avec vos énormes bras et vos grosses mains des gestes patauds qui ne vous menaient à rien, et parler d'une redingote – vous dans une redingote, mon Dieu, je me suis remise à éternuer pour ne pas éclater de rire ! Alliez-vous profiter de cette histoire de redingote pour vous déshabiller, et alors pour me sauter dessus ? N'importe qui l'aurait fait, Horty. Nous ne nous étions rien dit là-dessus, mais c'était un marché tacite, il me semble. Au lieu de ça, vous avez grogné que, tout compte fait, vous n'aviez aucune envie de passer cette redingote.

« Moi, j'ai pensé que vous préfériez faire l'amour la nuit. Ça me convenait assez : j'étais morte de faim. Comment s'appelait-elle déjà, cette gargote infâme où nous avons fini par échouer ? Ah oui, le Calcutta. Alors, au Calcutta, je me suis mis du rouge à lèvres. Les hommes aiment les bouches rouges. Mais pas vous. Bon, je me suis débarbouillée. Tant de docilité, Horty, ça ne vous a donc pas suffi pour comprendre ?

« Quand vous m'avez bandé les yeux, et puis ligoté les mains, je me suis dit que vous commenciez enfin à vous amuser. Mais vous étiez sérieux. Je n'ai connu qu'un homme aussi sérieux que vous. Mon père. C'est pour ça que je me suis endormie presque tout de suite : j'étais redevenue toute petite, j'avais eu peur de quelque chose, d'une bêtise, d'une araignée ou de l'ombre d'une branche, alors mon père m'avait prise dans ses bras et couchée dans son lit, à côté de lui. N'importe quel autre père, je suppose, se serait moqué de mes frayeurs, mais pas le mien, jamais. Et pas vous non plus.

« Le temps de fermer les yeux et de tomber dans le sommeil, j'ai dû éprouver pour vous quelque chose de très fort. Vous aimer peut-être, enfin presque.

« M'avez-vous regardée dormir ? Moi, le lendemain, très tôt, je vous ai regardé, longtemps. Mais vous ne me faisiez plus penser à mon père. Vous n'étiez plus sérieux ou grave. Et surtout, moi je n'avais plus peur. J'avais passé une bonne nuit. J'avais envie que l'heure tourne, et d'embarquer enfin, que le bateau parte et que quelque chose d'autre commence.

« Pourtant, quand je vous ai apporté le plateau, j'aurais encore accepté de faire l'amour avec vous si vous me l'aviez demandé. Je sais, nous n'avions plus beaucoup de temps, mais je suis sûre que vous devez faire ça plutôt vite. Je suis rapide aussi. L'habitude de Dieppe. Je vous ai mis sur la voie, il me semble, en vous parlant de me punir. Est-ce que ça n'était pas le mot qu'il fallait pour exciter un peu un homme qui m'avait bandé les yeux et attaché les mains ? Mais vous n'êtes pas pervers, Horty. En fait, je ne sais pas ce que vous êtes, ni qui vous êtes.

« Mon travail n'était pas tellement éreintant sur le *Titanic*. Alors j'ai eu le temps de penser à vous. Même au cours du naufrage, à un certain moment où j'ai cru que je ne m'en sortirais pas, parce que je me cognais à plein de portes fermées et qu'il y avait déjà beaucoup d'eau dans la coursive où je me débattais, j'ai pensé à vous en me disant : qu'est-ce qu'il ferait pour moi, s'il était là ?

« Après, évidemment, j'ai eu d'autres soucis. Je vous ai oublié. Tout de même, quand je voyais un homme à la fois immense et un peu bossu, un homme fort avec des mains géantes et tout esquintées – et il y a beaucoup d'hommes comme ça dans certains quartiers de New York, surtout près de la mer et des rivières, pas mal d'entre eux sont noirs, mais qu'est-ce que ça change ? –, je me souvenais de vous encore un peu. Mais je n'arrivais déjà plus à me rappeler votre nom.

« Le premier mois là-bas a été plutôt dur. Je couchais dans une baraque vide qui attendait d'être démolie. C'était sur un terrain vague en pente, au-dessus de l'East River. Un cocher de fiacre, qui tournait autour de Central Park et qui faisait la sortie des théâtres à Broadway, amenait son cheval dans le terrain vague et l'y laissait toute la nuit à brouter. C'était l'été, l'herbe était sèche, mais le cheval était vieux et apparemment ça lui suffisait pour vivre. J'ai persuadé le cocher de m'emmener sur Broadway avec lui. Je voulais essayer de faire comme Maureen, voler quelques bijoux aux femmes qui sortaient des théâtres en riant. Ce n'est pas si facile que ça. J'ai juste réussi à rafler quelques boucles d'oreilles, à l'arraché. Et comme je n'arrivais jamais à piquer la paire, c'était toute une histoire pour les revendre. J'ai abandonné. D'ailleurs, le vieux cheval est mort et le cocher a cessé de venir dans mon terrain vague.

« Pour moi, tout ça n'était pas encore l'Amérique. J'avais décidé que je serais en Amérique quand j'arriverais dans l'État du Maine. Mais on ne va pas comme ça dans le Maine. Il faut de l'argent. J'en ai gagné comme je pouvais, c'est-à-dire comme je savais. Mais Maureen n'était pas là pour tout régler avant, et je me suis souvent fait avoir.

« Je cherchais mes clients dans le hall des hôtels – je ne pouvais décemment pas emmener un homme sur mon terrain vague, tandis qu'il y avait dans ces grands hôtels autant de chambres qu'on en voulait, et elles avaient toutes des salles de bains. C'est dans un de ces hôtels que j'ai rencontré Camille. Elle se souvenait de m'avoir aperçue sur le *Titanic*. Elle m'a invitée à dîner. L'homme avec qui elle voyageait, Duncan je crois, s'était noyé au cours du naufrage. Maintenant, elle vivait avec Cheapman, du *Titanic* lui aussi, mais qui avait eu la chance d'en réchapper. En séparant des centaines et des centaines de couples, la catastrophe en a fabriqué d'autres, plutôt curieux, comme ces découpages qui permettent aux enfants de faire des animaux qui ont un corps de crocodile et un cou de girafe. Quelque chose aussi comme le déluge, Horty, qui a permis à Dieu de recommencer le monde qu'il avait raté.

« Avant l'automne, Cheapman allait épouser Camille. Ça m'a fait rire. Elle a voulu savoir pourquoi. Je lui ai dit que Cheapman était une fripouille. Elle m'a demandé ce que je croyais être, moi, et ce que j'imaginais qu'elle était, elle.

Cheapman rejoignit les deux femmes au dessert. Il fut drôle sans être jamais vulgaire et se montra extrêmement courtois envers Marie, allant jusqu'à lui offrir une rose. Peut-être agissait-il ainsi pour effacer l'attitude méprisable qu'il avait eue à l'hôtel de la Rade de Spithead.

Marie ayant évoqué son logement lugubre au-dessus de l'East River, Cheapman insista pour qu'elle accepte de s'installer dans la suite que Camille et lui occupaient à l'hôtel. Et, puisque ç'avait été son emploi à bord du *Titanic*, il proposa qu'elle leur serve de femme de chambre, celles de l'hôtel ne lui donnant pas entière satisfaction.

Ainsi Marie Derlanges était-elle entrée dans la vie de Franck W. Cheapman et de la femme en vert amande – laquelle devint effectivement Mrs. Camille Cheapman, en septembre, dans la petite église St. Mark's-in-the-Bouwerie.

Mr. Cheapman estimait que, si un cavalier tombé de cheval doit immédiatement se remettre en selle, la même obstination courageuse vaut pour des naufragés. Il retint donc deux cabines à bord d'un paquebot à destination de Liverpool, et emmena son épouse et sa femme de chambre en voyage de noces en Europe. La traversée fut d'autant plus agréable que l'état-major du transatlantique, ayant appris que Marie et les Cheapman étaient des rescapés du *Titanic,* fit tout pour que le souvenir de cette navigation effaçât l'autre.

Dans la lumière d'octobre, l'Angleterre était d'un roux évanescent. On voyait partout des cavaliers sauter des haies, et des fuites de renards poursuivis par des chiens. Près de Chipping Cambden, dans les Cotswolds, Cheapman acheta pour Camille un minuscule cottage en pierres blondes. Sans doute la femme en vert n'aurait-elle que de bien rares occasions de s'y rendre, mais le geste de Cheapman n'en parut à Marie que plus large et plus amoureux.

Marie aurait aimé avoir des nouvelles de Maureen, mais il était évident que les journaux ne parlaient plus d'elle, si tant est d'ailleurs qu'ils en aient jamais parlé, et elle n'osait pas s'adresser aux autorités – qui sait s'il n'y avait pas son portrait-robot à elle, Marie, dessiné d'après les indications de Herr Mattheus Schmuggler, encore accroché aux murs des postes de police ? Elle avait changé de nom, mais elle gardait son visage d'ange – non pas un ange affligé comme on en voit sur certains tableaux religieux, mais un ange joyeusement païen, à la bouche affamée toujours entrouverte, laissant voir ses petites canines brillantes, qui, bien que courtes, étaient singulièrement pointues, avec une tendance à se recourber un peu à la façon de celles des chats.

Elle se sentit soulagée quand Camille décréta qu'on avait assez vu l'Angleterre – le vent d'ouest chassant sur les Cotswolds des nuages venus d'Irlande, l'automne s'était brouillé, il pleuvait maintenant avec une régularité assommante. Il fallait songer à passer en France où il devait faire encore à peu près beau.

– Nous entrâmes par Boulogne, où Camille remarqua tout de suite vos affiches. Elle supplia Cheapman de nous offrir le spectacle sous le chapiteau : " Entendre parler du *Titanic* par quelqu'un qui n'y était pas, voilà qui sera cocasse, par exemple ! Car figurez-vous que je connais cet homme. Mais, dans mon idée, c'était un docker ou un manutentionnaire. J'ignorais qu'il était clown, enfin une sorte de clown à l'envers, qui récite des histoires tristes. "

« Quand vous êtes arrivé sur scène avec cette grande photo, Cheapman et sa femme m'ont regardée. Mais ils n'ont rien dit. Vous avez commencé à raconter notre nuit, notre amour à Southampton, et je vous ai écouté passionnément, en oubliant qu'il s'agissait de vous et moi. Mais c'est vrai aussi, n'est-ce pas, qu'il ne s'agissait pas de vous et moi.

« Qui était cet homme si hardi supposé m'avoir fait hurler de bonheur ? Qui était cette petite fille en blanc et noir, à la fois intimidée et sauvage, dont vous aviez percé l'intimité au point de décrire ses parfums les plus secrets ?

« Je ne sais pas si j'aurais été capable des caresses que vous m'avez prêtées. Je ne suis pas particulièrement prude, ça je pense que vous l'avez compris, mais je n'ai jamais eu la chance de rencontrer un homme ayant toute une nuit à me consacrer. Alors je me suis toujours dépêchée de satisfaire des amants pressés. Dans ces cas-là, on laisse sa petite imagination sur la table de nuit, à côté de la montre en or du monsieur.

« Pour cette histoire, Horty, je ne vous en veux pas. Même si l'amour d'une fille comme moi pour un homme comme vous me paraît assez difficilement soutenable, je suis touchée que vous m'en ayez crue capable. Maureen pensait que nous nous étions exclues à jamais de ce genre de sentiment. Le fait est que je n'ai eu de vraie tendresse que pour elle. Elle n'était pourtant pas très jolie, ni particulièrement douce. Elle se montrait parfois violente, et autrement elle était presque toujours maussade, assise dans un coin à regarder passer les gens et à marmonner des choses désagréables à leur sujet.

« S'ils l'ont attrapée et jugée, je suis sûre qu'elle aura écopé du maximum : elle est incapable d'émouvoir qui que ce soit, sauf moi. Pour comparaître à son procès, voulez-vous parier qu'elle aura choisi de porter cette horrible robe brunâtre qui ne lui va pas du tout, qui la fait ressembler à une espèce de vieux moine malade ? Personne n'habite le ciel bleu, Horty, mais ça foisonne de vie dans l'eau croupie des étangs. Je suis tombée dans une mare, j'avais six ou sept ans, et, quand mon père m'a sortie de là, il y avait un nombre incroyable de petites bêtes qui rampaient et sautillaient partout sur mon corps. Tout le monde était dégoûté en voyant grouiller tout ça sur ma peau claire, mais moi je regardais ces insectes avec fascination. Quand j'ai rencontré Maureen – et ce jour-là elle portait la fameuse robe brunâtre –, je me suis souvenue des bestioles et j'ai eu envie de ses mains sur moi.

« Vous vous êtes arrêté au milieu d'une phrase – mais quelle importance, on fait ce qu'on veut d'une histoire inventée, pendant mes trois nuits sur le *Titanic* j'ai lu des romans qui n'avaient pas de fin et d'autres dont la fin était déjà dans le commencement, et les uns comme les autres m'ont empêchée de penser au balancement du navire, au froid de plus en plus persistant, et c'est tout ce que je demandais à ces pauvres livres. Alors nous avons quitté le chapiteau. Franck Cheapman a profité de la bousculade pour se coller contre moi d'une façon qui ne laissait aucun doute sur ce qu'il avait en tête. Il était en sueur comme tout le monde ce soir-là, et sa chemise mouillée a imbibé mon corsage tellement il me serrait de près. Il m'a chuchoté : " Ainsi, votre vrai nom n'est pas Derlanges ? Et tout ce que vous avez fait à ce vieux bonhomme, et tout ce qu'il vous a fait ! S'il ne prenait pas cet air douloureux pour raconter ça, ce serait finalement plus répugnant qu'autre chose. Eh bien, ma chère petite, sous vos allures d'enfant sage... " Il a ri. Camille et lui se sont éloignés, sans plus s'occuper de moi. Ils pensaient avoir perdu leur femme de chambre, persuadés que j'allais courir vous retrouver.

« Pourquoi l'aurais-je fait ? Je marchais au milieu de tous ces gens qui avaient été bouleversés par votre histoire, et ils ne se retournaient même pas sur moi, pas un ne m'a reconnue. Vous aviez été tellement convaincant ! Merci pour ça, Horty : la femme de chambre du *Titanic* était bel et bien morte, chaque soir vous la noyiez un peu plus, vous aviez rendu la disparition de Marie Diotret encore plus certaine que je n'y avais réussi en changeant de nom.

Elle se tut un instant, dénouant une longue mèche de ses cheveux blonds, la portant jusqu'à sa bouche et s'amusant à en lisser les pointes du bout de sa langue. Elle retrouva la voix rauque qu'elle avait eue devant la porte close de l'hôtel de Southampton, et qu'Horty n'aimait pas, pour dire soudain :

— Mais il y a l'argent. Vous en avez gagné pas mal. Moi, je n'en ai pas. Alors, vous allez m'en donner. De quoi retourner en Amérique. Mais pas dans les bagages des Cheapman. Cette fois, il faut que j'arrive dans le Maine, où eux n'iront jamais. Ils ont besoin de grandes villes pleines de palaces avec des joueurs de cartes. Il n'y en a pas là-haut. Les gens du Maine ont autre chose à faire que de gaspiller leurs dollars au poker. Ils sont presque toute la journée dehors, sur des bateaux ou sur des chevaux. Vous avez vu comme je monte bien, à présent ? J'ai commencé en Angleterre. Ici en ville, je monte en amazone à cause de mes toilettes. Mais, quand je serai dans le Maine, ça me sera bien égal d'abîmer mes robes, alors je chevaucherai comme les hommes. Ils me respecteront. Et moi aussi je me respecterai.

« J'apprendrai à nager. Les rivages du Maine sont bordés d'une multitude de plages désertes. Sans compter tous ces lacs avec personne autour. Je m'y baignerai nue. Je ne perdrai pas mon temps à me brosser les cheveux matin et soir. Et, quand il fait froid l'hiver et qu'on doit charrier du bois, devinez un peu dans quel état on se met les mains et les ongles ! Tant pis, ou même tant mieux, je ne tiens pas à être épousée parce que je suis jolie. Et, si l'homme qui me voudra n'est pas beau non plus, je ne ferai pas la difficile. Le Maine doit être assez splendide à lui tout seul pour que le reste n'ait plus aucune importance.

« Combien pouvez-vous me donner, Horty ? J'ai besoin du maximum. Dans trois jours, un paquebot de la Norddeutscher venant de Brême s'arrêtera au Havre pour embarquer des émigrants. Je veux le prendre. Voilà ce qu'il me faut le plus vite possible : de quoi acheter mon passage sur ce bateau allemand, et un cheval en arrivant dans le Maine.

« Si vous ne me donnez pas d'argent, j'irai trouver les journaux et je vendrai la mèche. Je dirai que vous avez menti. Que j'ai dormi à côté de vous, mais tout habillée. Que je n'aurais jamais accepté que vous me touchiez, parce que vous n'êtes qu'un vieil homme sale et vulgaire – mon Dieu, Horty, c'est d'ailleurs la vérité, il suffit de vous voir quand votre figure n'est plus si habilement adoucie par les lumières des théâtres. Les gens seront furieux contre vous. Surtout ceux que vous avez réussi à faire presque pleurer avec vos inventions. Ne jamais décevoir quelqu'un après l'avoir ému, c'est une fille facile qui vous dit ça. Même quand on se relève, et qu'on regarde l'homme sautiller maladroitement d'un pied sur l'autre pour enfiler son pantalon et essayer d'y faire rentrer sa chemise, il ne faut pas rire, il faut continuer à jouer son rôle d'amoureuse jusqu'à ce qu'il ait refermé la porte – pas seulement celle de la chambre, mais celle de la rue aussi parce que, tant que l'homme ne s'est pas remis à marcher dans la rue, il reste un client qui peut encore remonter vous humilier ou vous faire du mal.

« Donnez-moi l'argent de notre histoire, Horty.

« Mais je ne suis pas une voleuse, enfin pas toujours, j'ai quelque chose pour vous en échange.

Dans la villa avec vue sur la mer que Franck et Camille Cheapman avaient louée dans la Ville-Haute, Marie ferait vivre à Horty, cette nuit même, tout ce qui n'avait pas existé dans la chambre 28 de l'hôtel de la Rade de Spithead.

Elle avait assisté à cinq ou six des soirées qu'Horty avait données au Grand Théâtre. Elle connaissait donc par cœur les paroles, extrêmes, qu'elle aurait à prononcer, les caresses magnifiques et déroutantes qu'elle devrait lui consentir pour respecter le mot à mot de l'histoire qu'il avait inventée. Elle ne ferait pas une erreur. Jamais un homme n'aurait payé aussi cher pour obtenir de l'amour, mais jamais non plus Marie ne se serait autant abandonnée.

— Je suppose que n'importe qui à ma place vous détesterait pour ce que vous avez fait. Pour l'image que vous avez donnée de moi. Les tribunaux, je crois, sont compétents pour traiter ce genre d'affaire. C'était l'idée de Cheapman : " Prends un avocat, ma fille, attaque Horty, soutire-lui tout le fric que tu pourras, il est à ta merci, il y a des milliers de témoins… " Mais je n'ai pas le temps. Et ce serait peut-être dangereux pour moi. J'ai tout de même hésité – il n'y a pas que les tribunaux pour punir, alors la première nuit, sur la place devant le théâtre, j'ai failli descendre de cheval et venir vers vous. Un coup de cravache. Un crachat ou deux, peut-être.

« Mais pour frapper, pour humilier, il faut mépriser. J'essaye, Horty, mais je n'arrive pas à vous mépriser. A cause de l'histoire. De votre façon de la raconter, de regarder ma photo, de caresser avec vos mains ma figure immobile et collée sur une planche. C'est comme si vous m'aviez vraiment aimée.

Il se taisait. Il baissait la tête. Mais, quand elle dit qu'elle pensait qu'il l'avait aimée, il releva son visage et osa la regarder, parce que c'était vrai. Alors elle rit, elle était troublée :

— Je ne sais pas si aucun homme, là-bas dans le Maine,

réussira à m'aimer autant. Pardon d'avoir dit que vous n'étiez pas beau. C'est vrai que vous ne l'êtes pas. Mais je m'en fiche pas mal, après tout. Je vous donnerai de l'amour, sans vous aimer, ne me demandez pas l'impossible, mais ça sera comme si. Venez à la villa. C'est à moi, peut-être, que ça fera le plus plaisir. Je suis une sale fille, Horty. Je me sers toujours au passage.

Et comme il y avait encore en elle, tout de même, une naïveté d'enfant, celle-là même qui la tendait tout entière vers l'État du Maine, ses bateaux d'acajou, son peuple de rossignols, de chevaux et de fiancés pas trop regardants, elle dit à Horty :

— Allons, vous me remettrez l'argent demain seulement, j'ai confiance en vous. Soyez à la villa dans une heure, le temps que je m'arrange comme l'était Marie à Southampton.

Demeuré seul, Horty réfléchit à tout ce que Marie venait de lui raconter.

Pour commencer, il ralluma la lampe que le souffle de la porte avait éteinte – ou bien était-ce le mouvement d'air produit par le grand manteau de cavalière dont Marie s'était brusquement drapée en s'élançant dans le couloir des loges ? Il remit en ordre les petits pots de fards que, tout en parlant, elle avait ouverts et essayés, enfonçant ses doigts dedans et les essuyant ensuite sur le miroir, lequel portait à présent des traces semblables à du sang séché. Il ramassa par terre une ou deux moustaches postiches avec lesquelles elle avait joué, les appliquant sur ses sourcils pour se donner un air hirsute – « A votre ressemblance, Horty », avait-elle dit en riant. Car dans le fond, bien qu'elle ait parlé de choses graves, elle avait ri souvent. Elle est si jeune, pensa-t-il. Il constata aussi qu'elle avait oublié un gant. Il essaya de l'enfiler, mais ce gant était bien trop étroit pour ses mains déformées. Une marque dans la doublure spécifiait qu'il avait été fabriqué en Amérique. Il approcha le gant de son visage et le respira. Il sentait le cheval. C'était peut-être l'odeur dominante en Amérique.

Et puis, voilà, il avait tout rangé, il pouvait s'en aller, quitter pour toujours la loge et le théâtre.

Il lui était indifférent que Marie soit complice d'une voleuse, voleuse elle-même, prostituée. Tout le monde était un peu comme ça. Lui aussi était comme ça. Depuis cinquante-deux ans, il avait dû voler bien des choses à bien des gens – pas des bijoux, naturellement, mais sûrement des instants de joie. A chaque fois qu'il avait dit non à Zoé, non pour acheter ceci ou cela, non pour aller ici ou là, il lui avait volé de la joie. Et Zoé, qui savait dire non elle aussi, lui en avait volé pareillement. Et eux deux, ligués ensemble, avaient eu le même comportement de voleurs de joie vis-à-vis de tous ceux qui leur demandaient un service, un peu de leur temps, de venir un moment chez eux partager une fête ou un chagrin.

Innocence était un mot qu'on entendait et qu'on voyait partout, mais qui ne décrivait rien de réel – juste une jolie supposition que les hommes faisaient en espérant qu'elle se vérifierait peut-être un jour, comme de croire qu'il y avait d'autres êtres vivants dans les étoiles, plus avancés qu'eux, plus justes aussi, qui viendraient à bord d'obus géants leur expliquer ce qu'ils ne comprenaient pas. Alors, s'il n'y avait pas d'innocents, il n'y avait pas non plus de coupables, il n'y avait qu'un grouillement d'individus plus ou moins dangereux, qui se faisaient souffrir les uns les

311

autres par des moyens variables. La souffrance était la seule vraie monnaie d'échange entre les hommes. A la différence de l'argent, de cela au moins tous étaient riches, et vivre consistait simplement à mesurer à tout instant si les souffrances qu'on imposait ou qu'on subissait étaient supportables ou non. Et, à dire vrai, personne n'en savait rien.

Horty avait toujours pensé ainsi, ne condamnant personne, n'acquittant pas non plus. Tel un homme accoudé au parapet d'un pont, il regardait ceux de sa rue, de sa caste et de son temps, courir en bouillonnant de leur source jusqu'à leur embouchure. Il gardait le silence et les yeux mi-clos. Ce soir, il se sentait fort et heureux parce qu'il n'était pas obligé de juger Marie.

Il traversa le théâtre. Il sortit. Dehors, la tempête lui coupa le souffle.

Or c'était une tempête froide, qui découvrait les étoiles au lieu de les obscurcir. Seul le vent circulait là-haut. Pas un nuage. Il courait sur la ville comme un souffle de verre, déchaînant un long mugissement continu dans les avenues orientées vers l'océan. La pleine lune avait une blancheur figée de drap froissé, terne avec des ombres d'un gris sans éclat, révélant sa vérité de caillou mort.

Sur la rade, soulevée par la houle noire qui déferlait du large, l'océan montait en lames courtes qui s'écroulaient avec des éclatements secs, des craquements d'arbres sciés. L'écume, qui s'envolait d'habitude, collait cette nuit à la crête des vagues et s'effondrait avec elles. L'atmosphère fuyait à l'horizontale, comme pour épuiser de son air respirable l'espace compris entre la mer et le ciel, donnant à Horty l'impression qu'il allait suffoquer.

Sur les navires, les hublots généralement obscurs à cette heure – ceux des chambres de chauffeurs, de soutiers, qui couronnaient la ligne de flottaison – s'étaient tous allumés. Les hommes se levaient et s'habillaient en hâte, inquiets de cette agitation qui venait les secouer jusque dans le fond du port, bousculait leurs navires et les cognait contre les coffres ou les quais auxquels ils étaient amarrés. Les sifflets des lieutenants appelaient à doubler les aussières. Un caboteur avait cassé sa chaîne d'ancre et partait à la dérive. Agrippés aux rambardes de leurs passerelles, les officiers des autres navires lui adressaient des signes furieux pour lui enjoindre de s'écarter. Mais le petit cargo, apparemment incapable de lancer sa machine qui lui aurait permis de manœuvrer, se contentait de faire hurler sa sirène. Le manque de pression fit que celle-ci dut se taire après un dernier cri enroué et que les feux du caboteur eux-mêmes, perdant peu à peu de leur éclat, s'éteignirent. Le rafiot n'était plus repérable qu'à la frange d'écume livide qui crépitait autour de lui quand les vagues le frappaient, et aux appels effrayés des douze hommes qui le montaient.

Il ne pleuvait pas, et pourtant Horty fut trempé avant d'avoir fait cent mètres. Il offrit son dos aux rafales à la façon d'une voile et, réglant son effort sur les saccades du vent, se laissa pousser en avant.

Il était seul à marcher dans la ville.

Même les lanternes rouges de la rue Solidor avaient été mouchées. Par un temps pareil, on n'espérait plus personne dans les maisons. Alors les filles avaient profité de cette aubaine de la tornade pour se coucher tôt ; mais on voyait encore, à hauteur des soupentes, des rais de lumière filtrant derrière les volets rabattus sur les fenêtres grillagées : vautrées à deux ou trois dans le même lit, elles lisaient, se fabriquaient du maquillage avec du noir de fumée, reprisaient les longs pans de tulle qui leur servaient de peignoirs.

Zeppe s'était installé à la pension des Deux Hippocampes, le seul établissement de la rue qui ne s'affichait pas comme hôtel de passe – ou, s'il l'était, les choses se déroulaient assez discrètement pour qu'on puisse y dormir sans être dérangé par des cavalcades de pieds nus, des rires étouffés, des bruits de bassines remplies puis vidées.

La toux éreintante qui continuait de le secouer, au point qu'il commençait à se demander s'il serait jamais en état de supporter le long voyage jusqu'à Venise, l'obligeait à comptabiliser les minutes de sommeil qu'il réussissait à grappiller avec autant de parcimonie qu'il en mettait à gérer sa courte fortune.

Quand Horty entra dans sa chambre, Zeppe réchauffait de l'eau pour prendre une fumigation de pavot et de sureau.

– Je ne vais pas bien, Horty, pas bien du tout. Je crois que vous feriez mieux d'aller me chercher un médecin.

– C'est la tempête, Zeppe, aucun médecin ne sortira cette nuit pour des quintes de toux.

– Je ne fais pas que tousser, j'ai des étouffements à présent. J'ai toujours eu peur de mourir en voyage, tout seul dans un hôtel, et je sens que c'est ce qui va m'arriver.

Horty le regarda avec pitié. Zeppe l'ignorait encore, mais c'était la dernière fois qu'ils se voyaient. Et, pour cette dernière rencontre, Horty allait dire et faire des choses qui ne laisseraient pas à Zeppe un très bon souvenir de lui. C'était dommage, parce que Zeppe ne s'était finalement pas si mal comporté. Il avait toujours veillé à ce qu'Horty ne manque pas de vin. Mais, cette nuit, Horty ne ressentait plus le besoin de se soûler.

– Donnez-moi l'argent, dit Horty

Zeppe tressaillit, ramenant sur son corps amaigri les pans de la chemise trop courte dont il s'était enveloppé :

– Quel argent ?

– Celui que vous avez. Tout ce qui vous reste.

– Ce n'est pas drôle, dit Zeppe.

Il avait déjà posé une grande serviette sur sa tête pour éviter la dispersion de la vapeur de fumigation, et il était en train d'émietter des feuilles aromatiques dans le bol d'eau bouillante. Il avait l'air d'une vieille femme, soudain, et cela désola le docker.

– Ça ne me plaît pas de faire ça, dit Horty. Mais j'ai besoin de tout l'argent possible. Un passage pour l'Amérique, et un cheval capable de galoper jusqu'en haut dans le Maine, ça coûte un peu.

Le discours d'Horty était paradoxalement si dénué de sens que Zeppe comprit qu'il ne plaisantait pas. Il observa avec une attention excessive la chute des copeaux de plantes au fond du bol. Il n'osait pas regarder Horty en face, craignant de croiser un regard déjà indifférent à tout ce qu'il allait pouvoir dire.

– C'est pour Marie, ajouta doucement Horty.

Alors Zeppe cria :

– Marie est morte. S'il y a un fantôme, c'est Zoé qui le manipule. Et Zoé en a, de l'argent – tout celui auquel vous avez renoncé, vous voulez savoir combien ? J'ai les comptes, tout est régulier avec moi, qu'est-ce que vous croyez ?

– Zeppe, supplia Horty, il faut vous dépêcher de me donner l'argent que vous avez ici. Je ne sais pas combien de temps je vais mettre pour monter jusqu'à cette villa où elle m'attend, c'est loin d'ici il me semble, et il y a la tempête. Elle m'a prévenu, on sera ensemble jusqu'aux sirènes de cinq heures et demie, mais pas plus tard, elle doit fuir avant le retour des Cheapman, engagés dans une partie de cartes qui les tiendra jusqu'à l'aube. Tout le temps que vous me faites perdre maintenant, il est perdu pour toujours.

Zeppe s'assit sur son lit en désordre. Il mit sa tête dans ses mains et resta là, sous la serviette dont les pans retombaient ridiculement sur son visage, à trembler de fièvre, de peur, et de la conscience qu'il avait de sa lâcheté – mais qu'y pouvait-il ? Un homme qui s'était laissé chasser par des écuyères ne pouvait pas brusquement serrer les poings et se dresser pour affronter quelqu'un d'apparence aussi terrible que le docker.

– L'argent, répéta Horty. Et je m'arrêterai chez un médecin. Je lui demanderai de venir vous voir.

– Vous avez dit qu'il ne voudrait pas, souffla Zeppe entre ses mains fermées.

– Je lui raconterai que Giuseppe Brassatto, le célèbre organisateur de spectacles, vomit du sang. C'est autre chose que de tousser.

– Taisez-vous donc, balbutia Zeppe en croisant les doigts pour conjurer le malheur.

Il redoutait par-dessus tout de cracher du sang. Il surveillait ses expectorations avec une attention plus jalouse encore qu'il n'en mettait à compter et recompter inlassablement ses billets. Personne, pensait-il, ne pouvait comprendre la détresse où il était, si loin de Venise. Mais il était touché, quand même, qu'Horty ait cette idée de le présenter comme un « célèbre organisateur de spectacles ». C'était un excellent en-tête de carte de visite, il ne manquerait pas de s'en faire imprimer, avec ce titre en haut et à gauche du bristol, quand il arriverait enfin chez lui. Il ajouterait peut-être « international » à « célèbre » car, depuis Marco Polo, ses concitoyens étaient sensibles à ceux qui s'en allaient misérables et revenaient dans la cité auréolés de gloire étrangère.

Il dit alors que l'argent était dans une enveloppe, au pied de l'armoire, sous l'espèce de chiffon bariolé qui tenait lieu de tapis.

Horty déchira fébrilement l'enveloppe et compta les billets. Il y avait une cinquantaine de grosses coupures. Était-ce assez pour le paquebot de la Norddeutscher et le cheval capable d'emporter Marie de New York jusqu'à l'État du Maine ?

Si cela ne suffisait pas, il irait chercher le complément chez Zoé. Marie avait dit pouvoir attendre jusqu'au lendemain. Mais il ne voulait pas se présenter cette nuit les mains vides. Pendant qu'elle se faisait belle, il la faisait riche et libre. Il y avait dans cet échange une justice, presque une harmonie, qui lui plaisait.

— Adieu, Zeppe. La grande photo est restée sur la scène, pensez à la reprendre. Vous n'allez pas l'emporter à Venise, alors le mieux serait de la brûler. Mais ne la laissez pas au théâtre. Quelqu'un finirait par lui dessiner des moustaches ou je ne sais quoi.

Il ne le dit pas, mais il se rappelait ce que Sciarfoni avait fait devant le premier portrait de Marie. Même s'il était un peu flou, l'agrandissement pouvait, pour les mêmes raisons, tenter l'un ou l'autre de ces hommes furtifs, anciens marins pour la plupart, qu'on employait dans les coulisses du théâtre au maniement des câblots faisant monter ou descendre les toiles peintes des décors.

— Sacrilège, oui, toussota Zeppe en enfouissant à nouveau son visage dans ses mains.

Mais, en disant cela, il pensait peut-être moins à la photo à brûler qu'aux gros doigts d'Horty qui n'en finissaient pas de feuilleter la liasse des billets. Malgré des mois de vie commune, les deux hommes s'étaient peu livrés l'un à l'autre, et ils se quittèrent sur ce malentendu de plus.

Sur le trottoir, Horty leva les yeux vers la façade de la pension des Deux Hippocampes. Il reconnut, se profilant derrière le rideau, l'ombre de Zeppe qui enfilait son costume rouge, probablement en l'honneur du médecin qui allait braver la tempête pour venir l'apaiser – si du moins Horty pensait à s'arrêter chez un médecin, à tambouriner contre sa porte, mais Zeppe avait l'air de croire qu'Horty ferait cela pour lui, et cette confiance suffit en effet, mieux que tout autre argument, à convaincre le docker de brûler pour Zeppe quelques minutes d'une nuit aussi importante : à l'angle de la rue des Lices, il réveilla le docteur Burel et attendit, sous ses fenêtres, de l'entendre jurer, s'habiller, et de voir sa silhouette résignée disparaître dans l'obscurité.

Luttant contre le vent qu'il avait cette fois contre lui, le docker s'engagea alors dans la rue de la Grotte-de-Fingal qui menait aux avenues plus larges de la Ville-Haute.

Regardant vers la mer, il vit que le caboteur qui dérivait tout à l'heure avait fini par talonner la Marguette. C'était un banc de sable dont on se tirait assez facilement par temps calme, mais cette nuit l'échouage avait dû être d'une violence mortelle. Le bateau s'était brisé et perdait sa cargaison. De si loin, il était impossible de deviner de quoi il pouvait s'agir. Mais, à leur façon de flotter haut sur l'eau, Horty crut identifier des sacs de céréales, et plutôt de l'avoine que du blé. Comme toujours, le courant dominant emportait ces sacs – en tout cas les paquets livides qui y ressemblaient – vers le port-aux-femmes. Si les gendarmes ne s'en mêlaient pas, le gravage rapporterait gros, demain matin au jusant.

D'habitude, les femmes parvenaient sans trop de peine à faire glisser les colis mouillés sur les algues et le sable humide, mais c'était une tout autre affaire de les hisser en haut de la cale. Alors bien souvent elles demeuraient là, à bavarder assises sur leurs proies, attendant le secours des hommes.

Horty irait peut-être leur prêter main-forte. Ce serait un signe évident pour tout le monde dans la Ville-Basse qu'il souhaitait revenir auprès de Zoé.

Il s'approcherait par le chemin de la grève et surgirait devant Zoé un peu comme s'il sortait de la mer. Ce serait le plein jour, il ne resterait plus rien de la nuit qui, depuis le début, qu'il raconte l'histoire ou qu'il la vive comme il allait le faire maintenant, était le temps de Marie.

En le reconnaissant, Zoé se lèverait brusquement, et ferait voler ses cheveux, et s'écarterait de quelques pas rageurs, il voyait ça d'ici. Elle était charmante quand elle était ainsi, entre furie et bouderie, elle gonflait sa bouche. Elle lui crierait probablement d'aller au diable, qu'elle s'était débrouillée sans lui pendant des mois et qu'elle se sentait assez forte pour continuer indéfiniment.

Alors les autres femmes se dresseraient à leur tour pour entourer de leurs bras noirs les épaules de Zoé, l'emmener à l'écart et lui chuchoter des paroles raisonnables – rue de La Villemarqué on n'aimait pas les drames, même les femmes pieuses rechignaient aux cérémonies éplorées du Vendredi Saint, tandis qu'elles froufroutaient par centaines dans la nef de Saint-André le dimanche de Pâques ou pour la veillée de Noël.

— Reprends-le, Zoé. On ne repousse pas un homme qui vient de si loin.

— Quoi, de si loin ? Des bras d'une fille ! Pas besoin qu'il m'approche, je sens d'ici qu'il pue l'amour.

— L'amour, au moins, pas comme la mort, c'est une odeur qui part.

— Je ne veux pas qu'il me parle d'elle.

— Il se taira. Ce n'est pas un bavard, tu sais bien.

— Tiens, il a raconté cette fille pendant des heures entières, même que ça fait des mois qu'il vit de ça ! J'ai son sale argent à la maison, dans une boîte, pour me le rappeler.

— C'est fini, on a vu son démon, cet Italien, qui s'en allait vers la gare, bien mal en point, ont dit ceux qui l'ont reconnu. Et d'ailleurs, ils ont changé de programme au Grand Théâtre, c'est une opérette à présent.

— S'il n'aime plus l'autre, est-ce qu'il m'aime, moi ?

— Un homme ne sert pas qu'à aimer. Est-ce que tu as été avec monsieur Siméon pour l'amour ?

— Non, ça c'était pour Horty, pour le mettre sur une grue, qu'il arrête de se casser les reins. Justement, je n'ai pas eu d'amour avec Siméon. J'en veux, maintenant. Bathilde me comprend, elle.

— Tu en auras. Mais, si tu ne reprends pas ton mari, comment saurais-tu de quoi il sera capable cette nuit ?

Les femmes sur la grève auraient alors manœuvré Zoé de façon à la ramener face à Horty, qui lui dirait simplement :

— Combien as-tu récolté de sacs ? Donne-les-moi, voyons, que je les porte à la maison. J'espère que tu as mis le poêle en route, parce qu'il va falloir faire sécher toute cette marchandise à présent, Zoé, ma petite.

Courant au milieu des rues désertes pour éviter les éclats d'ardoises et les fers de cheminées que la tornade arrachait des toits, cheveux ruisselants sous le déchaînement de la pluie, Horty riait en pensant à tout ce qui arriverait d'heureux demain matin sûrement, et qu'il était encore le seul à pouvoir imaginer.

Il enfonça la main au fond de sa poche, vérifiant qu'il avait toujours l'argent pris à Zeppe. Les billets étaient déjà trempés, sur le point de partir en charpie.

Il lui fallut près d'une heure pour atteindre la villa où l'attendait Marie.

La maison était blanche, large, à deux étages avec soupentes. La tempête soufflait ici avec la même rage que dans les quartiers bas, pourtant il semblait que la villa, par son assise imposante, obligeait le vent à s'apaiser un peu, comme une voix assurée calme un chien furieux.

Elle se dressait derrière une double grille de fer, au bout d'une allée légèrement incurvée, bordée d'arbres courts et drus. Son nom était gravé en lettres noires, ourlées d'une façon compliquée, sur une plaque de marbre blanc.

Elle s'appelait l'Espagnole.

Ce nom lui venait peut-être de ce qu'au-dessus du porche, au faîte de deux colonnes à demi encastrées dans la maçonnerie, se trouvaient des sculptures représentant des têtes de taureaux. Chaque taureau tenait dans sa gueule l'anneau d'une lanterne. Les lanternes étaient allumées, leurs flammes protégées par des verres épais, et elles étaient si bien serrées par les mâchoires des taureaux qu'elles se balançaient à peine sous l'effet du vent.

Le bas des murs blancs était incrusté d'une frise de

mosaïques de Tolède, dont la pluie avait ravivé les rosaces bleues et jaunes.

Entre les taureaux, les neuf marches d'un escalier évasé, où frissonnaient des feuilles mortes, donnaient accès à la porte principale, faite d'un lourd panneau à caissons de bois sombre.

Marie avait recommandé à Horty d'entrer sans frapper à cette porte, il n'y aurait personne qu'elle dans la villa, inutile par conséquent de l'obliger à descendre ouvrir, peut-être ne serait-elle pas tout à fait prête, or elle voulait qu'il soit ébloui en la découvrant.

Horty se demanda si elle s'habillerait de blanc et noir ou si elle revêtirait une toilette empruntée à Camille.

Peut-être choisirait-elle la robe vert amande. Il n'avait pas de préférence. Il venait pour voir et tenir contre lui Marie nue.

Elle lui avait dit qu'elle laisserait dans l'entrée un bougeoir allumé. Il chercha le bougeoir, mais ne vit rien de semblable. Tout à ses préparatifs, elle avait oublié. C'était sans importance, la villa était brillamment éclairée. Il y avait des chandeliers partout, et même des lustres. Il faisait aussi très chaud, à cause des feux qui brûlaient dans les cheminées – et chaque pièce possédait son âtre avec sa provision de bûches de bois fruitier, odorantes, fendues à l'exacte mesure.

C'était la première fois qu'Horty entrait dans une maison bourgeoise. Cette chaleur et toutes ces lumières faisaient la différence entre une belle demeure comme la villa Espagnole et les logis de la rue de La Villemarqué. Même si Zoé chauffait ses deux poêles à blanc, elle ne réussirait jamais à obtenir cette même tiédeur moelleuse. Ici les murs, les tentures, le parquet, les meubles, tout reflétait le chaud, le renvoyait au lieu de l'absorber et de sourdre en échange une buée moite aussi pénétrante que les brouillards qui tenaient la Ville-Basse dans une sorte de crépuscule permanent.

Ignorant où Marie l'attendait – et cette incertitude, pensa-t-il, faisait partie du jeu de séduction auquel elle le conviait –, il s'avança dans des pièces pleines de choses magnifiques et de silence.

Il s'arrêtait parfois, ému par la grâce d'un objet dont il ne savait pas toujours à quoi il pouvait servir, bien qu'il devinât que la plupart étaient des instruments de navigation, mais d'une marine aujourd'hui disparue. Il les frôlait du bout des doigts, et il arrivait que l'objet se mette en mouvement, oscillant ou tournant sur lui-même avec un cliquetis feutré.

Il rebroussa le chemin qu'il venait de parcourir, en quête d'un foyer où les flammes ne seraient pas trop vives, où dominerait la braise. Il trouva ce qu'il cherchait dans une pièce occupée par une table à huit pieds, drapée d'une nappe brodée sur laquelle s'alignait une collection de buires en vermeil. Il s'accroupit près de la cheminée, étala ses billets humides sur le sol pour les faire un peu sécher avant de les donner à Marie. Il se demanda pourquoi elle lui avait réclamé de l'argent avec tant d'insistance. Elle n'aurait eu aucun mal à voler ici de quoi payer très largement son passage sur le bateau de la Norddeutscher et s'offrir le meilleur cheval des écuries de New York. Ignorant combien Horty allait pouvoir lui donner, peut-être avait-elle tout de même volé quelque chose.

Quand les coupures furent à peu près sèches, Horty les lissa soigneusement du plat de la main. Il les lia ensemble à l'aide d'un ruban qui traînait dans une corbeille. Large et rouge, avec de petits dessins représentant des feuilles de houx, ce ruban avait dû être acheté en prévision des fêtes de Noël. Ainsi tout cet argent ressemblait-il un peu à un cadeau, c'était en tout cas moins sordide qu'une poignée de billets défraîchis qu'on pose sur un lit. Cette nuit, tout devait être aussi beau que possible.

Le nœud lui rappela celui qu'il avait doucement serré autour des poignets de Marie sur l'escalier de la manufacture Harston & Harston Alors le désir de voir et de toucher la jeune fille l'envahit, si violent qu'il dut se maîtriser pour ne pas s'élancer en criant Marie, Marie. Il l'appela donc, aussi doucement qu'il put. Mais elle ne répondit pas. Il s'engagea dans l'escalier. Sa main laissait une trace moite sur la rampe.

Il y avait sept chambres à l'étage. Marie n'était pas dans les six premières. Elle ne se trouvait pas non plus dans la septième mais, sur le tapis et sur le lit défait, Horty vit de légers vêtements noirs éparpillés. Il reconnut des dessous, des bas, des jarretières. Il ramassa un jupon, qui le troubla si fort quand il l'approcha de son visage qu'il faillit se mettre à pleurer.

A travers cette mince et fraîche petite pièce de soie, c'était la vraie vie de Marie qu'il retrouvait et qui le faisait trembler. Abruti par le chemin de fer, le vin et les jacasseries de Zeppe, se heurtant chaque soir à la grande photo inanimée dont le regard, déjà incertain, pâlissait avec le temps, il se souvenait d'avoir souffert en croyant la jeune fille perdue, mais il n'avait jamais réalisé à quel point cette souffrance l'avait ravagé. Il le comprenait enfin.

Il l'appela encore :

— Marie, je suis là. Avec l'argent. Venez, maintenant.

Même si vous n'êtes pas prête, je m'en fous bien, vous savez.

Il écouta, attendit. Il n'y avait que la confusion lancinante, contre les vitres, de l'averse qui reprenait. Marie jouait toujours à se cacher. Horty, lui, n'avait plus envie de jouer.

A droite du lit, une porte était entrouverte sur un cabinet de toilette. Une lueur instable, probablement celle d'une lampe à pétrole à la mèche mal réglée, passait par l'entrebâillement. Horty pensa que Marie était allée mouiller ses cheveux pour leur donner la même couleur indécise, le même parfum de pluie qu'à Southampton.

Il entra.

Marie gisait dans la baignoire. Un de ses bras était rejeté par-dessus le rebord de faïence blanche, crispé comme si elle avait désespérément essayé de se relever. Cette attitude était simplement due à la façon dont elle avait continué à s'enfoncer dans l'eau après que sa nuque, dans une brève glissade, eut heurté un robinet de cuivre auquel restaient collés quelques-uns de ses cheveux blonds. Ses paupières étaient baissées – peut-être avait-elle fermé les yeux à l'instant de poser les pieds dans l'eau, appréciant par avance le bien-être qu'allait lui procurer ce bain. Sa bouche était ouverte sur ce qui avait sans doute voulu être un cri. Autrement, ses traits ne reflétaient aucune terreur. Si elle avait eu le temps de penser qu'elle allait se faire mal en glissant, elle n'avait pas su qu'elle se tuait.

L'eau calme qui la recouvrait était maintenant tout à fait froide, et Horty eut la pensée, absurde mais impérative, de devoir réchauffer Marie.

Mais, quand il passa un bras sous les épaules de la jeune

fille pour faire émerger son visage, le cou de Marie parut se casser, sa tête partit en arrière et resta dans une étrange position disloquée. Horty fut horrifié. Il gémit. A voix très basse, il appela sa femme. Zoé était le seul être vivant, cette nuit, qui pouvait comprendre dans quel abîme infini Horty était en train de tomber. Il désira follement que Zoé vienne et qu'elle lui tende sa main, petite et fripée, mais sûre, pour le retenir. A la même heure, blottie contre le grand corps de Bathilde, Zoé découvrait le plaisir.

Horty pensa qu'il pourrait peut-être supporter sans hurler de regarder Marie noyée, puisque c'était ainsi qu'il l'avait imaginée si longtemps, mais qu'il n'admettrait jamais ce cou brisé, cette tête désarticulée, qui la rendaient presque hideuse. Alors il retira son bras de dessous les épaules raides et glacées, il laissa la jeune fille de nouveau s'enfoncer sous l'eau. Ce fut son dernier acte conscient, après quoi quelque chose d'opaque l'envahit, et il ne sut même plus qui il était.

Marie lui avait dit qu'ils pourraient rester ensemble jusqu'aux sirènes de cinq heures et demie qui annonçaient l'ouverture des docks, des entrepôts, et la mise en route des grues à vapeur.

Il attendit donc jusque-là, recroquevillé à côté de la baignoire. De temps en temps, d'un geste mécanique, il touchait l'eau claire dans laquelle baignait Marie. Il la trouvait de plus en plus froide, mais c'était probablement une illusion. Il tenta de vomir. Il n'y parvint pas.

A cinq heures trente précises, les sirènes commencèrent à ululer dans le lointain.

Horty se pencha, souleva le cadavre de Marie et le prit

dans ses bras. La jeune fille était lourde, mais c'était peut-être à cause de toute l'eau qui s'était précipitée dans son petit corps, par sa bouche ouverte.

Quand Horty quitta la villa Espagnole, il faisait encore obscur. Les bourrasques avaient eu raison d'une des lanternes suspendues aux mufles des taureaux de pierre. Mêlés aux feuilles mortes, ses éclats de verre scintillaient à la lumière de la lune. Maintenant, la tempête s'était apaisée. Quelques oiseaux se hasardaient en criant dans le reste de nuit et de vent.

Edmond Geirard
Directeur
Grand Théâtre de N...
4, Place du Marché

Signor Giuseppe Brassatto
Via del Ghetto
Venezia

N..., le 17 mai 1913

(Auditions sur convocation seulement.
Les manuscrits soumis à appréciation
ne seront pas retournés.)

Bien cher Monsieur,
Le régisseur m'informe que nous conservons toujours, dans notre magasin des accessoires, un élément scénique utilisé lors de la série de spectacles portant sur nos livres la référence :
Horty – une narration dramatique sur le naufrage du Titanic.
A savoir un agrandissement photographique d'environ un mètre soixante de haut, monté sur feuille de bois blanc, et représentant, ainsi que le précise l'inscription portée au dos, le personnage féminin dit de « la femme de chambre ».
Notre règlement intérieur stipule que les accessoires et décors n'appartenant pas à l'établissement du Grand Théâtre doivent être réclamés et enlevés par leurs propriétaires, faute de quoi il

329

sera compté aux susdits des frais d'entrepôt et de gardiennage s'élevant à deux francs trente-quatre centimes par mois.

Désireux de ne point vous importuner, j'ai d'abord cherché à joindre Horty, pensant qu'il se chargerait volontiers de l'enlèvement de la grande photo.

Je me suis rendu à son domicile, rue de La Villemarqué, n° 78. J'ai appris par son épouse qu'il n'y était pas reparu depuis le soir où il avait soudainement interrompu sa représentation, quittant la scène dans un état d'agitation tout à fait extraordinaire. Cette femme croit Horty parti pour l'Amérique, dans l'État du Maine, m'a-t-elle répété à plusieurs reprises, ajoutant qu'elle n'était pas bien sûre que cet État existât, non plus que tout le reste d'ailleurs. Elle m'a paru fort rêveuse, comme, n'est-ce pas, l'était Horty lui-même. Leur maison porte un écriteau à vendre, mais elle n'est pas la seule, une partie de la voie devant être démolie pour permettre l'extension du port, et notamment le creusement d'un bassin d'une profondeur suffisante pour accueillir enfin chez nous les plus grands paquebots transatlantiques.

On n'a pas pu m'en dire davantage au cabaret de la Tête d'Écaille où Horty avait ses habitudes.

Si vous avez eu le loisir de lire nos journaux de France lors de votre voyage de retour vers Venise, peut-être avez-vous su que la mer avait rejeté, au lieu-dit « le port-aux-femmes », le cadavre d'une noyée dont les traits, en dépit des altérations habituelles à ce genre de décès, n'étaient pas sans rappeler ceux de la jeune femme de chambre dont le portrait entreposé chez nous me vaut le plaisir de vous écrire aujourd'hui. A en croire certains, la malheureuse était vêtue d'une robe noire et d'un tablier blanc. Selon d'autres, elle était nue. Comme toujours en pareil cas, la vérité se situe probablement entre les deux.

Ici, l'hiver a été rude. Beaucoup des oiseaux qui nichent

dans les marronniers de notre belle place sont morts, victimes des grands froids.

Malgré un programme des plus brillants (songez que nous avons eu le bonheur de recevoir la troupe d'un opéra italien, oui mon cher Monsieur, toute la troupe, y compris un luthier pour prendre soin des violons, et jusqu'à des porteurs siciliens pour charrier les panières de costumes), les fêtes de fin d'année furent, je le crains, moins allègres, moins sereines qu'à l'accoutumée. Cela tient à l'esprit chagrin des gens. Nous avons en France de sages personnes comme M. Jaurès qui ne cessent de mettre en garde contre les risques épouvantables d'un conflit, tandis que d'autres comptent déjà, avec une sorte de gourmandise, les divisions qui pourraient être déployées – soixante-quatorze pour la France, au moins vingt de plus pour l'Allemagne.

Enfin, il semble que, quoi qu'il advienne de notre monde, votre chère Italie entende rester à l'écart de tout cela. Je vous envie. N'est-ce point déjà l'époque des glycines à Venise ?...

Cette lettre demeura sans réponse. Soit que Zeppe n'ait jamais atteint la via del Ghetto, soit qu'il ait décidé de tourner la page sur l'épisode de la femme de chambre du *Titanic*.

Lorsque la guerre éclata et que le Grand Théâtre devint un casernement pour les troupes britanniques venues combattre en France, les marins de la *Home Fleet* réquisitionnèrent la photo. Ils la dressèrent sur une plage pour servir de cible aux exercices de tir d'une petite canonnière grise.

Chaufour – Southampton – La Roche
Septembre 1990

Du même auteur

CHEZ D'AUTRES ÉDITEURS

Il fait Dieu
essai, Julliard, 1975

La Dernière Nuit
Balland, 1978

La Nuit de l'été
d'après le film de J.-C. Brialy
Balland, 1979

Il était une joie... Andersen
Ramsay, 1982

Béatrice en enfer
Lieu commun, 1984

Meurtre à l'anglaise
Mercure de France, 1988

L'Enfant de Nazareth
(avec Marie-Hélène About)
Nouvelle Cité, 1989

Élisabeth Catez ou l'obsession de Dieu
Balland, 1991

LITTÉRATURE POUR ENFANTS

O'Contraire
Robert Laffont, 1976

La Bible illustrée par les enfants
Calmann-Lévy, 1980

La Ville aux ours
Pour trois petits pandas
Les Éléphants de Rabindra
Le Rendez-vous du monstre
série « Le clan du chien bleu »
Masque Jeunesse, 1983

IMPRIMERIE BUSSIÈRE À SAINT-AMAND
DÉPÔT LÉGAL : JUIN 1992. N° 16482-5 (1369)

Collection Points

SÉRIE ROMAN

Collection Points

SÉRIE POINT-VIRGULE

DERNIERS TITRES PARUS